数据改变中国

——首席数据官沙龙群志

王新涛 / 主编

DATA CHANGES CHINA

CHIEF DATA OFFICER SALON ANNALS

新社群 新平台 新智库 新业态
大数据 大价值 大机遇 大发展

西南师范大学出版社
国家一级出版社 全国百佳图书出版单位

图书在版编目（CIP）数据

数据改变中国：首席数据官沙龙群志 / 王新涛主编
. 一 重庆：西南师范大学出版社，2017.11
ISBN 978-7-5621-9027-1

Ⅰ. ①数… Ⅱ. ①王… Ⅲ. ①企业管理 – 数据管理 – 概况 – 中国 Ⅳ. ① F279.23

中国版本图书馆 CIP 数据核字 (2017) 第 272564 号

数据改变中国——首席数据官沙龙群志

SHUJU GAIBIAN ZHONGGUO —— SHOUXI SHUJUGUAN SHALONGQUN ZHI

王新涛　主编

责任编辑	何雨婷
装帧设计	闰江文化
排　　版	重庆大雅数码印刷有限公司 · 吴秀琴
出版发行	西南师范大学出版社
地　　址	重庆市北碚区天生路 2 号
邮　　编	400715
网　　址	http: // www.xscbs.com
印 刷 者	重庆市正前方彩色印刷有限公司
开　　本	787mm × 1092mm　1/16
印　　张	17.25
字　　数	380 千字
版　　次	2017 年 11 月第 1 版
印　　次	2017 年 11 月第 1 印
书　　号	ISBN 978-7-5621-9027-1
定　　价	78.00 元

编 委 会

随着网络的日益普及，互联网在我国民众的政治、经济和社会生活中所扮演的角色愈发重要，越来越多的公民开始以网民的身份通过互联网行使知情权、参与权、表达权和监督权，网络问政蔚然成风。鉴于此，自 2015 年 8 月 19 日开始，首席数据官沙龙群相继邀请了十余位专家就群友关注的相关问题，以群课、群座谈等形式开展群内培训、群友交流等活动，向群友传递相关知识，并鼓励群友参与讨论。

在这些活动中，专家们以其扎实的理论基础和丰富的实践经验，援引大量案例，结合一手数据，为群友们带来了一场场精彩纷呈的视听盛宴。

序一

数据改变中国
——驱动中国进步的力量

/ 赖茂生

国家信息资源管理北京研究基地主任
北京大学教授、博士生导师

2000年，牛津大学出版社出版了美国商业史家钱德勒（Alfred D. Chandler）和科塔达（James W. Cortada）编著的一本讲述信息（技术）如何改变美国的论文集，书名为：*Nation Transformed by Information, How Information Has Shaped United States from Coloneal Times to the Present*。2008年，上海远东出版社翻译出版了该书，取名为《信息改变了美国：驱动国家转型的力量》。该书讲述了从殖民地时期到20世纪末，信息（技术）在美国经济社会发展进程中产生的史诗般的传奇作用。作者认为，国家经济活动中的很大一部分都与信息的创造、传输和使用有关。历史证据表明，美国人已经发现信息技术对他们的商业或者个人活动是相当关键的……信息对这个国家来说，不只是一种维持经济发展所必需的东西，它的内涵要多得多。（Alfred D. Chandler. Jr. & James W. Cortada）加州伯克利大学的 Hal Varian 教授称赞该书讲述了一个伟大的故事，认为“信息是 300 年来推动美国转型的力量。任何人如果想了解信息在今天的作用，建议他读读这本书”。

该书的基本思想是：追求民主的基本理念使美国人从 18 世纪开始就产生了越来越大的信息需求；与此同时，印刷出版、电话电报等技术的出现允许并促进了信息的广泛传播。信息需求的持续增长，加上新通信技术和运输技术的出现以及管理理念和生产组织形式的不断演变，共同促进了美国信息基础设施的迅速发展和广泛应用，造就了美国经济的不断繁荣和社会进步，使美国率先进入了信息时代。

该书问世至今也将近 20 年了。这 20 年，信息也改变了中国，改变了世界上很多国家和地区，世界进入了信息时代。随着社会迅速进步与局部地区社会治理混乱不断加剧，世界各国人民追求良好的社会治理的需求愈加迫切，使得人们越来越寄希望于大数据。以移动互联网、大数据、人工智能等为代表的新一代信息技术出现并迅速得到普遍应用，也将对社会治理和经济发展发挥巨大的作用。

记得大约在三年前与新涛见面时，就谈到了大数据话题，认为今天的 CIO（首席信息官）将会被 CDO（首席数据官）取代，或者说演变为 CDO。当时新涛在做舆情分析应用，觉得大数据和 CDO 的理念对舆情分析很有用，所以很感兴趣，我们谈得很投机。不过，当时舆情分析已经有点过热了，跟风很多，有创新或创意的成果不多。如何借助大数据的力量来提升政务信息化水平，使电子政务能真正超越传统的政务模式，是摆在人们面前的一大难题。

后来，本人在参与一个有关网络治理的重大项目研讨会时，了解到有一个叫“围观基层”的活动，由来自基层政府部门、高校和科研院所的实践者和研究人员共同发起，共同参与，是一个实际考察与现场研讨交流相结合的流动式平台，就很高兴地参与了其中的一些活动。通过实际参与，真切地了解和体会到这种“围观基层”的意义和价值。据该活动的发起者说，它起源于 2014 年微信群里的一次邀约，计划每次活动围绕一个信息化热点议题、基层政府的实践案例和具体问题进行深度观摩研讨，旨在促进实践界与学术界的跨界交流，促进基层政府创新。“围观，就是关照初心；围观，不是作壁上观。”这些发起者对该活动性质的规范描述是：“信息化专家学者围观基层”系列活动每次围绕一个信息化热点议题和基层政府的实践案例展开研讨，并由一个政府部门和一所高校共同承办，旨在促进实践界与学术界的跨界交流，推动基层政府创新。活动由中国信息化专家学者在微信群内提议发起，通过群聊方式协作，以自愿自费和众包、众筹的方式组织筹备，由复旦大学数字与移动治理实验室（DMG）协调。线下活动结束后，线上讨论将持续进行，自发形成下一次线下活动，实现 O2O 循环，成为“永不落幕的研讨会”。

至今，该活动已先后在广东肇庆、上海、天津、贵阳、云南玉溪、广东佛山、重庆和纽约八个城市举办过九次。每次都根据不同地区基层的特色选题进行研讨、观摩和交流，主题有：移动治理微服务（2014.6，肇庆）；数据统筹与开放（2014.11，佛山）；智慧气象助推智慧城市发展（2014.12，上海）；网络社会治理与服务（2015.3，天津）；大数据发展与政府治理（2015.7，贵阳）；互联网 + 交通（2015.11，上海）；互联网 + 医疗（2016.7，玉溪）；健康医疗大数据实践与应用（2016.10，重庆）；国际数字治理发展动向（2017.6，纽约联合国总部）。

在这里特别值得一提的是第一次和第九次“围观”。第一次“围观基层”活动是 2014 年 6 月 28 至 30 日在广东省肇庆市举办的，由肇庆市公安局和复旦大学数字与移动治理实验室共同发起和主办，支持单位为工信部情报所舆情研究中心。活动主题为“移动治理微服务”。围绕我国第一个公安微博“平安肇庆”的网络问政平台，来自北京、上海、天津、浙江、江苏、广东、湖北、云南等地的 30 多名专家学者对移动互联与微应用时代的政府治理和公共服务进行了深度研讨。主要内容包括围观“平安肇庆”；围观各地政府实践；专家学者“互相围观”，交流研究成果。肇庆市公安局网络问政办公室主任陈永博跟与会人员分享了“平安肇庆”公安微博、微信的经验，然后在现场和线上的专家学者们就“平安肇庆”的发展历程、工作机制、内部运作、公众服务、政策制定及监督管理等方面的问题，开展了实践界与研究界的跨界交流。

第九次竟去了联合国！搞了一个大新闻——“围观联合国”！中国信息化专家学者于 2017 年 6 月 9 日上午来到了纽约联合国总部。联合国助理秘书长 Montiel 先生接见了“围观基层”代表团，欢迎围观团来到联合国总部。之后，联合国经济和社会事务部公共行政与发展管理司司长 Marion 女士和电子政务处主任 Vincenzo 先生就联合国电子政务评估的方法及其未来调整方向与围观团进行了分享与互动。接着，联合国经济和社会事务部统计司司长 Stefan 先生与大家围绕大数据和统计进行了交流讨论。最后，联合国副秘书长办公室主任陆海天先生带领大家围观联合国总部。围观团不仅参观了联合国总部，还围观了 2017 国际数字政府年会，纽约市政府、纽约州政府和国际数字政府智库。

可见，这种“围观”已经颠覆了我们平时司空见惯的发生在街头巷尾的围观现象。它是一种创举，是来自象牙塔里的教授学者和专家关心基层、深入基层并向基层学习的可贵之举，是理论联系实际的新形式；它又是利用网络特别是移动互联网以及大数据、微信、微博等工具进行网络问政，开展“微政务”服务的创新之举；它还是线上线下相结合，高校和科研院所与基层政务专家及政务服务人员相结合，共同创造网络理政经验和智慧共享的流动式智力支持平台。

大数据正在改变中国。这部《数据改变中国——首席数据官沙龙群志》（“数据改变中国”丛书之一）真是生逢其时。它的理论基础和实践基础就是上述的一系列有意义的创新活动。

书的内容又是上述活动的进一步沉淀和提升，而且形式新颖多样，设计了群课、群“今日头条”、群文化、群友研究成就展示以及群活动等。历史在延续，社会治理在不断攻坚，政务信息化在不断深入，新理念、新政策、新技术、新工具和新应用在不断涌现。相信此书的出版将惠及广大关心电子政务和社会治理的各方面读者，也将进一步促进“围观基层”活动在广度和深度上继续发展，并在进一步推进政务信息化和社会治理方面发挥重要作用。

2017年初秋于燕园

序二

SHUJULIQUN
QUNJULILIANG
/SONGJIANWU

数据立群 群聚力量

/ 宋建武

中国人民大学新闻学院教授、博士生导师

一个微信群，竟为了成立三周年的纪念，正式出版一本文集，这在微信群的发展史上恐怕是前所未见的开先河之举。这个群名字很有些“高大上”，唤作“首席数据官沙龙群”。

我是这个群最早的“群众”（突然觉得这个词用在这里好像最贴切）之一。三年来，每天看着这个群里的各种讨论、分享、活动乃至抢红包，观察着这个微信群陆续开展的各项丰富多彩的活动，也在暗暗地思考网络上社群的运营问题。以这个群为例，我大致归纳出来几点“好群”之好来。

一个好群，首先要有一个有价值的宗旨和主题。首席数据官沙龙群就是以数据管理和运营为主题聚合起来的一群人（当然也不尽是首席数据官，由此说来，也有些小小不言的文题不符），共同的志趣使得“群众”们有着持续交流的需求。

一个好群，还要有一个好群主。群主不仅要热情、专业，还要慷慨，时不时要发发红包，活跃活跃群里的气氛，鼓励鼓励大家的情绪什么的。首席数据官沙龙群的群主王新涛先生就是这样一个好群主。他身为工信部情报所的业务骨干，其在数据方面的专业性自是毋庸置疑，他对首席数据官的业务和这个群充满热情，联络了全国各地的同行，他发红包发得“群众”很感动，常常担心他回家会不会被太太罚跪键盘，以及还有没有余钱吃晚饭。

一个好群里面，更是少不了“群众”骨干。一些群友及时在群里转发最新相关政策，推送最新相关研究成果，参加相关学术会议和活动时，还通过图片、视频等方式在群里直播，带动群友“好好学习，天天向上”。还有一些群友在学习过程中，通过微信公众号、H5等整理群课资料，方便“群众”查阅。

“群众是真正的英雄。”这个好群里也不总是一团和气，也有争论，偶有言语冲突，但绝对没有私怨，都是为了某一个话题而阐发自己的观点时所产生的分歧和争执。在这种情况下，“群众”总能相互尊重，求同存异，三年来，没有发生过负气出走退群的事情，更没有出现乱发小广告，借群搞营销的情况。

更为难能可贵的是，这个群里汇聚起了诸多与大数据相关的各行业的精英人士之后，“群众”在群主的倡导和引领下，在发挥网络社群日常休闲、交流、娱乐功能的同时，还利用各自所长，以群课、群座谈、群援助等形式，开展了各种培训和互助活动；同时，“群众”还发挥各自所长，以各种艺术形式，建设着首席数据官沙龙群独特的、具有显著专属性质的社群文化。这些活动的成功尝试，正是首席数据官沙龙群有别于其他网络社群的正能量特征之一，也是这个群最宝贵的社群个性气质。

数据立群，群聚力量。反观互联网的发展史，继前些年以QQ群为代表的网络社群悄生于互联网之后，近几年随着微信群的勃兴，社群文化已经成为互联网社会的重要文化构成元素；而一个有着专业志趣的好群，不但能够汇聚先进的思想，能够组织有价值的活动，还能够组织群内力量。所以，在成立三周年之际，为这个优秀的社群编辑出版一本好书，以记载它的文化建设履痕，非常之必要。

是为序。

2017年8月9日

目录
CONTENTS

概述 Overview

“科技开千秋盛景，蛟龙竞空，乾坤造瑞；网络荟万业宏图，骏马驰地，盛世呈祥。”首席数据官（CDO）沙龙微信群，建于2014年6月6日，群友来自中国政界、商界、学术界、传媒界等领域。三年以来，以本群成员为基础，通过各行业权威专家的参与，借助线上微课分享、线下沙龙活动等形式，对电子商务、数字经济、智慧城市、新技术转化应用等领域进行广泛的研究和探讨，为相关领域的“产、学、研、用”提供了独到的智库支撑，逐渐形成了一个移动互联网时代的“指尖上的智库”。

Part 1

群课

“传道授业，郑磊开微课之先河，释疑解惑。”随着网络的日益普及，互联网在我国民众的政治、经济和社会生活中所扮演的角色愈发重要，越来越多的公民开始以网民的身份通过互联网行使知情权、参与权、表达权和监督权，网络问政蔚然成风。鉴于此，自2015年8月19日开始，首席数据官沙龙群相继邀请了十余位专家就群友关注的相关问题，以群课、群座谈等形式开展群内培训、群友交流等活动，向群友传递相关知识，并鼓励群友参与讨论。

“听群课而向贤，明知识纵横之阡陌，纵论世态万象，挞恶扬善。”在这些活动中，专家们以其扎实的理论基础和丰富的实践经验，援引大量案例，结合一手数据，为群友们带来了一场场精彩纷呈的视听盛宴。

郑磊

政务微信运营与融合

——从发布到合作

郑磊 复旦大学国际关系与公共事务学院副教授、院长助理，数字与移动治理实验室主任。获纽约州立大学公共管理与政策博士学位。研究方向：政府信息战略与管理、政府社会化媒体、移动公共服务、开放政府数据、跨部门信息共享等。担任国际数字政府学会常务理事、中国信息协会电子政务专家咨询委员会委员、上海市政务数据资源开放共享推进专家组成员。曾主持和参与过多项国家和省部级科研基金项目和政府咨询课题。

2015 年 8 月 19 日，复旦大学数字与移动治理实验室主任、国际关系与公共事务学院院长助理、副教授郑磊先生，在首席数据官沙龙微信群以第一位受邀讲师的身份，为 170 多名群友带来了一堂精彩的主题微课——《政务微信运营与融合——从发布到合作》。

图1

各位群友大家好，非常荣幸有机会作为首席数据官沙龙第一位受邀的老师来上课，非常感谢王新涛主任的邀请。今天我上课的主题是：政务微信运营与融合——从发布到合作。

我这些年跟上海市的政务微博、微信系统有比较多的合作，也对它们开展了一些研究和调研，所以，今天我主要基于上海的经验来给大家分享一下政务微信运营中的一些实践和研究方面的发现。因为这个群是一个数据官的群，所以我今天会尽量多调取一些数据。有些数据是前台抓取的，有些数据来自于后台。今天我将主要围绕这个主题上课。

一、大环境：移动互联和社交媒体

首先我简单地介绍一下在移动互联和社交媒体时代所发生的一些变化，因为这也是我们运行、运营官方微博和微信的一个大环境。

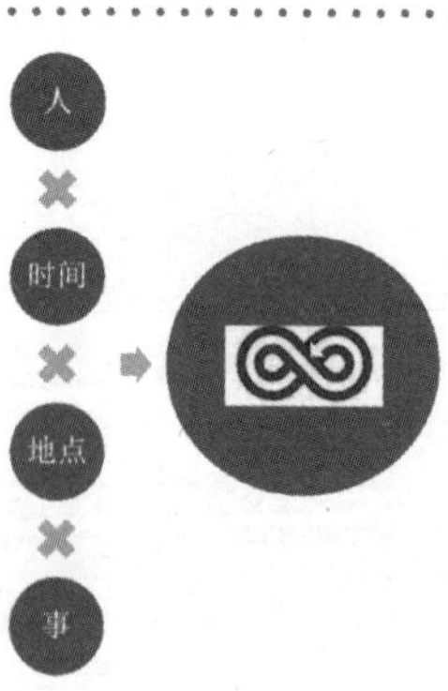

图2

第一个环境就是移动互联。这个移动互联网的环境，我们有一种说法，叫“任何人+任何时间和任何地点”都可以上网，将时间乘以地点再乘以任何事情之后，理论上来说，在移动互联网上，我们随时随地都可以做任何事情——这就是移动互联时代的一个信息环境。

第二个环境是社交媒体时代传受一体化。这个时代跟我们过去1.0时代的信息化时代有很大差别。当时主要是以网站为主，以桌面端为主，但是目前从桌面端到移动端之后，我们进入互联网的形式主要是通过社会化媒体或者叫社交媒体以及手机客户端。这个过程中产生一个非常大的变化，就是信息的发布方式，它从一对多、从自上而下、从单点发布的形式变成了多点发布、多向互动，形成了一种平行点对点的推送模式。

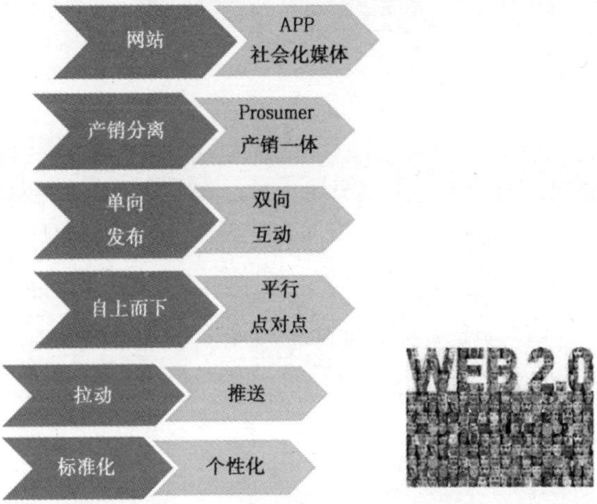

图3

在社交媒体时代，人们追求个性化双向互动产销一体，所谓产销一体就是内容的生产者和消费者成了同一种人。在网站时代，在门户网站上编辑内容、生产内容、加工内容的人和读者都是不同的；目前在社交媒体——微博、微信上，我们每一个用户既是内容的生产者，又是它的读者，还是它的转发者。

二、政务微信

我从四个层面来讲一下政务微信。

1.发布环节

图4

对于政府来说，我们到底可以在运营当中拿它做什么？可以发挥什么样的功能或者作用？首先我们会想到的就是发布功能——上海发布、南京发布、杭州发布……全国很多地方的政务微信现在都用的是“发布”这个名称。它强调的是，最早期的时候是从发布这个功能开始的。发布这个功能其实是一种单向的、一对多、单点发布的形式，也就是政府向公众发布信息，发布政府的政策，发布关于公共事件的新闻，发布政务新闻，或者是发布跟公众相关的社会新闻等等。

图5

这个方面现在大家达成了几个共识，就是如果要把“发布”做好的话，至少要满足几个条件：

第一，内容必须实用。和公众的生产生活直接相关的，让老百姓觉得这个信息对他们是有用的，而不仅仅是出于政府的目的。比如我们开玩笑说的“领导很忙”模式，今天领导开的什么会，今天领导去哪里调研，今天政府内部搞什么活动，今天我们发布了什么政策……类似这样的信息，如果你没有把它解读成和公众相关的内容的话，那它的阅读传播情况就不会很好。因为老百姓会说：“你很忙，那很好，那跟我有什么关系啊？”“我为什么要知道你很忙，我也很忙啊！”那你发布的这些内容就不会有真正的实用性。

第二，形式上要易读。如果非常好的政府政策，你只是把官方的文件原封不动地照搬过来，使用官话体系——非常正式的语言放到政务微信上，那你的传播效果也不会好。现在在上海方面，运营得最好的一个官方微信账号叫“上海发布”。我跟他们沟通时他们就对我说：“原则上没有一条政府的政策我们是直接把它拿过来的，就是把原文放到微信上；相反，我们要对它做深度的图解，把它的干货提炼出来，同时要做成可视化，让老百姓易读易懂，说成大家能听得懂的大白话，然后才发布出来。”

（1）关注民生话题，巧用百姓词汇

接下来这张图代表的是我们对“上海发布”微信公众号过去半年的数据抓取的标题用词。这就是一个关于标题的关键词的词云分析。从这个分析当中，我们会看到最大的主题词是“上海”“活动”这样的一些词汇，但这并不代表这些标题或者这样的词，就是老百姓最欢迎的。

图6

下面这张图和上一张图的差别在于，这张图是我们对阅读量最高的一批图文的标题所做的关键词分析。这些词更多地反映了公众的兴趣，或者是他们的需求。把这两张图中的词云做下对比的话就会发现，政府自己经常用的这些词，并不一定是老百姓最喜欢打开或者点开的词。我们如果分析下面这张图，就会发现一些规律，其中有些词是有一些特性的。

图7

后来我们就把这些词做了一些分析，发现其中出现一些非常有趣的情况。有一些关键词是关于地名的。比如一个是上海“崇明”，也就是崇明岛，对上海市民来说，它现在是一个周末旅游的地点；另外一个是“金山”，金山在夏天的时候也是个旅游点，因为那边有海滩。这两个区的微信，存在这两个关键词，在我们的微信的几个题目中经常出现，也就是在最好的、阅读量最大的公众号中作为两个地名的关键词经常出现。当然这个结果是把“上海”这个关键词剔除了，因为这个词不断地重复出现，我们把它剔除之后，发现重复出现最多的两个地名是崇明和金山。

接下来我们又发现一些关键词，比如说“最新”“免费”“高铁”“诈骗”“你知道吗”“孩子”等等。这样的关键词经常出现，也反映了公众的一些兴趣点。我们接下来就开个玩笑，把这些字串起来变成一段话，变成了一个口诀。如果上海方面的政务微信运营者把这个口诀背下来的话，那你再去做标题的时候，至少会有些方向性，这个标题叫：“崇明带孩子坐最新的免费高铁被诈骗，金山你知道吗？”这其中每一个字其实都是我们所发现的最受公众关注的一些关键词。

崇明带孩子坐最新的免费高铁
被诈骗，金山你知道吗？

图8

图9

这张图是我们把“上海发布”2013 年到 2014 年年底发布的微信图文标题做了一个分析。你可以发现，这些关键词都反映了一个共同的特征——都是和老百姓的生产生活紧密相关的，比如说“天气、明天、度(即温度)、日、月、家、新、交通、最新、提示、公布、教育、滋味”等等这些词。可以看到，这里并没有出现“政务、政策”等政府一类的词，反而出现更多的是老百姓最关注的词汇。

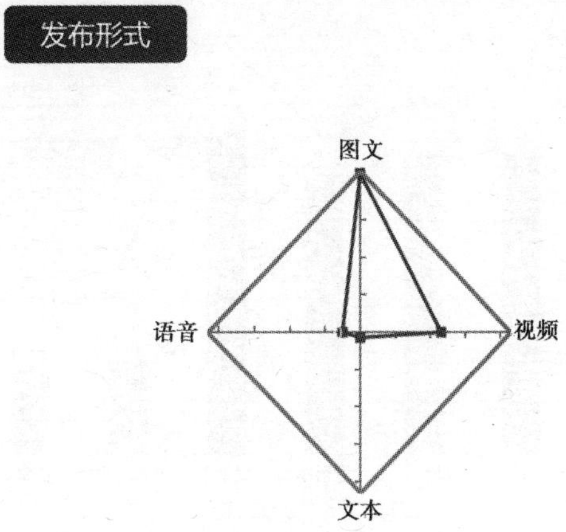

图10

(2)移动互联时代,图文视频吃香

标题之外我们还分析了一下,就是以什么样的形式发布现在最受欢迎。我们发现,现在主要的形式是图文,也是大家所说的读图时代;但是从2014年以来我们发现了一个新的趋势,就是视频内容也很受欢迎。从这张图上大家可以看到,纯文本、纯语音的信息作为信息发布不是最常用的,现在最常用的是图文和视频。

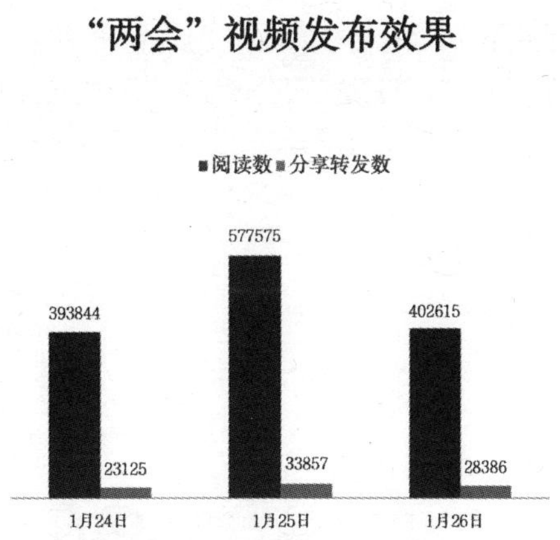

图11

这张图是我们调取的一个数据,就是“上海发布”在两会期间做了一段视频,这个视频是25号发出的,大家可以看到25号这一天的阅读数和分享转发数明显高于24号和26号,这本身就反映了这一天的视频受到了群众的欢迎。

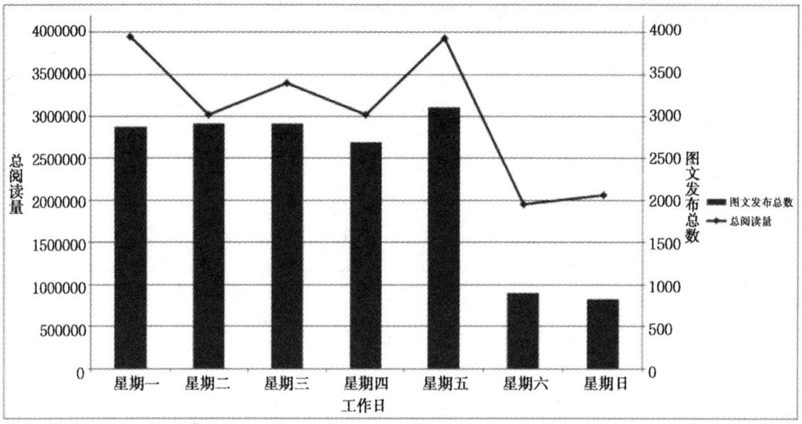

图12

(3)掌握发布时机,增强内容影响

政务微信的发布时间有些什么规律呢?从这张图上我们会发现,最受欢迎的几个时间段或者叫总阅读量最高的几个时间点是周一、周三和周五。我们可以看到,周一到周四发布量其实差别并不大,但是周一这一天,阅读量明显很高。这可能反映了一种需求,就是第一天上班大家更多地点开一些政务微信的内容,以及主要的政务微信发布的一些政策方面或者跟工作相关的实用信息。大家会发现周五也是一个高点,然后周六周日这两天,可能由于政务微信本身发布的数量就不高,反映出来的结果是这两天的阅读量也不高。

这至少可以说明:周一、周三、周五这三天,可能是一个比较好的发布时机,尤其是周一和周五。

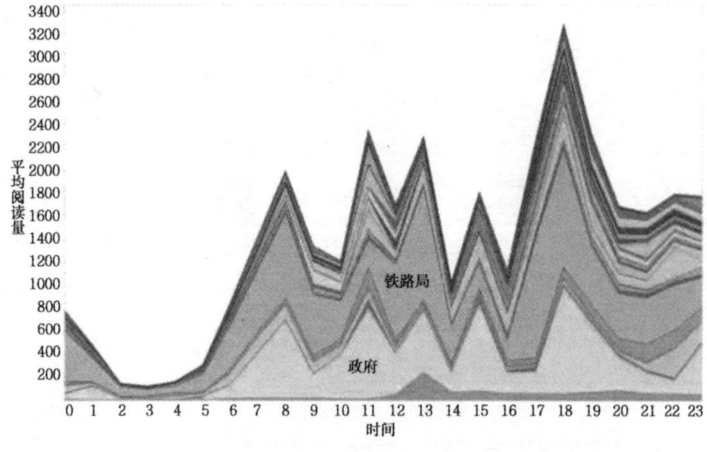

图13

这张图反映了不同类别的政务微信——比如说铁路部门，政府的办公厅、工会、团委、交通、公安这些类别，在每天 24 小时从早到晚，哪些时间段产生的阅读量最高。大家可以发现几个高峰，一个是上午八点左右，那就是上班前，但是一到九点就跌下来，因为这个时候大家到办公室了，公众点开看微信的时间就比较少了；然后，大家会发现中午十一点、十三点这两个时间点又是高峰，因为这是午饭时间；再接下来的下午三点钟，会出现一个小高峰；然后就是傍晚六点到七点之间，这个时候大家在下班的路上；然后呢，到了大概晚上七点之后的晚饭时间，又跌了下来；但是接下来从晚上八点开始一直到午夜十二点，会出现一个高峰，这是一个很稳定的高阅读段。

这些研究对政务微信的管理方来说，会有些启发，就是你在不同时间发布微信，可能得到的传播效果是不一样的。

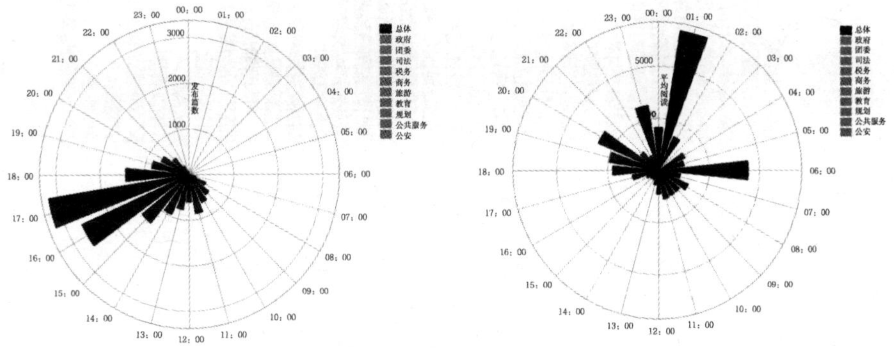

图14

接下来再给大家看一张图，左边这张图是大部分的政务微信发布内容的时间，你会看到下午四点到五点是一个高峰。那我们其实也问过为什么是这个时间，一般会有两种解答。一个是这个时间是下班前，这个时候小编们把一天的内容做好了，差不多四五点就发出去了，这是一个原因；第二个原因是到了下午四五点的时候，市政府的各个委、办、局这个层面可能没有相对重大的信息要发布了，因为已经到了下班时间。在四五点发布的时候，不会碰到一种情况，就是刚把微信发完又发生了大事。大家都知道公众号每天只能发布一次信息，那他们会说，如果两三点钟发布了，到了四点钟又发生什么重大的政策信息要发布的话，那我今天的这个额度用完了怎么办？所以，他们一般会选择在四五点发布。

右边这张图片告诉我们产生阅读量最高峰的时间并不是这个时候，相反是六点或者是七八点钟甚至是凌晨一点钟发布的，传播的效果更好。那么凌晨一点的发布为什么效果好呢？我们后来也去看了，因为它发布的都是紧急事件，比如不是明天台风要来了就是明天有什么突发事件，那么即使是半夜发布，它的传播效果也很好。

把这两张图放在一起做一个对比就会发现，政府自己发布的时间并不是公众阅读量的高峰期或者符合公众阅读习惯。时间之后出现的问题，就是需要我们探讨一下政府在发布的时候是基于自己的作息时间发布，还是应该更多地基于公众的阅读习惯来发布。那么我们说，如果要真正以人为本的话，应该是采取后面这种方式。

(4)图文大小要适当，节省流量暖心窝

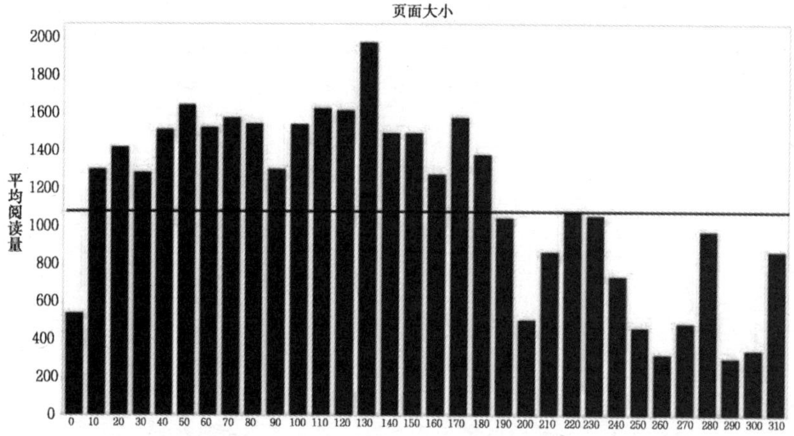

图15

接下来这张图稍微简单点，这个只是说什么样的页面大小也就是多少个 KB，符合这样要求的一些文章，它的发布效果会更好。大家会发现，达到一定的程度或数量级之后，阅读量就开始下降了。那我们最想说的是什么呢？就是如果你发布的图文太耗流量了——无论是图片或者文字，也会使大家不愿意再打开或者打开的时候耗费时间很长，然后就直接关掉了。

所以说，你辛辛苦苦做了图文，但是你做的内容太多、图片太多，效果就会很不好。

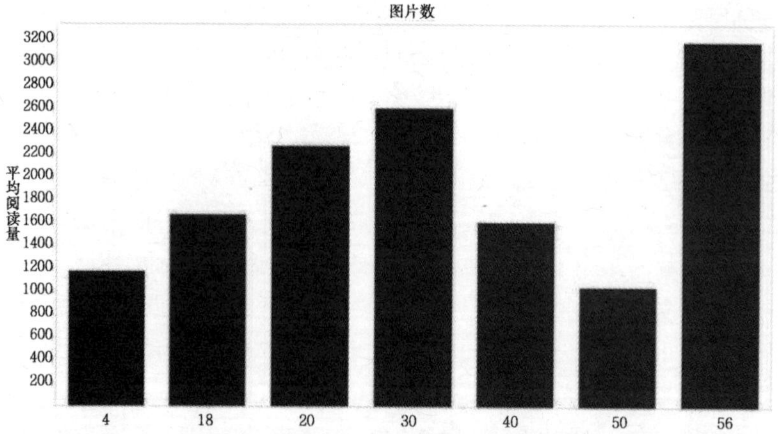

图16

这幅图告诉我们，如果你插图片的话，你插到三十幅左右，效果会越来越好，但是三十幅之后到了四十幅、五十幅左右，就不一定能打开了，因为也许图片太多，他们就不愿打开。但很有意思的是，一旦你到了一个数量级，也就是到了六十以上的时候，反而阅读数又上升了。然后我们看一下这些图文，它主要是关于什么一百个、什么图片一百张，比如"一百个你必须去的地方"等等类似这样的、专以图为主的、专靠这个主打的推文，他们放到六十张图片以上也没问题，但是如果你是图文合并在一起、有图有文的这种形式，那么超过三十张图以后，效果就明显不好，这是这个数据告诉我们的一种情况。

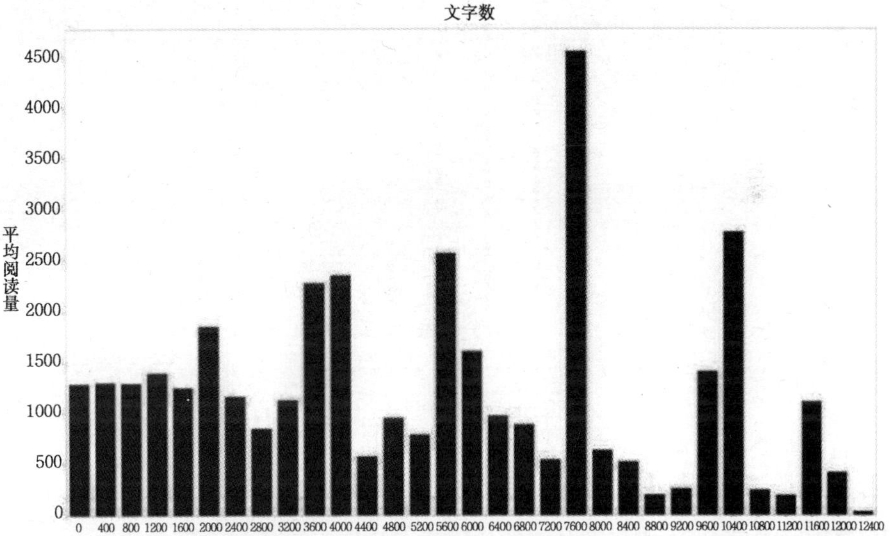

图17

这张图告诉我们多少字数合适。你会发现，一旦超过了大概四千字之后，它的基本阅读量就下降了，除了一些偶然的情况出现高柱。比如到七千的时候出现了个高柱，但是大家要注意到，在这个高柱的两边全都是一些低阅读量的图文。那么这种情况告诉我们什么呢？就是如果你的图文字数太多，可能大家也不愿意打开，除非你的质量很好，是一些长文的、有深度的、真正有干货的文章，即使你的字数多，仍然能得到比较高的阅读量。

不要写出又长又臭的文章，否则就是跌落在两旁比较矮的柱子的文章，字数越多，反而阅读量越小。

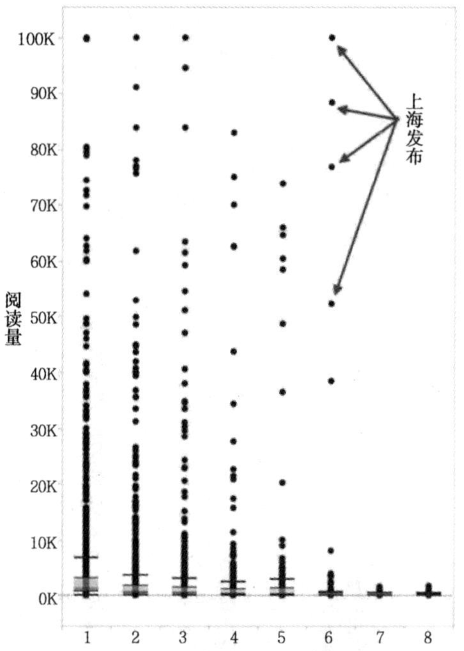

图18

再来看一下这张图片，它告诉我们一个什么情况呢？就是说你一次可以发八篇图文，那么这张图告诉我们的就是第一篇图文、第二篇图文到第八篇图文的阅读量。大家会发现明显的趋势，就是第一篇和第二篇相对都比较高，往后就逐渐递减，到了第七、第八篇图文，基本就没有人看了。那我们的建议是，你发四五篇图文基本就差不多了，发太多，后面六、七、八基本上是没有什么影响力，或者没有什么阅读量了。除非一种情况——“上海发布”造成了一些特殊情况，即使发到了第六篇，排在第六篇的图文仍然出现了一些达到 50K 以上甚至突破十万的阅读量。这是什么原因？让我们看一下。它主要是一些紧急的天气预报的信息发布，那也就是说，如果内容确实有用，你即使藏在第六条，公众仍然会把它找出来。

回到刚才那句话，最最重要的仍然是你的内容是不是真正实用，是否和公众的生活紧密相关；只要紧密相关，即使你藏在最后，仍然会被发掘出来；但如果没有达到这样的水平，那么我建议尽量不要同时发出超过五篇这样的图文。

粉丝数、转发人数、阅读人数

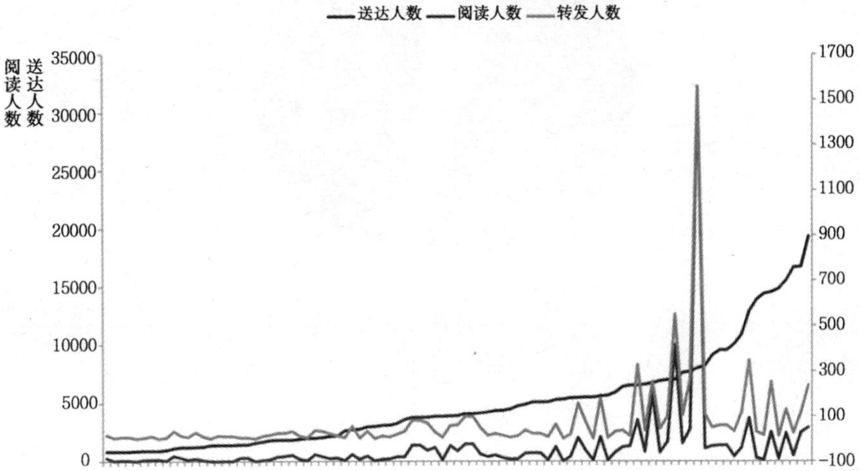

图19

大家可以看一下这张图，这张图告诉我们什么呢？这三条曲线分别是送达人数、阅读人数、转发人数。

送达人数等同于你的粉丝数，就是你这个公众账号的粉丝数；阅读人数代表的就是你的图文到底被多少人阅读；转发人数就是说有多少人转发。

对于大部分的账号，这里面的每一个横坐标都是一个账号，纵坐标代表人数。那么大家会看到，大部分的账号发布图文的阅读人数其实都是低于它的粉丝数的。这是一个什么情况呢？就是如果你的粉丝数只有一万，阅读数最多只达到三四千；也会出现一些特例，大家看看右边出现一个非常高的高峰，这个尖椎代表什么呢？就是这个微信号的当天，它的某一条内容，所达到的阅读数是超过它的粉丝数的，而且是远远超过。然后我们再看一下这个阅读人数和转发人数基本是相关的，但是它们和粉丝数并不是紧密相关，而且在某些情况下，图文做得好，阅读数是远远超过送达人数的。

现在就提出一个问题：是什么因素造成微信的阅读人数比较高？

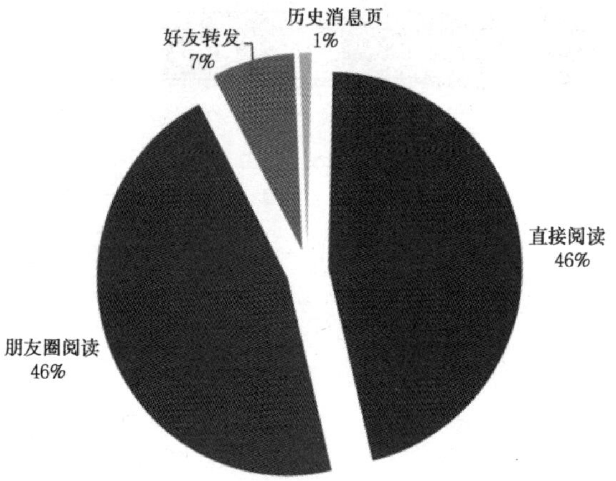

图20

我们把得到的后台数据来做一下分析，大家就会发现，阅读人数主要有四种来源。第一种是直接阅读，就是公众真正会打开你的订阅号。大家知道，订阅号是被折叠起来的，它不会直接推送到读者面前，是需要进入后再打开的，进入、打开的只占 46%，这个比率比我们预期的判断要高。我们看看为什么会高呢？因为像“上海发布”这样的大号，它们的粉丝是会打开去看的，而对于其他账号来说，这个比率不可能达到 46%，会比它低，20%左右就相当不错了。

那么另外一个来源是什么呢？是朋友圈的阅读，也就是说，这些读者并不是进入你的公众号打开，而是因为其内容被转发朋友圈，大家才看到它。

还有一个来源为好友转发，内容是一对一地直接推送给你，或者是被发到某个群里，大家在群里打开，这个占到了 7%。另外一个就是历史消息，也就是别人打开你的微信号，进去查找你过去的历史信息，其比重占 1%。

其实转发比发布更加重要，你只在后台发布了，你在订阅号里发布了，并不一定能带来好的阅读数；所以要把它转发出来，转到群里面，转到朋友圈里面，或者转给特定的个人。

从部门视角到用户视角

从宣传思维到传播思维

发布，不等于被阅读

被阅读，不等于被传播

发布，更要转发！

图21

我想把这部分做一个总结，就是我们在发布内容的时候，作为一个政务微信的管理者，需要注意以下几个问题：

第一，要从部门视角转向用户视角。你考虑的不是我的作息时间，不是我想发什么，我想让你们读什么，而是公众想看什么，公众在什么时间看，公众对什么样的标题会更关注，要有这样的思维。

第二，要从宣传思维转向传播思维。你不是自己直接把东西发布出来，不是我已经发布了就可以了，你要有传播思维，你要让它造成二次传播、三次传播，这样才有可能让别人真正看到你发布的内容。

第三，要发布，更要转发。刚才讲过了，你发布了不等于被阅读了，被阅读了也并不等于就是被人转发了，有时别人看看觉得挺好，但是并没有激起他转发的欲望。

以上是我对这个环节的一个总结。接下来我再讲一下互动部分。

2.互动环节

图22

互动与发布的差别在于发布是单主体的，一对多的，单向的。而互动是双向、多主体，是公众、政府共同参与的，是类似你向我发布，我也向你提问这样的模式。

(1)把握首次问候机会，深度挖掘用户群体

从下面这张图上我们会看到一些互动方式。第一个互动方式是你刚关注了一个微信号的时候，其实是可以推送一段问候语的。我们发现问候语有三种形式。第一种简单问候，欢迎你来什么什么账号，我们是什么什么，然后结束。第二种是数字导航，欢迎你来什么什么，如果你想看到什么内容，请按“01”；想看什么什么内容，请按“02”；就像打服务电话那种模式，即数字导航。第三种就是让你直接输入关键词，如果你关注公安请输入“公安”，如果你关注护照你就请输入“护照”，那么我们会给你推送相关的信息。

关于首次问候，我们发现大部分账号现在是简单问候，这其实失去了一个非常好的机会。这是你的初次见面，是第一印象。他刚进来，并不知道你会发什么内容，提供什么服务，

这个时候你只简单地说欢迎，就浪费了一次非常好的介绍自己的机会。

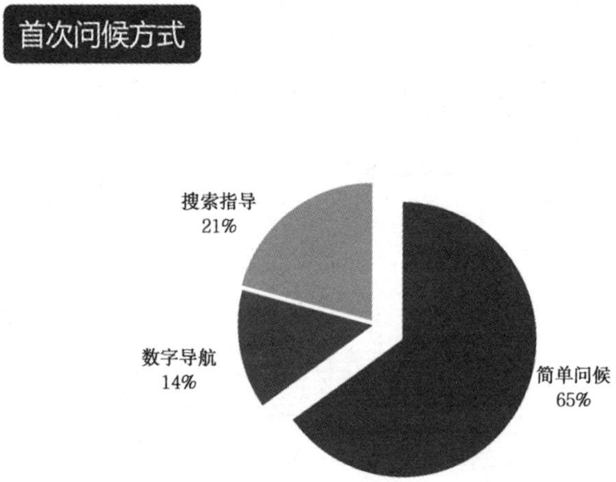

图23

你应该更多地告诉他，我这里有什么内容，我能提供什么服务，可是我们发现只有 14%、21%的大号想到了这一点。

(2)人工+自动回复占主体，回复及时也要解决问题

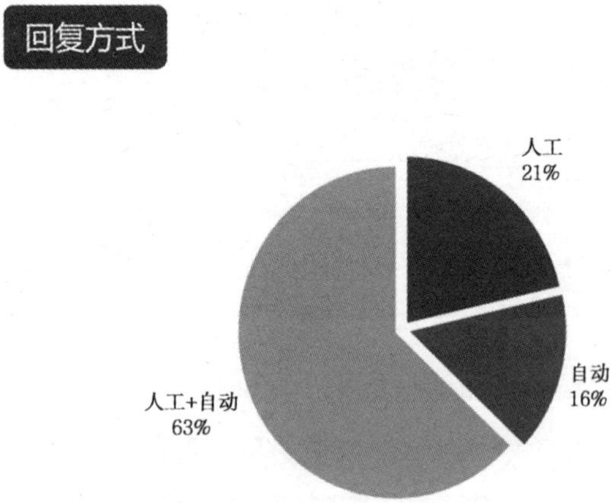

图24

互动就是说我们是用什么形式来回答问题。如果公众在下面对话框里面提问题，我用什么形式回复。一种是人工，占 21%；一种是关键词匹配的自动回复，或者只是打一段话说："您好，我们收到了您的问题，您的问题很重要，我们会尽快答复。"你每次这样也属于自动回复；大部分账号是采用人工+自动形式进行回复。我们对他们进行访谈研究，他们说："对于标准化的问题，我们用关键词进行匹配自动回复；特殊的问题，我们尽量24小时左右，或者在8小时以内对他进行人工的答复。”

回复方式

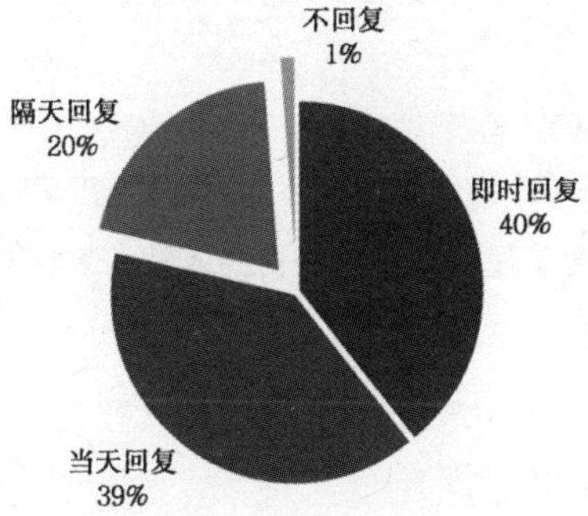

图25

看他们是多久答复的，那我会发现即时回复的有40%，当天回复的是39%，隔天回复的是20%，不回复的是1%。我们应该说大部分是当天回复加上即时回复的，但是我发现一个问题，所谓的回复，它不一定就能解决问题。他们都会说：“您好，我收到您的问题，我们会尽快予以解答。”但很多从此就没有下文了。这种回复，回答得再快也解决不了问题。

活动形式

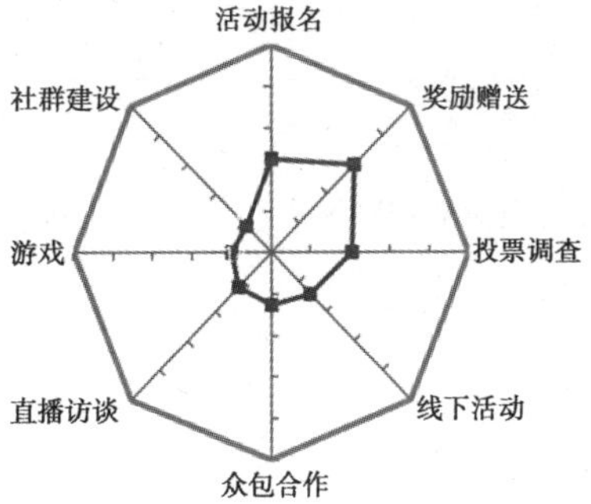

图26

从2014年开始，互动在你问我答形式的基础上又出现了线上线下互动的形式，具体活动形式包括：活动报名、奖励赠送、众包合作、投票调查、直播访谈、社群建设、游戏等，实现了O2O的互动方式。

回答，不等于解决问题

问答，不等于互动

图27

我们对互动环节做一个总结。

第一，回答并不等于解决了问题。你要真正帮助别人解决问题，而不只是应付式地说，反正我回答你了，我的答复率是百分之百。但是你应该看一下，你回答的东西真的有用吗？解决对方的问题了吗？

第二，问答并不等于互动。互动中还包括除问答以外的其他方式。

3.服务环节

接下来我进入下一个环节，叫服务环节。

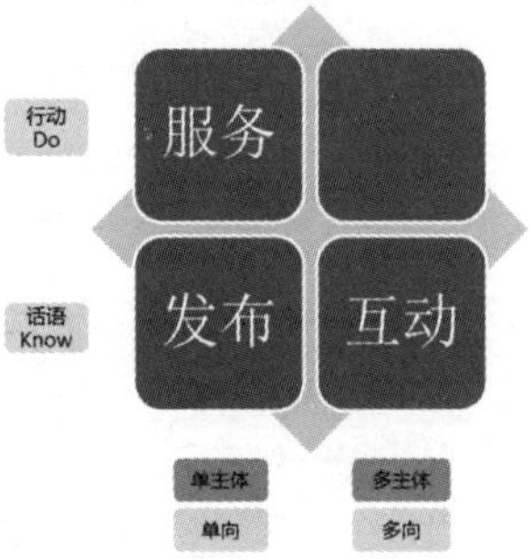

图28

发布环节及互动环节，停留在话语层面，而服务环节是到行动层面，接下来我们看看有哪些服务形式。

(1)信息查询

信息查询是比较多见的信息服务方式，即告诉你办事方式。主要有三种办事方式：简单自动回复、关键词自动回复、查询检索，使用比率见下图。

信息查询

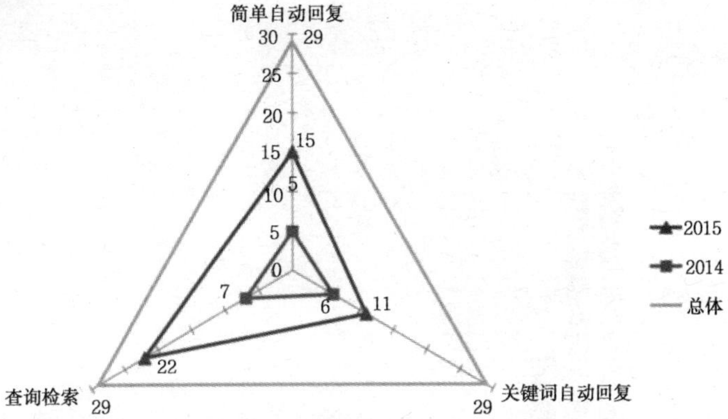

图29

关键词分析

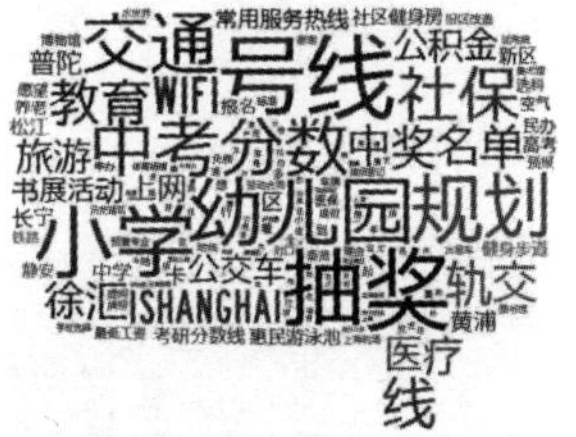

图30

再来看一个词云分析，这是从“上海发布”的后台所得到的关于互动的消息，消息的词语来自大家发布的提问帖子。大家会看到，仍然是跟民生紧密相关的内容，包括：幼儿园、小学、中考分数、教育、交通、Wi-Fi、号线（就是几号线地铁）、社保、规划（一般指的是地铁的规划）、医疗等详细内容。大家可以看到，这些内容是公众真正关注的。如果你对这些内容进行关键词的匹配，你就能给公众提供比较好的信息查询服务。

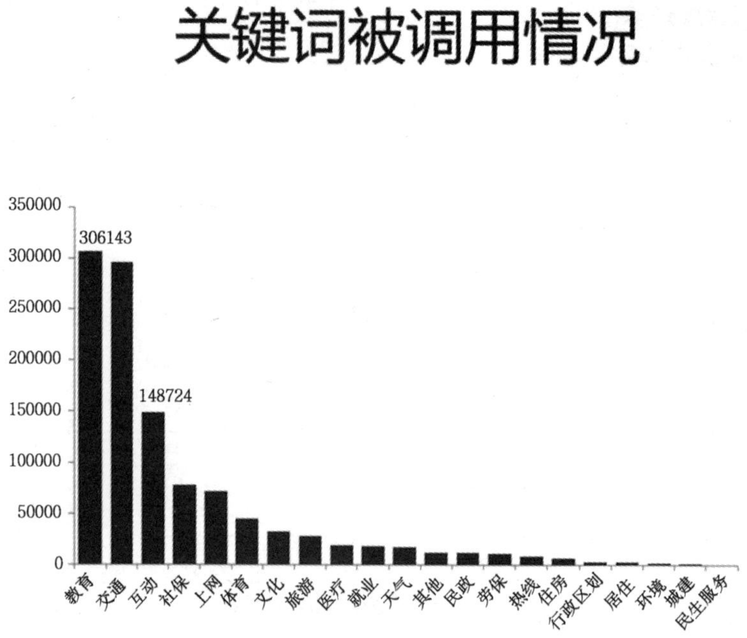

图31

这张图进一步告诉我们，我们对这些关键词做一个分析，就会发现老百姓最关注的是教育、交通、互动……都是反映民生的内容。

图32

（2）掌上服务

我们的服务不能仅仅停留在所谓信息查询业务，信息查询就是告诉别人怎么办事。我们更好地服务是直接帮别人办成事，这样就出现了比较好的服务模式：政府对公众的公共服务从过去的排队模式，就是现场排队变成了可以在网上在线提供，现在到了移动端就是随时随地地在你的掌上提供服务。

办事功能

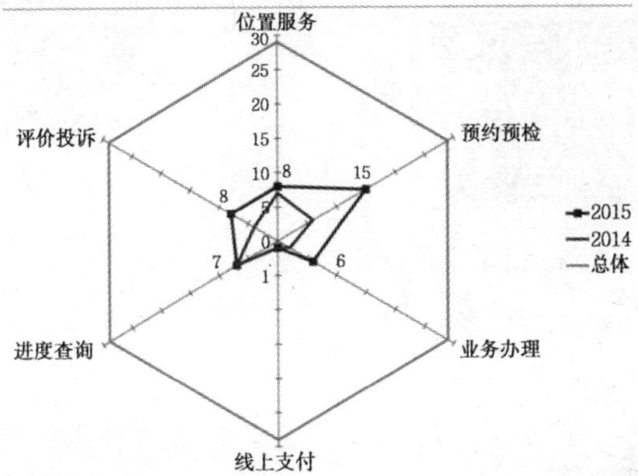

图33

我总结的一些模式：位置服务、预约预检、业务办理、线上支付、进度查询、评价投诉，形成闭环式的服务。预约预检使用比较多，线上支付政务应用（目前只局限水、电、煤气费等）比较少。

图34

2015 年出现的比较好的应用首先是“腾讯·大申”，也是上海的微信。里面出现一个功能，把一些跟城市相关的服务号整合到一起。比如说像这张图显示的，有电子监控违法、驾驶人记分查询、医院预约挂号等。这张图只是一个截屏，这说明出现了一种一站式的、整合的服务大厅。

上海发布微信号

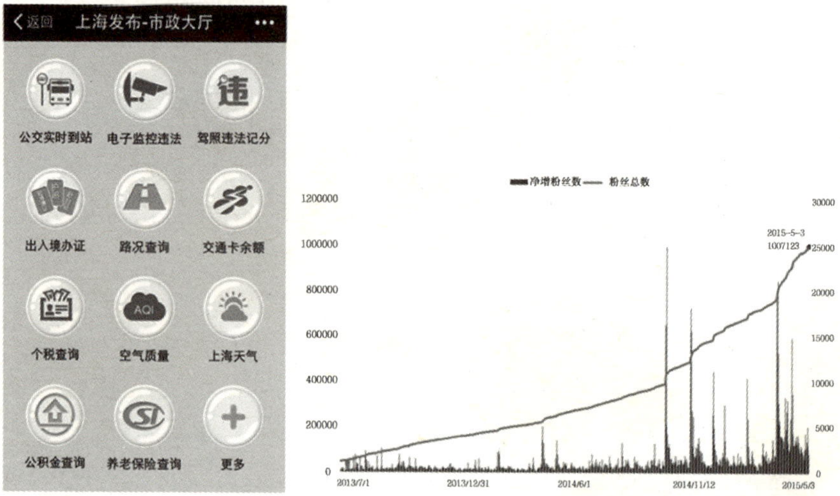

图35

“上海发布”的“市政大厅”实现了 13 个功能的整合，公交实时到站、电子监控违法等，而且这些号的上线为“上海发布”粉丝量的增加做出了贡献。大家看看右边这张图，从 2013 年 7 月 1 号，粉丝数是在缓慢地、稳步地增长，一直到 2014 年 10 月，开始出现一些跳跃式的增长。在 2015 年 4 月左右是什么功能上线了呢？就是左边的左上角的这个功能叫“公交实时到站”，公交实时到站好到什么程度？给大家看看截图。

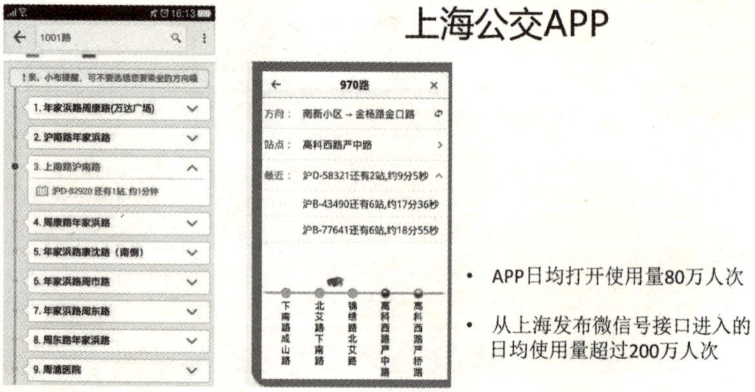

图36

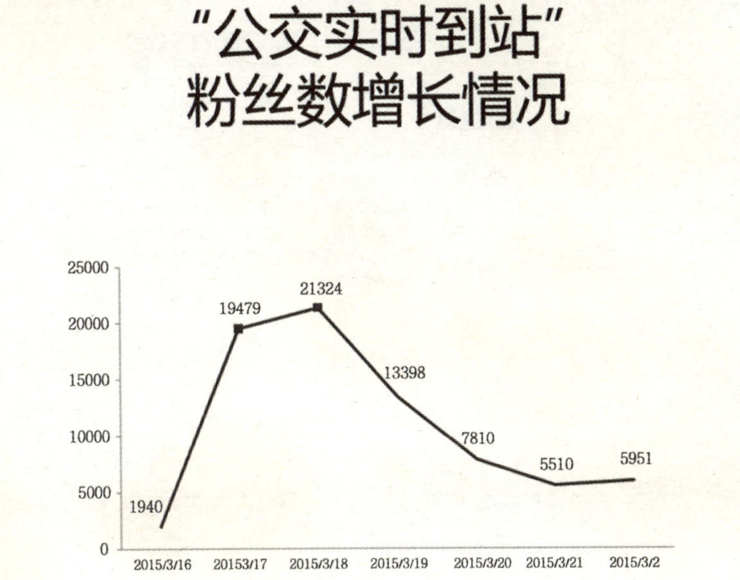

图37

通过上海公交实时查询这个功能，老百姓可以看到他们所等的公交车现在在什么位置，还有几分钟到。比如说刚才那张图就是1001路公交车，现在我在上南路沪南路这个地方等车，它告诉我沪B-82920这辆公交车离我还有一站，大概一分钟就可以到。这一个微信号给公众提供了实实在在的服务，给“上海发布”带来了极大的粉丝增长量，一下实现数万的粉丝突破，直接变成了一个百万级账号。

4.合作模式

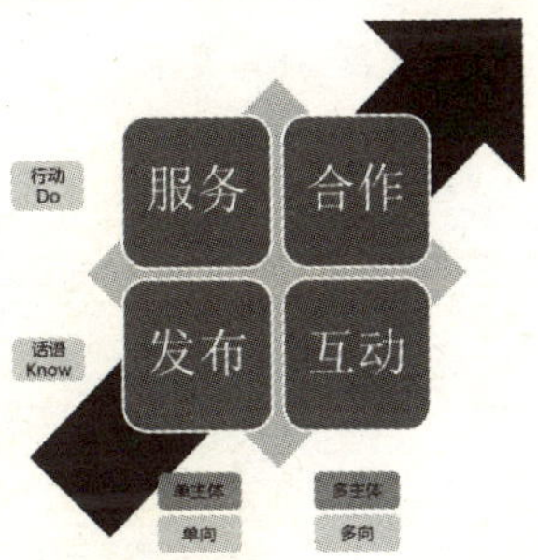

图38

接下来讲一下合作模式。合作模式是互联网模式，多向、多主体的服务模式。我给大家看一些例子。

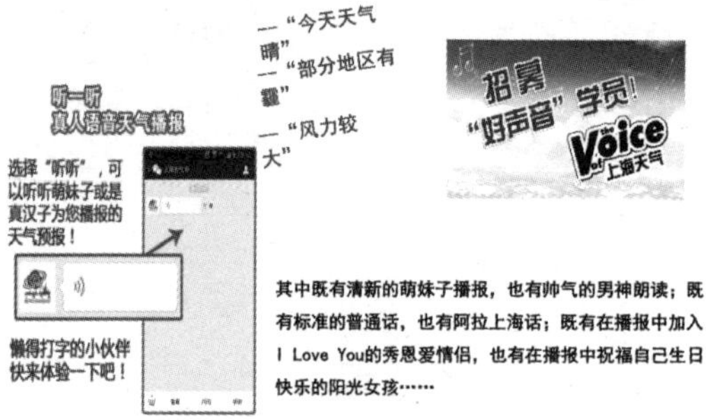

图39

"上海天气",用声音来提供语音天气预报,曾经走过几个模式:播音员自己播;请名人播(不能满足一对多);请百姓自己播(个性化),然后发给身边的人。政府此时提供的不是一对多,而是多对多的平台。通过众包众筹合作的模式,人人为我,我为人人,这就是互联网模式。

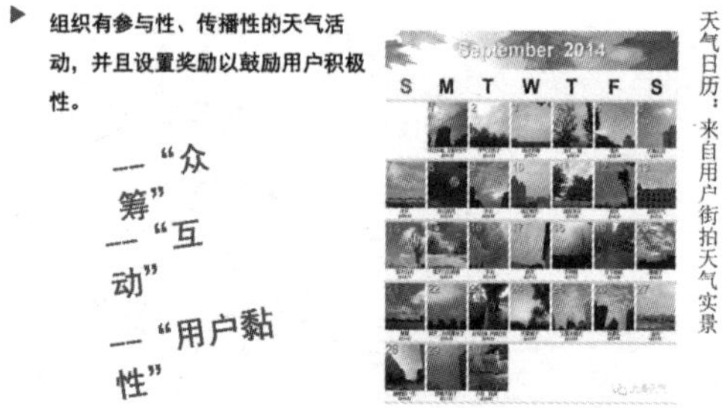

图40

征集天气照片,由自己的摄影师拍摄,到邀请网友拍摄并上传给气象局作为微信封面照片,百姓热情高涨,争相转发,"上海天气"本身的工作也变得轻松了很多。

图41

“上海天气”在这个模式中尝到了甜头，他们越玩越 high，开始发动各种众包有趣的活动。比如说这个活动叫“创意云”，是个创新活动，发动大家跟着云朵拍照片，然后把这些照片组合在一起变成一张很好的图案，转发量极大，太可爱了！大家可以看到，里面有什么盖世神功发功啊，然后吹口仙气啊，把云当成冰激凌啊，把云捏在手里啊，通过这种方式完美地完成工作，还拉近了与公众的距离，让他们觉得我们非常亲密，我们是可以和大家一起玩耍的，我们不是高高在上的上海气象局。

从自己做，到发动大家合作

图42

我总结一下，第四种模式为合作模式，就是要从自己做、自己单方面地提供服务变成发动大家一起合作。

三、“互联网+”与“+互联网”

互联网+

+互联网

图43

下面我要介绍一下我所发现的一些情况。

我在对上海政务微信或者全国的很多微信新媒运营，以及政府在移动互联网时代提供基本公共服务的研究当中，发现一个问题：我们现在在提“互联网+”，但是我看到很多案例并不是“互联网+”，而是叫“+互联网”。

我定义一下它们的差别。“互联网+”是什么意思呢？就是用互联网的思维来再造我的流程，转变我的思维，改造我的服务方式，比如说刚才我给大家看到的这些案例。

那么什么叫“+互联网”呢？就是我不去改造流程，我也不动脑筋去转变整套服务模式，而是我该怎么做仍然怎么做。我开一个微信，我开个微博，我把它放到网上了，然后就说我变成“互联网+”了。这不叫“互联网+”，这个时候你只是把既有模式加了一个新工具而已。我们真正要做“互联网+”，是需要用新的工具、新的思维来改造我自己过去的模式。这些年来我看到的更多的案例是“+互联网”，而不是“互联网+”。

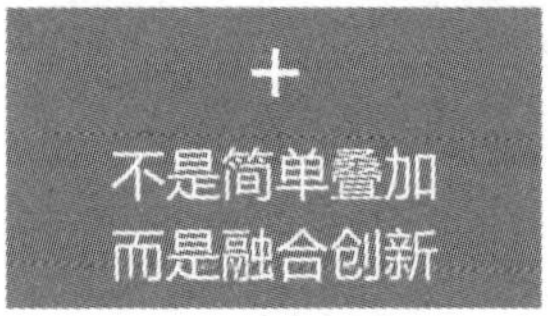

图44

所以我要解释一下这个所谓的“+”，它不是简单的叠加，不是简单地把信息放到微信、微博上。把政策文件、官方的文本，原封不动地放到微信上，你就认为这是“互联网+”了吗？这个时候你只是做了简单的叠加，你没有互联网思维，你也没有用户的思维，你根本没有这种用户导向的以人为本的思维。所以说“+”不应该简单地理解成叠加，而是融合创新，用互联网的思维来改造自我，最后变成一个新的东西。

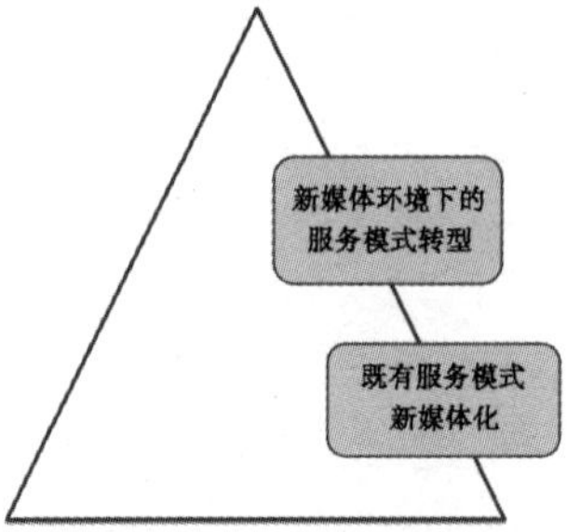

图45

用这张图来强调一下我今天想说的内容。我们要真正实现的不是既有服务模式的新媒体化，或者既有服务模式的微信化、微博化，或者是叫作移动化；我们真正要做的是在新媒体、新技术环境，在移动互联网的环境下，实现我们的发布服务模式的转型。这个时候我使用了新工具，但是我自己已经完全转变了，我不仅仅是原来的脑袋、原来的心，加了一个新工具的手而已，而是我是手、脑、心都改变了。

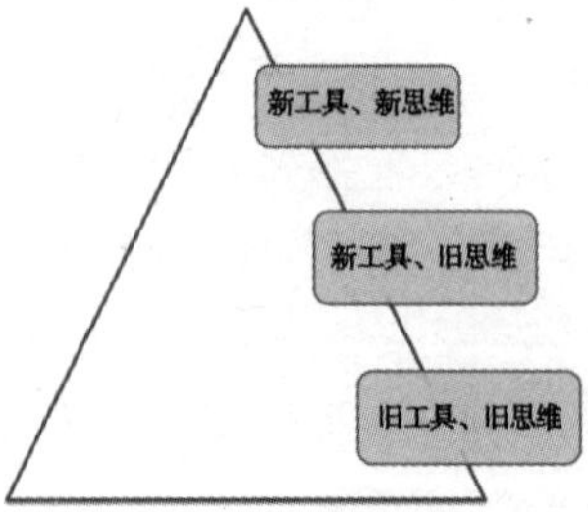

图46

用这张图来总结一下，我们真正需要实现的是新工具、新思维。但是我更多看到的所谓“+互联网”是新工具、旧思维。有时我会举个例子说，装上了 2.0 的手，仍然怀着一颗 1.0 的心，那就是所谓的新工具、旧思维模式。那么更多的表现是以不变应万变，不管你发生什么变化，我不关注，不了解，不感兴趣，什么都不做，这种表现就叫作旧工具、旧思维。

这就是我今天上课的内容。

互动

观点一：用自媒体发声，便捷并真实表达

问题1

王思彤：您跟政府机构的官员接触过吗？他们怎么看政务微博和微信？

郑磊：我跟政府机构接触非常多，跟上海政务微博、微信这条线有很多合作，包括“上海发布”、“上海天气”米卫红主任，还有“上海交通”几条线的负责人。您提到怎么看微信、微博，能否再具体一些？

王思彤：上海的，包括“上海发布”，他们如何看待他们所从事的政务微博和微信的工作？这对他们的工作会有多大的帮助？

郑磊：其实不同的部门有不同的回答，他们在不同的时间也会有不同的认识。我从 2011 年开始就跟进上海政务微博的研究。我很早就发现很多人不能理解，我们为什么要开微信、微博？我们不是已经有网站了吗？当时他们认为微博很乱，如果我们上去，会不会攻击我们？各种问题我们没办法回答，很多部门都这样认为。

但是后来随着新媒体的运作之后，我们发现那些真正做得好的部门，他们其实越来越离不开微博和微信新媒体。他们其实有很多的说法，其中一个说法是，我们有了自己的自媒体，我们可以自己发声。

以前我们要澄清一个事件、发布政策，不得不通过传统媒体，这中间有一个中介人。我们开新闻招待会，或者是把记者请来，他们写的东西有的时候可能断章取义，有的时候可能没有完全理解。通过他们传播毕竟隔了一层，有些话可能没有完全按照我们想说的说出去，或者是时间总是会晚了一拍。那么现在我们有了自媒体之后，我们有什么事情可以当即发布，而且需要再补充的，可以根据当时情况马上补充，这个速度远远超过原来的记者招待会。发现自媒体掌握在自己手中对自己工作是能带来好处的，那就不要说后来服务阶段、互动阶段到合作阶段，真正用得好的部门体会到新媒体不是带来麻烦，而是对工作带来帮助的。

观点二:前台后台数据处理,定量定性综合分析

问题2

姜楠:郑老师,您前面提到的政务微信互动,请问后期的数据处理是否主要以人工后台为主?

郑磊:刚才分析的数据来源有很多种。有一些数据是前台抓取的。我们跟交大的一个小朋友合作,他通过一些技术在网上抓取微信数据。第二种是我们人工的分析,比如说,这是一个什么服务模式,是位置服务还是预约服务。我们把账号打开,把服务功能进行归类和分析。还有就是你直接调取后台的数据。我们跟“上海发布”合作的时候,我们给他们做分析报告就是根据一些后台的数据进行分析。还有一些数据来自于腾讯,我们跟“腾讯·大申”合作的时候由他们提供数据。所以我们的数据有前台抓取,有后台提供,有定性的,有定量的,我们放在一起进行综合分析。

观点三:新媒体只是个发声工具,要提升工具使用能力

问题3

王思彤:据我所知,现在仍有相当一部分干部存在对微博的心理恐惧,生怕语言不慎给自己带来不良后果。您如何看待这个(问题)?

郑磊:这个恐惧问题还是比较普遍的,尤其是当自己没有能力来应对的时候,不知道怎么回答,不知道怎么发布,不知道如何互动,因为新媒体毕竟是个新生事物。但是我想说,这有一个熟悉的过程,有一个能力建设的过程。过去三四年来,我在上海和全国很多地方做了大量的政务微博、微信的新媒体运营的培训,这其实就是能力建设的一部分。那么当你对它有了更多的了解,也知道它应该怎么用,就会有更多的信心,而且是越练越熟越有经验了,这个恐惧感自然可以克服。但是如果你永远不用,就永远不会,就会永远恐惧。如果不用它,其实是政府自己缺少一个非常好的工具。新媒体不是给政府带来麻烦,如果你自己用好了,它也是你自己发声的一个平台。它可以是应急的平台,提供服务的平台,而且这个平台掌握在你自己手里。你过去发布消息要经过电视台或者报纸,通过传统媒体来进行发布,其实现在你有了这个新工具,是多了一个工具。从这个角度来认识它,真正让自己掌握好这个工具,然后你就不再恐惧。

观点四:微博适合短平快,用户向三四线城市延伸

问题4

刘清利:现在政务新媒体越来越受到政府机构重视,但有些人认为微博受微信冲击过时了,为了迎合领导口味选择政务微信,更多为了宣传,避免了微博过度曝光。您如何看待这种现象?

郑磊:微博跟微信这个问题非常好。现在很多人都认为微信已经取代了微博,所以我们不需要运营微博。这方面我这两年跟微信、微博运营的团队探讨过,也跟政务微博的运营者探讨过,现在基本上有这样的一个结论:微信更适合对一个事情做深度解读,但是微博更适合短平快。微信有一个限制是,你每天只能发一次。那么当你发生突发事件,你今天想发布10次,每次有新的新闻出来,需要及时更新到底现在什么情况的时候,微信就跟不上了。这时候微博的短平快,就能到起更大作用。就是到了应急的时候,短平快的形式、多频次的传播,微博比微信更好。

微博是开放式的,微信相对来说是你需要先关注我,然后又是折叠的,你还要点开进去看,除非这个内容会传播出来。但是微博一旦关注了之后,它会直接将内容推送到你的首页。所以我们一般的比喻,微博是一个广场,它是一个公开的平台,微信更像一个朋友圈。所以当没有发生大事的时候,可能大家都在朋友圈里聊吃喝玩乐,这个时候确实去看微博的人不多。但是有数据表明,一旦发生突发事件,有公共事件的时候,你的朋友圈里的人不一定给你推送,这个时候你可能就会去微博查找信息,这就是微博的作用。微博是公开的广场平台,仍然是有用的,尤其是发生重大事件时。

马航事件之后,跟新浪微博的人聊,这个人开玩笑说马航又救了我们一次,这一个月找马航的时候,我们微博的活跃度又上去了。有些内容可能在微信里没有推送给你,你就要自己跑到微博里面去找,因为微博是短平快的,最快的信息是通过微博平台发布出来的。

我们大城市的人可能都会认为微博不行了,但是新浪人告诉我一个数据。这个数据说,其实在三四线城市,甚至二线城市,微博的活跃度仍然在。他给我解释说,你在大城市,你身边就有很多大牛、大V;认识一些中产阶级的知识分子,他们就会给你传播很好的知识,你会觉得对微博没有需求了。但是你想一想,在二三线城市或者三四线城市,人们想关注一些大V或者一些比较中高端的知识分子,这些人在他们身边的朋友圈里可能没有。接触不到大城市一些相对比较中高端的人才,无法关注他们的微信,怎么得到这些内容啊?对他们来说,比如说想关注名人,就只能去微博上关注,因为微博是开放式关注的。微信的话,你根本不知道他的微信号,你都没得到他的同意,就不会进入他的朋友圈,你怎么能看到他发布的内容啊?所以我们可能对微博的需求确实不如三四线城市大。按照我们刚才说的这三点来区分微博跟微信,其实两者还是互补的。微信没有完全替代微博,而是取决于在什么地点、什么时间、什么样的情况下,你用何种渠道。"上海发布"的人直接说这两个平台我们同时都需要,只是取决于什么情况下用哪个平台。

观点五:官员微博应区分官方用途和私人用途

问题5

王思彤:江苏最近出台了防止干部为官不为的处理办法,其中就有不得在上班时间从事与工作无关的事情。这给官员的个人微博更新带来了挑战。您如何看？工作时间机关干部还能不能发微博了？

郑磊:这个问题取决于你对个人微博是怎么定位的。如果这个个人微博是认证的,且对外公布真实身份,它其实已经不是一个纯粹的私人微博,而是一个官方的微博了。用这种官方微博来发布的话,它其实是工作的一部分。但是如果你只是一个私人微博,你也没有对外公开你的身份,一直发吃喝玩乐信息,那么这个确实可以定义为你上班的时候,并没有真正把发微博和工作联系起来。

关于官方微博,其实我们也可以分成两种类别:一种是机构官方微博,代表部门以及代表政府的;还有一种是官员官方微博,这个官方微博不是官员个人微博,是官方以公开身份开的微博,其实仍然属于官方微博的一个组成部分,他只是以“人”的形式出现的,而且这方面其实也出现过一种案例。我举下“平安肇庆”的例子。“平安肇庆”的一种模式是,每一个微博管理员上线维护微博的时候,都会报上自己的名字,放自己的照片,然后说我是谁谁谁,我是肇庆公安局的什么什么人,然后开始回答这些官方的问题。他们形成了模式。

好处是什么呢？会给公众一种人性化的体验,就是回答我问题的不是一个躲在屏幕背后的人,只是用一个机构的名称说这是公安局的什么什么,我甚至都不知道回答我的是男是女,是一个什么样的人。如果以人的身份出现,公众就会感受到一种人的温度,感受到他服务的水平,有更好的体验。知道是一个人来回答问题的时候,询问者也会比较客气,而且会更好地互动。这是延展性的问题。所以,回到刚才的问题,我对官员微博定位的话,它其实分为两种,是私人用途还是官方用途。

观点六:朋友圈是半开放,微博是全开放

问题6

宋煜:微信相对于微博的不开放,会有变化吗？虽然需要先关注,朋友圈已经算媒体了吧？类似今天的群沙龙,应该算什么呢？

郑磊:微信对自己的定位不是把自己定位为一个媒体,微博更多的定位是一个开放的媒体。微信其实一直是刻意回避,不想让自己变成开放的媒体平台,他们更多地希望微信有社交和服务的属性。虽然从我的判断来说,微信不会完全像微博变成开放性的,但这也只是我的判断,最后取决于微信的战略定位。

朋友圈是媒体,但它不是像微博那样的全开放,最多是半开放,取决于微信加关注是需要得到允许的,而微博加关注是不需要允许的,这是它们的差别,但微信确实叫媒体,因为它强调社交属性。什么是社交属性呢？你是我的朋友之后,我才变成一个媒体,而这个媒体是客厅,是在家里面的,是朋友圈里面的,而不是一个广场上的,就是这个差别。

至于我们这个沙龙,它不是全开放的,人数有限制,五百或一千,不在这个群里的人是看不到的。但在微博上,我说一句话,任何人都能看到,这就是半开放和全开放的差别。

焦琳

互联网+交通=智慧出行

焦琳 上海市交通委轨道交通处副处长，上海市网宣员，全国百名网宣员，曾获得"上海市信息先进工作者"称号，2010至2012年连续三年被新浪网评为华东地区十大影响力公职人员，2011至2014年连续四年被腾讯网评为十大最具影响力公务人员；上海市青年"五四"奖章获得者，上海市"三八"红旗手，全国"三八"红旗手，"巾帼英雄"等。其新媒体建设文章在2013年8月获得全国思想政治工作专题委员会优秀理论成果一等奖；曾是赛艇专业运动员，拿过全国冠军和亚洲冠军，是健将级运动员，也是最高级别的运动员。

新媒体是首席数据官沙龙群关注的焦点之一。在新媒体大行其道的今天，传统行业要主动拥抱新媒体，才能更好地宣传推广自己。例如，"上海交通"就通过上海公交微博、微信、APP等新媒体的应用，给人们带来更加方便、快捷、精准的服务，成就了"智慧出行"的美名。

那么，"上海交通"是如何打造智慧出行的？它在运营新媒体方面有何心得？2015年8月27日，上海市交通委轨道交通处副处长、上海市网宣员焦琳为首席数据官沙龙群群友带来了《互联网+交通＝智慧出行》的微课分享。

互联网+交通＝智慧出行

图1

大家晚上好，我是上海市交通委的焦琳。首先感谢王老师的邀请，并且谢谢大家的聆听。今天要和大家分享的内容主要是"互联网+交通=智慧出行"。

一、"上海交通"数据分享

特大型城市如何出行，是大家都非常关心的一个话题，特别是对公共交通出行的关注。现在上海每天以公共交通方式出行的人数就达到1800万人次以上。所以我觉得有必要把"上海交通"的一些数据做一个分享。

"上海交通"数据也是一个数据群，我觉得一些数据是非常非常重要的。2014年上海全市公共交通的客运总量达到了65.85亿人次，日均客运量达到了1804万人次，完成的公路客运量是3754万人次。上海的公交运营企业有32家，线路是1377条，公交的线路长度是23897千米，运行的公交车辆是16128辆。

我们上海的轨道交通运营线路现在也有15条，就是一号线、二号线这样编下去的。现在建成投入运营的车站是339座，运营的线路长度能达到577.6千米。

二、"上海交通"的新媒体工作分享

第二部分，我想把"上海交通"新媒体的工作做一些分享。"上海交通"这个微博开得比较早，2011年3月16号就开通了。

图2

这是我们"上海交通"的微博、微信的logo。现在"上海交通"微博的粉丝量是303万，发布的信息数有2万多条。

1.新媒体五大发布板块

我们在新媒体上一般会发布些什么内容？主要一个就是"行业的新闻"，这是非常非常重要的一块信息，老百姓查询得比较多。那么还有一个"问题问答"，网友在微博、微信上提的那些问题，我们会做回答。还有"图说上海交通史"，毕竟上海的交通有上百年的历史了，公共交通一百多年啊，地铁也有27年的历史了。此外还有一个"通知通告"，修路、修地铁，轮渡停航、恢复通航等等的信息都会做一些通知通告。还有一个"便民小贴士"也是网友非常喜欢的，这有利于网友出行。最后还有一个"网民互动"，这也是非常大的一块内容。

图3

2013年2月1日，"上海交通"开通了微信平台，现在粉丝量有31200多人，发布了3200多条信息。每天都在发，一般一天发布6条信息。

下面我把我们微博、微信主要的一些运营方式做一个分享。

平时，我们要求汇报常态化。我们会跟市里，会跟交通委做一些定期的汇报，汇报的内容我后面具体会讲到。我们还有一个培训，分三个层面。第一个层面就是对这些我们下面的信息员和小编的培训，培训两三个月就要有一次，每次人数是几百号人；第二个层面就是中层干部和我们一些行业领导的培训，这个培训是三到六个月就会有一次；还有一个层面就是领导的培训，领导这个层面是六个月到一年有一次对新媒体运行的培训。

2.信息员队伍建设

图4

“上海交通”的信息员队伍建设是这样的：它分信息报送组、信息发布组、处理审批组、短期带头人。

信息报送组由我们的行业单位组成。所谓的行业单位就是公交、出租、地铁、汽修、轮渡、驾培、机场这些交通行业，都有一个信息员报给我们；还有就是我们的直属单位——二十几个直属单位，每个单位都有一个信息员，他们也会给我们报信息；还有上海市交通委的每个处室，共计二十几个处室，会跟我们每天报信息，这样就形成了一个信息组。

信息发布组就是由我们上海交通委的宣传部、宣传处、办公室，还有团委在做这一块的事情，是由小编来对外发布的。

处理审批组其实主要针对几块。第一块是针对网上的问答。一些问题、一些来咨询的信息，我们会反馈到各个行业、各个单位、各个处室，他们会及时地每天处理好后反馈给我们；需要多久处理好，我们也会沟通好来及时答复网友。现在新媒体虽然不是一个信访的平台，但是只要我们好回答的，能回答的，我们都尽量地服务网民，服务出行人员，为他们及时解答问题。

短期带头人其实是专业人士，是我们上海市交通委跟各行业和直属单位借上来的短期带头人。他们上来基本是三个月到六个月的时间，像小编一样负责这一块的工作。如果没有突发性的重大事情，那么就由他们来负责对外发布信息；如果有重大的舆情，则会由宣传处、办公室、团委一起把关，然后把稿子通过微博、微信发出去。

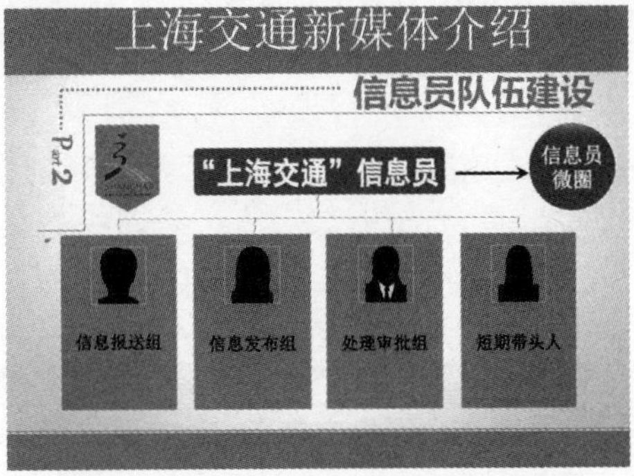

图5

3.有特色的工作机制

(1)主动使用媒体,并且用好媒体

我讲一下我们的新媒体。微博、微信的应用,是我们单位的创新做法,它被列入先进的评选标准。每个处室、每个单位、每个人,你这一块有没有用起来?你有没有主动地利用好微博、微信来服务于出行的人?有了问题,你要积极主动地来回答。首先你要用,还要把它用好,用好了以后,你还要为出行的乘客服务好。这也是我们在新媒体微博、微信的使用当中,评选每年的年度先进的标准之一。

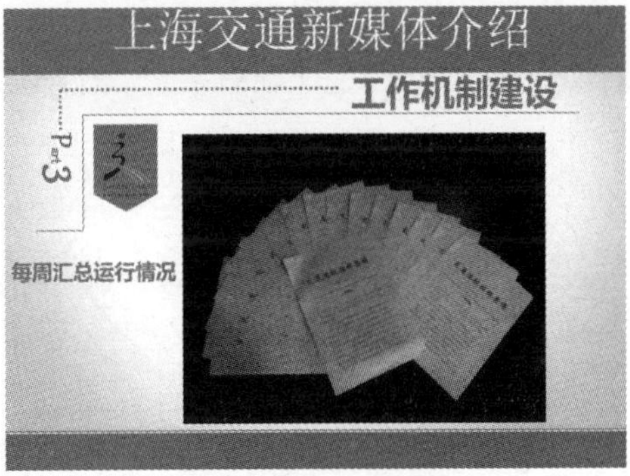

图6

(2)周报有助于服务决策

我们还有一个很有特色的工作机制,就是我们的周报制度。"上海交通"的周报,每周一早上八点钟,要放到领导的桌上。周报主要让领导们看什么?我们会把网上不同的声音放在周报里,领导就会知道出行的人不满意在哪里。我们把这些情况反馈给领导,有利于领导

来做决策:如何更好地改进工作,如何更好地为大家服务。我们也会在微博、微信上反馈给网友。所以说,在这个方面骂声很少,而且越来越少。因为我们都是从利于出行人员的角度来考虑的,为他们着想,便于他们出行。

我们的微博、微信,在自己的内网平台上也有链接,大家随时可以点进这个内部平台,去看那些不同的声音。所以说,随时让大家来掌控微博、微信上的一些动态信息,有利于决策,有利于服务出行人员。

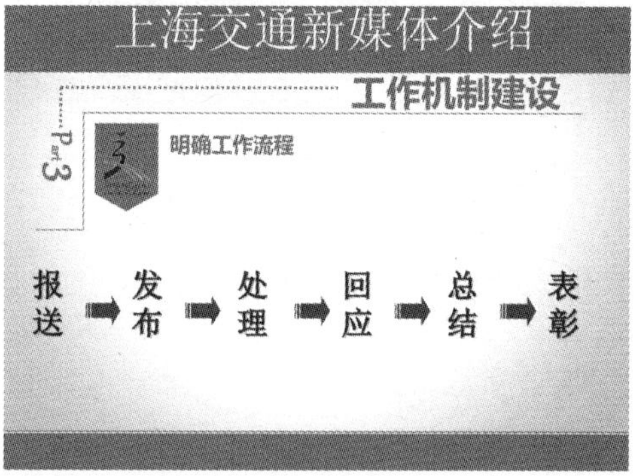

图7

我们的工作机制,也就是报送、发布、处理、回应、总结和表彰的工作流程正在不断完善中。

每年表彰的时候,我们会选出一些网友,授予最佳问题奖、最佳点子奖、最熟悉的陌生人奖、最佳服务奖、最佳痴心守候奖,对于痴心的网友,我们还会给他一个平淡真情奖。我们评出了很多奖项来鼓励线上线下的交流,让一些普通的乘客来支持"上海交通"的工作,和他们形成互动,联络感情,请他们给我们出谋划策。在新媒体这一块,这就等于他们从线下走到了线上来。

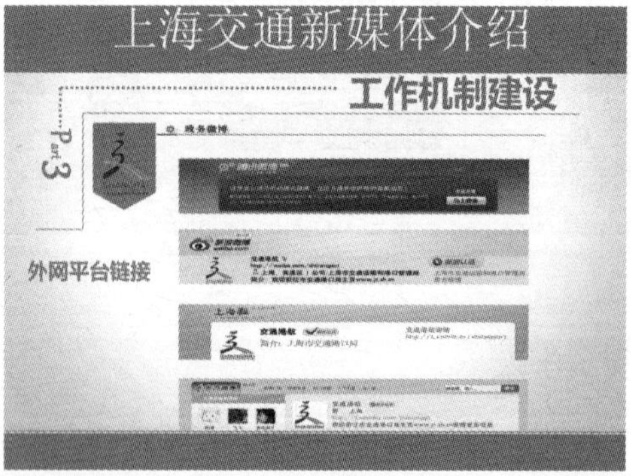

图8

4.“上海交通”的微软件

我讲一下“上海交通”微软件的做法。这么庞大的线路是需要互联网和新媒体来支撑的。

上海公交APP的手机应用,在2013年的12月2号就正式上线运行了,覆盖了上海市公共交通的整个现网,包括了1200多条公交线路和15条轨道交通线路。

我们用智慧、智能的方法——就是在手机上,你可以用我们“上海公交”APP查询自己的位置在哪里,离你最近的公交站,离你最近的轨道交通站有多远,几百米、几十米还是就在马路对面?还有一个地图选点功能,具有模糊查询等功能,可以查询从这条线路换乘哪些周边公交和地铁。

“上海公交”APP主要是提供查询班车时刻表,还有起始的站点、整个线路的走向等。比如说人民广场到大华新村,你点了以后,它会告诉你怎么走,应该选哪一条路,公交还有多久到站,可以通几条线路。比如说,周边离你这个站如果有500米,那么它有几条线路:63路、98路、21路、52路。你可以公交换地铁,地铁换公交,可以直达,这样查询是非常方便的,它能做到从你的位置到达你的终点的查询服务。

其实,“上海公交”APP最大的特色在于它的实时。它提供实时的公交信息。比如说,我坐970路从南新小区到金口路。那么,从哪里上?第一辆车,它已经开到了哪里?离这个站还有九分多钟。第二辆车还有17分钟。第三辆怎么样呢?它都会实时地告诉你,这就体现了它智慧、智能的特色,是纯实时的。

“上海发布”是非常支持我们的。我们和他们沟通协调得很好。我们在“上海发布”的微信上,可以点进去查询“上海公交”APP每天的使用量,是非常非常大的,现在每天的访问量达到了90万人次以上。

所以说,“上海交通”依托互联网,实现了用户公交出行的查询换乘功能;换乘的时候还会给你提供参考的方案,怎么样换乘次数是最少的,换乘的时间是最优、最短的。还有一些老人,眼睛看手机上的字不是很清楚,手机可能用得不是很熟练,他们会干着急,所以我们在站台的显示屏上,会实时地显示公交到站的情况,可以做到一目了然,那么他们等候的时候就不会干着急,就能看得到。

“上海公交”APP这么大的访问量,还要依托上海公共交通卡。我们已经形成了线上资源的合理分配,形成了线下优质的、高效运行的一个交通业态和一个新的模式,来满足公众出行便捷的需求。这个模式服务更加人性化,有利于交通行业更科学地发展,能够推进公交优先和公共交通更好地发展,能够更好地满足出行者的需求,所以我们才有了上海公共交通卡。

上海公共交通卡截至目前累计流通已经达到5824万张,日处理的交易量最大达到了1600万笔,每日平均交易量1100万笔。这个量非常大,没有互联网,没有新媒体是很难实现的。

"上海公交"APP会告诉你怎么安装、怎么办理、怎么充值，你附近的充值网点有多少，在哪里，还会告诉你退卡怎么退啊，附近的停车场啊，等等，都是实时的。此外，还有维修的网点，总之更多的服务我们在这上面都有体现。

三、微访谈、微直播、微辟谣、微服务、微焦点

微博、微信这块，我们还有一个微访谈，是由我们交通委的领导参与的。重大节日、重大事件等一些重大发布，都是通过微访谈来进行的。我记得今年春节的微访谈，我们孙建平主任的一个小时的访谈，在微博、微信上就达到了11万网友围观，问了50多个问题，我们回答了20个问题。所以说这个新媒体应用是绝不可少的。

微直播就是上海市的宣传部门和我们自己的宣传部门，在微博、微信上做些第一手信息的发布，主要是交通行业的重大政策和行业的发展走向等等，通过新媒体播出去，我们简称它为微直播。

微辟谣就是通过微博、微信来辟谣。在我们上海，谣言也是非常多的。因为网络舆情的走向及网络谣言对交通行业影响非常大。公交车要涨价了、出租车要涨价了、地铁要涨价了、公交车司机罢工了、在哪里闹事了、机场停运了等等的谣言很多，我们便通过微博、微信第一时间来辟谣，并还原整个事情的真相，有效遏制了谣言的大规模扩散。

我们还有一个微服务，"上海发布"也非常支持我们这块的做法。比如，有一个乘客钱包掉在了出租车上，他第一时间从微博上发出求助信息，我们看到了就立即发布，然后"上海发布"就马上转发，也就用了仅一天的时间，这个转发就达到上万次，真的帮他找到了。所以说，我们现在的这个微服务，也是非常有实质性的一些服务，不是虚的，都是实打实的。像类似这种帮人家找东西、回答实质性的问题之类的信息，2014年我们就发布了24840条。

我们的微博、微信这块，还有一个就是"上海交通·微焦点"。微焦点我们发布得特别特别多。大家都知道，我们"上海交通"有太多的热点，太多的焦点，所以说是要通过这个来回应的，来推动的，来宣传的，来改进我们的措施和做法的。最大的一次微焦点就是沪语报站是不是要在我们的公共交通——地铁、公交上实行，这个事情在新媒体上闹得沸沸扬扬，转发量大得不得了。大家在上面开骂，有保护地方母语的，有支持普通话的，但在这方面，我们只做一些引导。

今天我的分享就到这里，请大家批评指正。下面请大家提问。谢谢大家！

互动

问题1

朱琳：焦处长，上海地铁16号线已开通，在新媒体上骂声一片，你们如何利用微博、微信

来做好解释疏导工作？

焦琳：谢谢朱老师，您太会提问题了。这个问题现在是最热的，市里的领导大多都亲自到16号线视察了。16号线是2013年12月28日开通的，每天的客流量都在增加，现在每天的客流已经达到了11万人次以上，这个量不得了。这条地铁线涉及旅游线问题，今后是到迪士尼的，所以现在的客流仍然在不停增加。

从最初运营开始，这条地铁就非常非常拥挤，老百姓非常不满意。我们也是用好新媒体这块来宣传、报道和引导的。市领导、交通委领导也非常重视。我们告诉老百姓，我们一直在想办法。我们告诉大家在从以下几个方面努力，如缩短了列车运营的间隔时间，增加了列车，并且扩大了16号线整个沿线周边的公交运能，增加了整个16号线周边停车的车位等等。

我们一直在不停地利用微博、微信告诉大家政府在想办法。这段时间以来，16号线一直在增加运能，从最初的20分钟12列车，到第一次增能的8分钟19列车，到现在的5分钟24列车，接下去就是16号线要增能到4分钟27列车，已经有了明显的改善，老百姓也是慢慢地比较满意了，排队的长龙也消失了。把这些信息通过新媒体告诉大家，大家也都是通过新媒体来反映的，这是一个非常好的互动平台。公众把意见反馈给我们，我们即知即改，非常有利于老百姓出行，非常有利于做好“上海交通”。

问题2

孙华昌：焦处长，您好！就上海地铁16号线舆论引导一事，我曾看到过一种看法，认为这种为有缺陷、不便民的工程做解释疏导的行为，是在替责任方粉饰美化，会让更多部门不负责任而依靠所谓疏导忽悠民众，也根本不利于提高社会责任意识和维护社会长远利益。对此观点，您如何看待？谢谢。

焦琳：我们已经在订制列车。大家知道造列车是需要时间的，造好后我们一定会积极地配合16号线提升运能，让大家更便捷、更快地出行。但是现在不能简单地从其他线路调两节列车过来，调过来会影响到其他线路，其他线路就会排队，会增加新的矛盾。所以说，现在上海还在造，有几条线路都在造，都是从有利于老百姓出行来考虑的。如何让他们更便捷、更快、更人性化地出行，永远是我们努力的方向。

希望我的回答，孙老师能满意。如果有什么疑问，我们还可以沟通。谢谢孙老师，希望多给我们提供这些负面的意见，有利于我们今后整个上海交通发展的大的决策方向，非常感谢！

问题3

王新涛：“天津事件”后，上海交通委对危险品水陆运输在新媒体上有什么宣传？

焦琳：天津这个事故太让人痛心了！我们也在利用好这个新媒体平台。第一是告诉大家上海的整体情况是可控的，有哪些有危险品的单位，有一个怎么样的运输和储藏方式等信息，我们还利用新媒体解读危险品的一些基本常识，让老百姓觉得心安。

应该说，上海的水路、陆路危险品的运输量也是不小的。星期一国家安委会也来上海抽查过，上海也加大了对陆路和水路的危险品的监管整治力度。大家知道，安全是大事，安全是底线。所以，我们人人都要做好，不光是危险品，其他所有的安全都必须做好！

其实利用新媒体，我们也在反思，并反问网友一些问题。我们利用微博、微信问大家：如果没有危险品，那就没有化工工业；如果没有化工工业，应该说就没有今天缤纷多彩的生活；如果没有一个地方来容纳化工企业，大家都不要化工企业，没有一个人来理解化学工业，那么大家想想，是不是很不利于我们的社会发展？所以我们也利用新媒体去反问、引导社会公众正确、客观地看待这些问题。

问题4

刘清利：非常感谢焦处长的专业分享。提一个比较敏感和公众普遍关注的话题，上海交通委如何应对和管理类似滴滴打车等社会化叫车、拼车等软件的应用问题？

焦琳：谢谢大家关心交通行业的发展，非常非常感谢。关于第三方打车软件，我想先简单介绍的是，以前叫车主要有电话叫车、网络订车等，现在有手机软件叫车等。从2012年到现在，大约有30款打车软件上线，包括快的、滴滴、摇摇招车、大黄蜂、微打车等。

首先来分析一下第三方打车软件产生的原因。首先，现有的电叫市场肯定是供不应求的，对吧？第二，中小企业、其他个体出租企业的信息化叫车市场就是一个空白，行业也缺乏信息化叫车的标准和规范；还有一个就是，它真的有一个巨大的利润空间潜在那里，所以就有这样一个新生事物出来了。

那么我们也要来分析一下整个的第三方打车软件是不是对交通市场有一些冲击。其实它是扰乱了一个市场的秩序，它诱导司机来挑客源，变相地拒载，你价钱少了我就不送你去了，还要加价。它有一些违规的收费在里面。应该说它助长了非法客运。你整个市场没有了控制以后，它就是扰乱了一个正常的市场的运行，对正规的出租车的收入是有很大的冲击的。

金中一

微政务，让政府工作进入玻璃房

金中一　浙江省海宁市司法局局长、党委书记，副县级干部。当过农民、工人，历任厂团支部书记、乡团委副书记、村党支部副书记、镇政府助理员、纪委副书记、副镇长，开发区部长、副主任、主任，援藏任建设局局长等。系中国政法大学政法宣传与舆情研究中心研究员、中国政法大学微政务研究室主任、司法部司法行政业务培训师资库成员、浙江警官学院（司法部杭州培训中心）教授、浙江财经大学东方学院兼职教授、西北大学政务微博培训基地导师、四川大学大学生骨干培训学校荣誉讲师、新浪政务新媒体学院教授专家团成员、《人民公安报》中国警察网专家团成员、新浪浙江微博学院客座教授、嘉兴市法学会常务理事、海宁市法学会常务副会长、《紫薇说法》主编。获得“全国十大公务人员影响力微博（2011，2012，2013）、2011全国政法官员微博问政热度排行榜No.1、2011中国十大地方决策新锐人物、2011浙江省十大法治人物、2012嘉兴市十大风云人物、2013嘉兴市十佳群众满意政法干警”等荣誉和称号。

2015 年 9 月 9 日晚 9 点，首席数据官沙龙群特邀浙江省海宁市司法局局长、党委书记金中一先生，为大家带来题为“微政务，让政府工作进入玻璃房”的微课分享。

图1

图2

各位群友晚上好，今天我跟大家一起交流的题目是“微政务，让政府工作进入玻璃房”。这个题目我在其他地方也做过一些交流，由于今天是在微信群里讲，时间有限，我就谈十个观点，并跟大家互动。如果说得不对，欢迎大家拍砖。

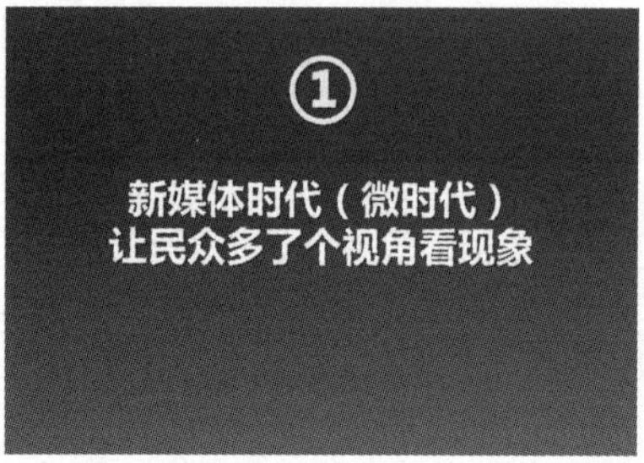

图3

一、新媒体时代（微时代），让民众多了个视角看现象

图4

图5

随着互联网的产生，特别是移动互联网的产生，整个中国乃至整个世界具备了大多数人上网的条件。本来上网的是白领，只有在办公室的人才能上网，现在移动互联网来了以后，档车工人上网了，搬运工人上网了，环卫工人上网了，我们农民也上网了。所以说，现在是一个全民的上网时代。虽然相对比例还不大，但是我们的总人口里面还有老人、小孩和一些病人，把这些因素去掉之后，我们上网的人数是实打实的。

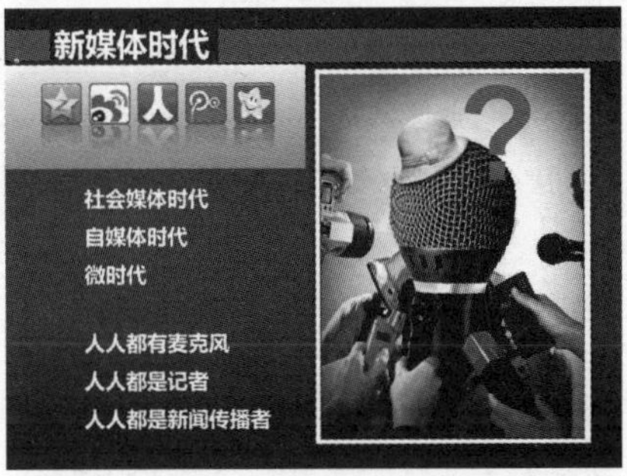

图6

随着新媒体的普及，它的影响越来越大。我们原来获取资讯是通过报纸、广播、电视这些渠道，但我们最牛的央视新闻，这两年结尾部分增加了这样一句话："获取更多新闻资讯，您还可以关注央视新闻的微博、微信和客户端。"所以，不单是说我们多了一个渠道来了解信息，现在我们的民众又多了一个视角来看我们。

新媒体，它不单是作为民间的信息传播渠道，实际上也是官方传播的有力武器。现在各种媒体都充分认识到这一点，我们的政府机构也特别重视新媒体。我们的主流媒体都是用摄影机对着屏幕播报新闻的；凤凰卫视的主持人在主持节目的时候，也拿着手机播报新闻。

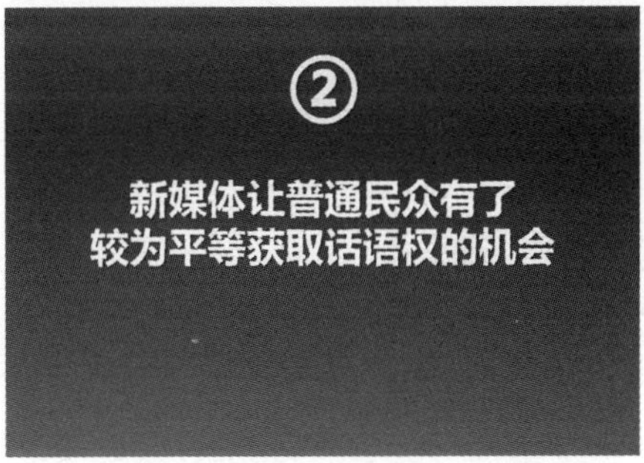

图7

二、新媒体让普通民众有了较为平等获取话语权的机会

话语权实际上是社会公众的权利。大家知道，作为财富，大家要分享，要积极争取获取自己的一份；有的人获得自己的一份还不够，还要获得更多的财富，或者窃取更大的蛋糕。话语权也相当于一个大的蛋糕，有的人想获取更大的份额，有的人自己的份额都得不到。新媒体时代，则让大家都较为便利地获得了分蛋糕的机会。

在分蛋糕的过程中，我们的民众获取了更大的话语权，这种话语权也是社会文明进步的象征，政府应当予以尊重。同时，作为政府，在尊重话语权重组产生的变化时，要在“新常态”下适应它，既要尊重民意，又要服务于政。

图8

三、“脚板+指尖”，走网上群众路线

“脚板+指尖”是我们海宁司法人员这几年的实践。2013年中央政法工作会议上，孟建柱书记提出“脚板+鼠标”，要求全国的政法干部即要利用新的信息化技术，通过网络开展群众工作，又要脚踏实地、一步一个脚印地到群众中去，所以提出了“脚板+鼠标”。我想，随着社会的进一步发展，我们进入了移动互联网时代，所以就提出了“脚板+指尖，走网上群众路线”的理念。

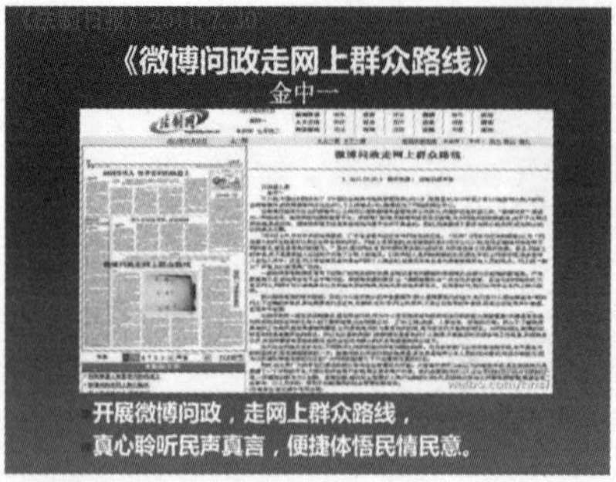

图9

图10

《微博问政走网上群众路线》这篇文章的观点，是我2011年5月在微博上首次提出的。7月30号，《法制日报》邀请我撰写并发表了这样一篇文章。因此，在全国媒体上首次提到“网上群众路线”，应该是在2011年7月30号。目前，什么地方的群众声音最强烈？群众最需要我们的地方，我们有什么理由躲起来？假如网上不正确的声音多，那也需要我们去正声，去解释，去引导！网上听骂声，不是让你按骂的声音去做，而是让你在骂声中感悟，在骂声中醒悟，这是我对网上群众路线所持的观点。

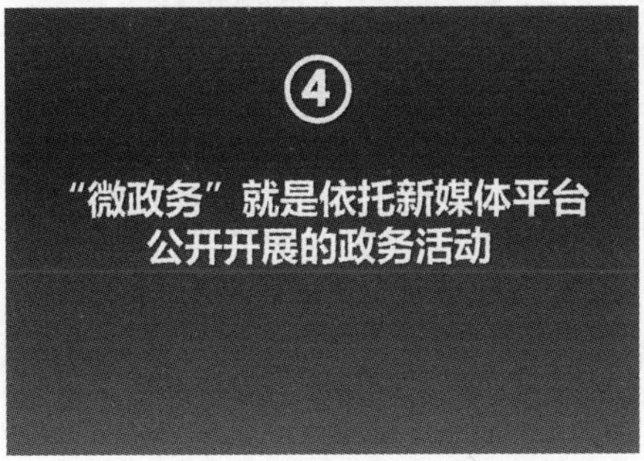

图11

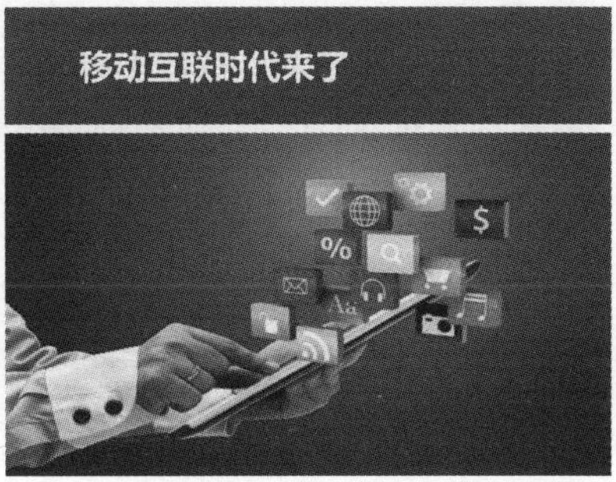

图12

四、“微政务”就是依托新媒体平台公开开展的政务活动

“微政务”是我们这几年提出的新名词。那么，“微政务”到底是什么？在社会发展过程中，我们的政务活动也在发展。以前没有文字的时候，我们用语言，通过口对口的传播把政令发布出去，下面执行；后来有文字了，八百里加急，快马加鞭；再后来，进入现代社会后，便产生了电子政务。

“微政务”是在电子政务的基础上又得到的新发展。电子政务是我们政府机关联系工作、布置工作、检查工作，通过网络技术来实现工作目标的平台。“微政务”应该说是开放的，是让民众可以近距离地观看我们的政务活动。所以，“微政务”让政府工作进入了“玻璃房”。“玻璃房”这个概念最早是我们浙江省组织部原部长蔡奇首次提出的，他提出让组织工作进入“玻璃房”，我们在学习他观点的基础上，提出了要“让政务工作进入玻璃房”的观念。

五、小编上线，领导也要上线

我们的微博也好，微信也好，现在主要分两种：一种是以官方机构名义开设的官方微博、微信，另一种是政务人员以政务名义开设并从事政务活动的实名微博、微信。这些组成了我们的政务新媒体，当然我们也会运行客户端等新的平台、新的手段。

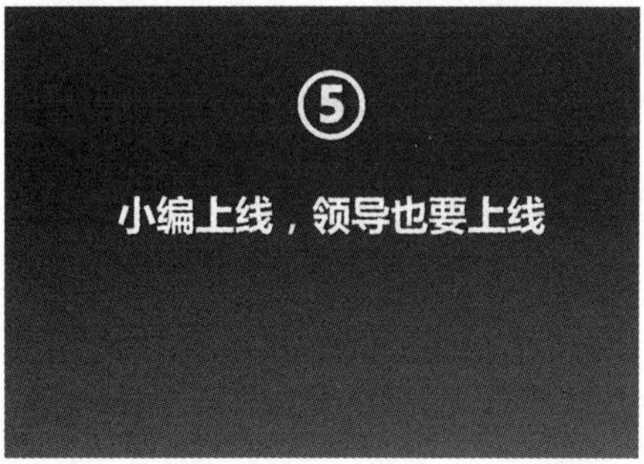

图13

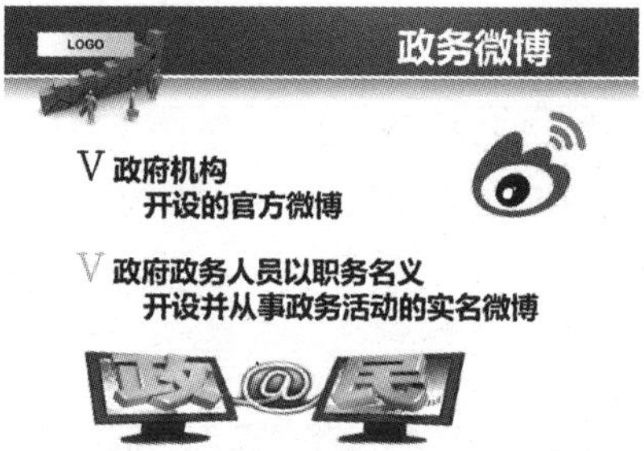

图14

我们的领导干部也要学会利用微博、微信从事政务活动，官方微博、微信也要参与进去。假如说领导不上微博、微信，只有小编在打理，由于小编是没有被赋予行政权力的人，他们网络技术、网络适应性较高，但是对政府所商议的决策，对政府的一些核心的思路了解是不够透彻的。

平时我们还经常看到，即使是搞得很好的官方微博往往也会出洋相。为什么会出洋相？因为领导不上微博。领导不上微博造成什么问题呢？出现重大舆情以后，往往出现两种情况：一种是领导瞎指挥，因为他不懂，外行领导内行，小编跟着领导的步伐走，即使懂也没有发言权，这是一种情况；另一种是领导认为微博很危险，让它靠边。所以我们看到，平时政务微博排名多少，但是真正有事的时候，这些微博都在休息，因为不敢说话，领导不让说就不能说。

我提出的观点是，小编上线，领导也要上线。领导不上线，光让小编上线，我们的政务活动、政务微博是没有权威性的。不要说对老百姓有权威性，对自己机关内部也是缺乏权威性的，这是一个观点。我还要补充一点，我们的官员以政务名义开设的个人微博，与我们的政务官方微博应实现同步。我们的官方微博相当于加了印章的官方文件，我们的个人微博相当于领导的个人签字。

2015 年，有关部门也提出，要求政务人员在网上不要当“绅士”，要当“战士”，这就是充分鼓励、发动我们的政务人员，我们的领导干部要勇于触网，勇于上线。

当战士，那战士是什么战士？我们年纪大一点的都看过原来的电影《南征北战》。《南征北战》里有两种士兵，一种是我们共产党领导的解放军战士，另一种是国民党的国军士兵。我们共产党的战士是什么？“同志们，跟着我一起冲啊！”我们的首长这样说。国民党怎么说？“弟兄们，给我顶住，顶住！谁不给老子顶住，老子就毙了谁！”我们究竟是要学解放军战士，还是要学国军士兵？

图15

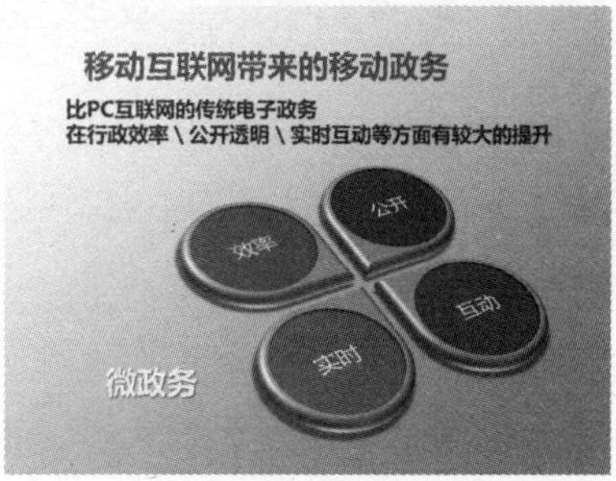

图16

六、政务微博、微信要干政事

什么是政事？我们政府机构开设的微博、微信要干政府的事。社会需要我们服务，但是有的服务可以通过社会提供，通过市场提供，因为通过社会提供的服务更公平，通过市场提供的服务更加高效，更加经济。因此，并不是社会上需要什么服务，都要由我们政府来提供，政府组织好、操控好就可以了。政府提供的服务是跟行政权力相关的，无法分离的。所以，我的观点是，政府机构要剥离服务职能，政府官员要增强服务意识。

然而，有的微博、微信搞得很火，人气很高，但是有时我们静下心来想想，它热闹的是什么？看起来是为老百姓服务，但这种服务，我们社会的微博能提供，我们民间的微博能提供，我们个人的微博也能提供。政府的政务微博以政务为主，偶尔穿插一些这样的内容回答一下也无可非议，但我们主要是干政事的，而不是什么热闹我们就搞什么，否则的话，我们就不是在干政事。

我还提出，我们不要与社会的微博、民间的微博搞同一类型的竞争。应该由他们搞的，政府机构就不要做。我们拼命地跟民间的微博搞竞争，看似搞得很火热，但我们的评比机构、现在的一些排行榜，都是看转发量什么的指标，但它究竟干不干政事？

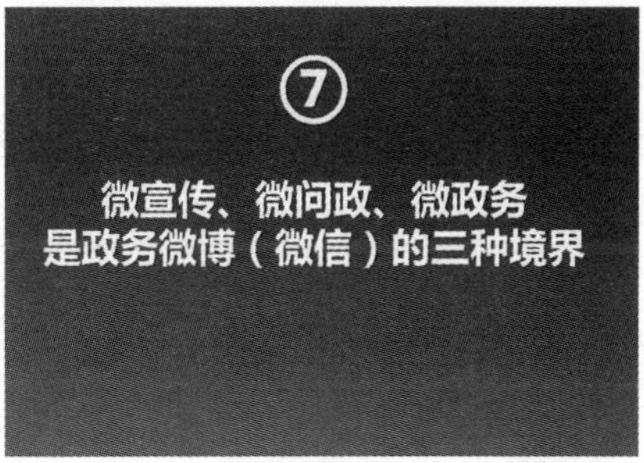

图17

七、微宣传、微问政、微政务是政务微博、微信的三种境界

微博也好，微信也好，都经历了三个阶段：宣传、问政、政务。当然，宣传是我们的基础功能，也是必须做好的一件事情，但仅仅做好宣传发布并不是我们的目标。所以，我把政务微博、微信确立为三种境界。

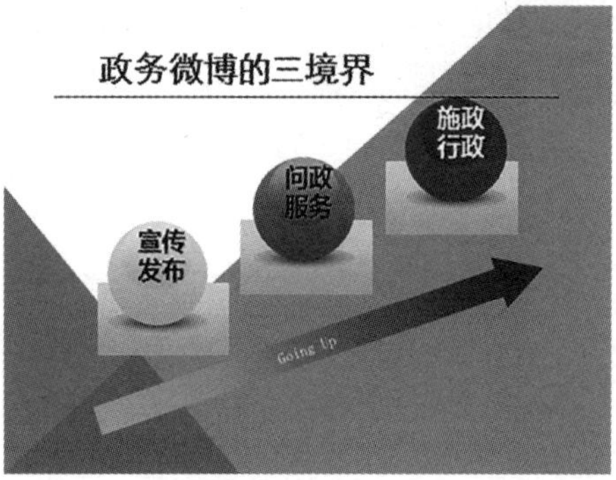

图18

三种境界是怎么划分的呢？第一种境界确立为宣传发布。宣传发布是一种单向行为，我说你听，说完我就走；听得懂、听不懂是你的事情，我已经跟你说过了，这是第一种境界。第二种境界是问政服务。问政服务从1.0的单向变成2.0的双向，有互动。你问我答，我问你答；你有什么需求，我给你提供什么服务，我把其称为问政服务。第三种境界是什么呢？施政行政。

就是靠微博、微信这些新媒体平台，把它当成我们履行政府职能、进行施政行政的工作平台，在这里举行政务活动。在微博、微信等新媒体上举行政务活动，一个是高效，另一个是公开透明。2013年《人民日报》的记者采访我，我给他介绍了这样一个简单案例。海宁司法官方微博中，有老百姓提出了一个问题。我看到官方微博时，在评论里这样回复他，我说："请@下辖司法所，关注。"

我这样简短的一句话，其实就是平时公文处理当中对文件的一个批示，但是我这个批示是在微博上批示的。微博上的批示跟纸质文件上的批示有什么区别呢？我在微博上批示，我做评论发出去，当事人第一时间就知道了，我们的官方微博管理员第一时间也知道了，并@某个地方的司法所，让他们也在第一时间知道；假如有围观我们的微博民众，也能很快了解，也能引人来围观，这样的效率高不高？肯定是很高的效率，而且公开透明，因为他们知道我交给谁去办了，谁已经收到了，谁还没有收到。

图19

图20

八、政府工作不能遮遮掩掩，新媒体倒逼政务公开

我们政府工作在革命战争年代需要保密，现在我们是在为老百姓服务，为老百姓的利益做事，所以除了少量信息需要保密外，绝大多数都应该公开，不能遮遮掩掩。遮遮掩掩实际上风险很大，公开之后其实也没有多大的秘密；公开以后，还能让老百姓更加清楚地看到我们的政府在做什么。

以前我们政府做了什么，通过媒体宣传报道得比较多，但是往往你想做什么、在做什么，老百姓是不知道的。所以，如果我们能在这个环节中让老百姓知道你想什么、在做什么、做了什么，每个环节都能让他们参与并发表观点，这个效果就不一样了。所以说，我们需要新媒体。

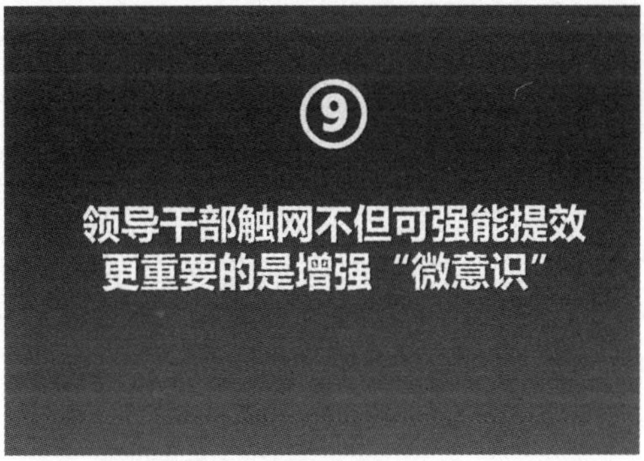

图21

九、领导干部要有“微意识”

实际上，我们的领导干部触网，不单是提高我们的行政效率，强能提效，更重要的是增强“微意识”。那么，什么是“微意识”？我想，看到违法、有悖道德的事情想发微博、微信曝光，遇到可能被上网曝光的事情有个警戒防范意识，这就属于“微意识”。

领导干部不去接触网络，只有小编在搞，甚至你就看看剪报，看看网络的一些报表，实际上你的感受是不深的，不会在你的脑子里留下一个深刻的印象，因此往往会在这方面发生这样那样的笑话。所以，领导干部要增强“微意识”，增强“微意识”就可以避免危机，也可以减少舆情方面的麻烦。

图22

十、不求轰轰烈烈，只求市民需要时能@得到

今天我跟大家交流的最后一个题目是“基层单位的政务微博不求轰轰烈烈，只求市民需要时能@得到”。

我前面也说过，我们现在的这些排名榜啊、转发量啊、点赞量啊，搞得好像只有这些是成绩，没有这些就是没有成绩。我的看法是，作为一个国家部委的微博，当然要有影响力，要轰轰烈烈，要有知名度，但是基层单位，我认为就不一定了。

基层单位并不介意其有多大的热闹、多大的转发量、多大的平时的影响，我想其追求的应该是实实在在。所谓实实在在，就是指老百姓需要的时候能@得到。我们现在微信用得比较多。但是大家知道，到了一个地方，我是这里的老百姓也好，是一个外地来的临时的游客也好，我要找当地政府、当地派出所、当地司法所，怎么找他们的个人微信呢？找不到！所以说，如果不是公众微信，你有什么需求，很难得到及时的回复。

只有通过实名认证的政务微博，老百姓在需要的时候才能找得到。老百姓能找到基层政务对外单位的微博时，他有事情跟你说，有事情需要帮忙，那个时候他@你，你就能够在第一时间回复他。我认为，这个就是对我们基层政务单位政务微博的基本要求。

也就是说，我们的政务单位需要有一个关注微博的兴趣，每一个基层机构都要开设官方微博，我们的政务人员要尽可能地开设个人微博。

在这次交流就要结束时，我代表海宁司法欢迎群内的各位专家、领导“围观”海宁司法。海宁司法建立了政务微博矩阵，有很多微博。有些微博做得好点儿，有的就需要大家监督让我们做得更好。

互动

问题1

陈永博：谢谢金局！请问您，实际情况是有些部门的领导就是不上微博走群众路线，对此问题，您有什么具体措施？

金中一：你提的问题确实存在。对于这个问题，我的看法是，在政府遇到网络上的一些舆情的时候，在大的问题上，我们肯定要全力以赴，去应对、去平息这种问题；但是一些小的、可控的问题，我们没有必要把这些舆情全部搞得干干净净。你全部搞得干干净净的，领导怎么会想到要自己上微博呢？

问题2

张巳蛟：最近网络尤其微博上，很多人就某些问题往往争执得很激烈，大家都不是摆事实讲道理，而是互相人身攻击和骂娘。政府该怎样创造条件，让网友坐在一起好好交流，相互沟通，相互理解？

金中一：今天我整个课件有意没讲舆情，因为今天时间有限，又是晚上，所以尽量讲政务，舆情这块以后有机会可以单独讲一期。你这个问题提到网友吵架吵得很厉害，我想，作为理论工作者，作为政府工作人员，理清思路、动动脑筋、辩论辩论，可能是有好处的。

针对一般的政府机构的政务微博，特别是基层单位的政务微博，我想，应该尽力做好自己的政务。我们要依法理政，法律规定你要承担什么责任、做什么事、有多少任务、干多少事，你得落实。我想，政府官方微博没必要去讨论这些问题，也不要去参与这些问题的争论，而我们的个人微博，参加一下讨论，我个人认为问题不大。

问题3

李立中：非常同意金局的不追求转发点赞量，关键时候“能@到”的话。好的导向才有正向的结果。问金局一个问题，局长上微博最大的感触是什么？

金中一：我们不上微博，可能听到的骂声要少一些，上了微博，听到的骂声要多一点。当然，骂声多并不意味着这些骂声一定是正确的，有可能有的正确，有的不正确，但我们可以借机了解不同网民的观点——本地网民的观点、外地网民的观点。我想，最大的感受就是这一点。

问题4

姚垚：金局您好，想请教一下您，微博上有很多恶意大V，以点评国家大事为己任，逐步变成网络“意见领袖”，当然也有很多恶意伤害过政务人员的微博，导致领导害怕注册实名微博，害怕发言。对于这样的现象，您如何看待？作为政务人员应该如何面对？谢谢。

金中一：网上骂人的也比较多，有大V，有潜水的，也有普通网民。但是大家要注意这一点，如果是实名的，多坏也坏不到哪儿去，最坏的是不留实名的，你都不知道他是哪里的，这种人不凭良心讲话，但是他的影响力也不会太大。我们要把握这一点，看清这一点。

问题5

何晓：基层政务微信、微博不排名，在目前大环境下有利有弊，金局可否稍做剖析？

金中一：实际上你说这种排名需要吗？有些时候也需要，如树立一些标杆让大家学习等，但是目前这种排名都是媒体在排。媒体是什么人？媒体是搞宣传的。他们以自己的观点、自己的思维方式排政府的政务微博、微信，显然不是按政府运作的要求排名的。所以，到底怎么排，也是值得探讨的，不能只是从传播的角度进行排名。

希望我们的排名机构要好好地研究政务微博、微信发布的内容、互动的内容是不是政务，政务内容占整个内容的比重是多少，对这些指标要加以考量，否则，说起排名第一、第二，去看看，结果没有一条是谈政务的，都是新闻传播或者八卦传播，最多提供一些对老百姓有用的服务资讯。

徐刚

主动以大架构思维迎接“互联网+”

徐刚　中共银川市委督查室副主任科员、“问政银川”运维团队成员。主要从事银川市党务政务网络平台、政务微博集群建设管理工作。在“问政银川”转办件督查考核工作中，及时对群众诉求较集中较复杂的事项进行现场调研，向市委主要领导提供专报及建议。在新媒体平台政务服务方面积累了一定经验，多次承担区域性舆情引导工作，取得了良好的效果。曾应国家行政学院邀请，在司局级领导干部网络培训班就新媒体平台施政专题授课，获得专家、领导们的好评。2015年2月受聘为新浪政务新媒体学院专家团讲师。在实践中创新政务微博集群管理机制，提出“银川市网络问政工作不能停留在抓办结率、满意率的层面，更要向数据要民情、向积累要信息”的理念，通过大数据、网格化分析方法，及时找出城市管理、公共服务中的薄弱点，为决策层建言献策，为“问政银川”成为银川市党群“连心桥”做出了一定的贡献。

首席数据官沙龙群特邀中共银川市委督查室副主任科员、“问政银川”运维团队成员徐刚于2015年9月22日晚9点为大家分享了题为“主动以大架构思维迎接‘互联网+’”的精彩微课。

大家好！我是徐刚。感谢群主给我这个机会，与各位领导、专家、同人交流。首先祝各位中秋节吉祥。

今晚我想讲的关键词是：大数据与服务、智慧城市与互联网、“互联网+”与“+互联网”。

一、谁更需要“+互联网”精神

刚才我给大家演示了几张我们新媒体政务多渠道集中办理系统APP的处理系统图片及统计表格，这个系统的即时统计和分析功能在Web版进行实现。

有次与朋友交流工作时，我介绍完这个系统和统计功能、分析功能以后，他们告诉我，截至目前，国家个别部委系统的内网投诉系统没有统计功能，所有的基层把每段时间的投诉事项或者受理事项打印成白纸黑字之后进行人工统计。这时候，我感觉非常不可思议。

为什么这样讲？下面我就谈谈自己在这方面的看法。第一，传统的政务事项的沉淀和互联网时代的政务数据的数据沉淀有两个不同点。比如说，传统的12345市场热线电话是受理群众诉求的主要渠道，银川市也是这样，他们靠人工把语音转化为文字，然后将文字输入电脑，一件事一件事地去转办、督办、考核，还有很多类似的情况。

每年各个城市、各个领域、各个系统都在搞一些政风、行风的社会答卷、社会问卷、社会调研、社会调查等，并将这些工作纳入绩效考核。大量的民意诉求上了网，将各个平台的内容汇集，就形成了最基础的社会治理信息库；同样，过去我们建立了政府网站，通过政府网站政民互动平台等进行受理的时候，我们也忽略了统计和分析环节。

这样一个环节的背后，我觉得从构架的思维来说是两种不同的思维。一种是“互联网+”思维，另外一种是“+互联网”思维。为什么呢？“互联网+”思维是当前社会非常需要进行推进的一件事。我们把互联网基础设施搞好，把带宽提升，把网费降低，让老百姓都上得起网，让老百姓都能使用到互联网。老百姓用到互联网以后，政府也能使用互联网，大家都能使用互联网，比如说新浪微博也在开发很多政务微博需要的统计功能，比如说对转发量进行评测，包括矩阵的一些统计发布量、转评量、点击量等等，大家都在做。

我个人觉得各个行业、各个系统、各个部门更需要“+互联网”精神。为什么把它作为一种精神呢？因为需要主动去迎接“互联网+”，根据我们的需求去改造它。为什么说是改造呢？因为现有的不一定是适合我们自己的。比如说，县级的一个区域上网的互联网用户肯定没有首府城市人口多。人口比例与GDP、财政收入、经济发展情况有关，东南沿海跟我们西北地区也有很大区别。

这些问题都是客观存在的，这也决定了这些区域在互联网渠道的选择上到底以什么渠道为立足点。上网基数多的可以使用微博，上网基数少的一些县、一些地方可以使用微信。

这是一个渠道的“+互联网”的抉择。

另外一种抉择涉及定位。搞互联网的政务既然叫政务，新媒体政务、互联网政务、政务微博、政务微信等等，它都叫政务而不叫政府。以我现在的理解，很多涉及政务的所谓政务新媒体，事实上应该叫政府新媒体。

为什么？因为大多数的政府新媒体在发声时是单向发声，不考虑受众需要知道什么，也不考虑受众想知道什么，关心什么，这不是它的任务，它的任务是完成领导指派的发布条数和转发量。

这种思维是目前传统的“+互联网”思维，就是我完成了这项工作，我在工作总结里可以写进去点赞多少。我偶然知道一个离银川比较近的城市，他们的政务微博发布以后转发量很多，但他们是发动了网评员进行转发的。在银川市，目前舆情检测员、网评员和政务微博管理员，已经“三员合一”进行系统培训和工作管理了。那么，我们的舆情检测员和微博管理员之间是如何分工的呢？

我们要求，网评员不涉及本部门、本辖区政务处理的任何流程及网友的对话。我为什么想跟大家讲这个问题呢？因为这就是“互联网+”和“+互联网”的区别。我们到底做什么，政府政务人员、公职人员怎么在“互联网+”时代完成自身的职责？我们目前对这些工作的考核围绕的是什么呢？围绕的第一是服务大局。那么，这个大局是什么大局？对于这个大局的认识，首先我觉得在“互联网+”时代，我们的政务服务、政府形象、政府公信力的表现是政治自信、敢于担当，除了积极发声、舆情应对等方面，我们还要做些什么？

据我了解，有不少部门在自己的微博、微信进行舆情观测时，会以转发量的多少为依据，比如负面信息转发量达到60条构成舆情，可以进行专报，然后积极进行解决、答复。首先我觉得这是积极的，但以这种对舆情的认定、定性来说，转发量达不到60就不是舆情，那就不报了，这样长此以往，就相当于鼓励大家把事儿闹大，会误认为把事儿闹大之后政府才管。从根本上来说，这是饮鸩止渴。所以，政务微信、微博的设置要代表一个部门的职能整体，而不是一个科室，不能仅仅代表这样一个机构。它要代表一个城市，一个党委、政府的整体形象的话，就要把整个职能充分调动起来，这就需要在“互联网+”时代，在新媒体时代有一种机制创新，一种全新的布局。

我认为，政府公信力的建立不仅仅是说得多好，更是要看做得多好，解决了多少老百姓的具体问题。这样老百姓才认可你，你说什么老百姓才听，你说什么老百姓才信。

老百姓关心得最多的就是民生问题，所以政府做事，就要把群众@的事情通过依法行政做好，这就是一种宣传。那么，从宣传角度说，“互联网+”时代的宣传工作应该要扭转宣传观念，避免刻板地围绕政府主体进行宣传，而是要围绕老百姓和政府进行宣传，这关键在于话题设置，话题设置好了老百姓才会感兴趣。

比如我到肇庆出差，陈永博老兄送我去白云机场的时候，我俩交流了一个观点。宣传我们的警务工作、基层警察工作，你要说某某公安局在某段时间进行了某项专项工作、某项专项活动，这样发布出去以后，老百姓可能并不是很关心。但是如果换个角度，你把它发掘成跟老百姓有关系的话题发布出去，比如说，我们的片儿警在某某小区做了哪些事儿，再配些接地气的照片，就要比那些统计数据更有说服力，更能打动人心。

这就是一种“互联网+”的思维，主动转变我们的宣传角度和主体，以宣传政府为主体变为为民服务为主体，让老百姓能够看到与他们有关系的事情。

这是我的第一个观点。

二、数据沉淀

我的另外一个观点是数据沉淀。

我之前简单介绍过银川政务微博的工作，那么，我们为什么要建立八爪鱼构架？我们既然已经有一定的技术储备，为什么不连接微信、微博、易信、陌陌等新媒体？这是因为我们在等银川智慧城市子项目大数据库的建立和投入使用。

近年来，中国城市化进程加快，城市化规模聚集效应在于推动经济发展，促进产业融合，提高人民生活水平，与此同时也带来了交通拥堵、环境污染、治安混乱等一系列问题，以及干部群众疏远的矛盾，这些被统称为“城市病”。

在此背景下，银川市委、市政府主动迎接“互联网+”“大数据”新经济时代的到来，与中兴通讯强强联合，利用信息化技术、大数据分析等手段，立足“惠及民生、城市管理、产业衍生和投资迭代”四个核心目标，加强智慧城市顶层设计，通过“商业模式、管理模式、技术架构”三大创新，部署了智慧政务、智慧交通、智慧环保等十大系统十三个子模块，形成了可复制、可推广的“智慧城市银川模式”，即智慧城市2.0版。

其实在银川市委、市政府的整体部署里面，我们的政务微博、政务新媒体仅仅是冰山一角，是露出水面的一部分。为什么刚才跟大家说我们的线上有“问政银川”，线下有市民大厅？我们欢迎各位领导、专家来银川看看我们的市民大厅，真正感受一下什么是一个窗口受理一系列的问题。比方说，以前你要办理一件事，一般需要到不同的窗口去报一些相同的资料，但现在在银川根本不需要。我自己也深有体会。去用公积金还贷款的时候，我拿了一张身份证，不到5分钟就办理完了公积金还贷；当然，各位是在一线城市，可能做得比我们还好。

这和以前的、传统的政务办理流程来比，已经完全颠覆了概念。这些都是通过一个大数据和“互联网+”，再通过政府主动去“+互联网”，给市民带来的能触摸到的、感受到的、能用到的最直接的一些改变。

管理模式创新：加强顶层设计，打破过去部门垂直型项目运作模式，采用“研+产+标准组织”结合的管理模式，打造“闭环正反馈”智慧城市生态系统。

技术架构创新：即创新的“一图一网一云”整体架构。“一图”，是通过部署的各类物联网感知终端，结合全景真三维地图，对城市各要素进行空间节点定位。“一网”，就是8000G的城市光网络，将这些节点连起来，把“一图”的数据传到“一云”。“一云”，是大数据中心云平台，把“一网”送过来的数据进行存储和挖掘分析，让数据产生价值。“一图”就是“眼睛、耳朵、鼻子”，负责感知；“一网”就是神经，负责信息传输；“一云”就是大脑，负责记忆和思考。

从大触角的角度来说，政务微博、八爪鱼构架仅仅是银川市委、市政府构建的全社会的一种全覆盖的云服务的一个触角而已，这个云服务就是将所有跟老百姓相关的事情进行数据化沉淀，然后进行分析，找出城市管理中的薄弱点以及城市的资源分配，比如说交通、教育等方面。

十大系统即智慧政务、智慧交通、智慧社区、智慧环保、平安城市、智慧旅游、市民一卡通、企业云、大数据中心、智慧网络建设。

我们智慧政务得到了李克强总理的点赞。银川市委、市政府以“为民、便民、利民、惠民”为出发点，分一站式审批、网上审批、虚拟审批三个阶段建设，实现“宽进精管，简政放权”，以激发市场活力和社会创造力。

三、智慧政务

首先说说智慧政务问题，这方面得到了李克强总理的点赞。智慧政务包括我们正在构架的服务器，我们的数据中心，是西北最大的数据中心。现在，八爪鱼构架技术储备完成后没有上，就等着后台的硬件架设完成，届时“问政银川”触角将伸向所有的互联网平台。

而这些触角，包括我们的子平台，我刚才说的包括网友的个人档案分析等个性服务，成了这个上层大构架中的一个子项目。它会和公共服务、商业服务、政务服务数据融合，呈现出一体化的前置性服务。

这就是我今天想提出来的一个观点——前置性服务。

前置性服务，第一可以减少政府被动咨询的工作量，第二可以提高群众对政务透明度的知晓权，以及对法规、对市场运营的了解，包括社会公共服务、商业服务、政务服务标准化的规范化服务流程。

这个说得有点抽象，举个例子。在淘宝，假如我们要去买避孕套，它的右下角会弹出一个“在银川”的窗口，告诉你银川市卫生局的一些健康提示；假如去买婚庆产品，则会告诉你最近的办理结婚证的地点在哪里，你可以一键预约，或者上传你的身份证预约——用手机按格式自拍上传，然后，你只需要约个时间跟你的未婚妻直接去领证就行了。

领了证以后，当你去百度搜索一些备孕的常识时，你的浏览器又弹出“在银川”给你的健康提示：你怀孕以后在哪里进行糖筛检查、社区保健站最近的点在哪里、几月几日有妇产科专家在那儿等等，一系列的医疗保障等服务都前置给你一个提示，就操作完了。

这就是我们所要做的一件事。“+互联网”，就是动用银川市的政务、商业、公共资源。现在，“问政银川”团队也在和本地民营的微信公众大号和公众服务号合作。我们并没有把这些渠道作为垄断渠道，而是做好公共服务，改进流程，把硬件保障做好，渠道交给社会。

我们不建立自己的渠道。为什么不建立自己的渠道？老百姓今天喜欢用微信，明天呢？以前用的是腾讯微博，现在腾讯微博没人维护了，都跑到微信、新浪微博这边来了。最近又传出年轻人喜欢以前的某个社交网站，但现在社交网站人气已经很淡了。所以，我们不去投资做自己不专业的事情。

专业的渠道建设就交给市场，让其融入到社会公共服务和商业服务里面去。现在很多单位都在投入做自己的微信公共账号，比如说交警就特别喜欢干这个事。当然这是好事儿，交警的微信公共账号一般都可以查询行车人的扣驾分，还可以查应该交多少罚款，甚至有些地方可以通过支付宝缴纳罚款。蚂蚁金服在城市服务方面做得比较好。相比而言，这些东西是社会做得好，还是由政府投入做得好？大家有目共睹。

智慧交通的目标是打造畅通银川，通过发行交通环保卡，借助接收器采集车流量数据，汇集全城交通状态，在此基础上实现动态出行诱导、红绿灯即时调控、限时限段收费以及停车智能引导等功能，解决拥堵问题，最终实现为交通管理部门合理配置运力、科学规划路网提供决策支持，实现交通资源整体优化。

智慧环保基于“实时监测、源头管控、定向治理”的核心思路，致力于打造“碧水蓝天，明媚银川”。这主要是利用信息化环保监测设备对生态环境参数中的“水、气、声”进行实时监测，并对有环保隐患的污染企业及重点区域进行重点监测管控，并对采集的环保数据进行分析挖掘，向相关部门提供决策依据。

智慧交通这个概念大家已经接触很多年了。现在很多一二线城市的公交车可以进行GPS定位，然后通过手机的某些客户端和公共账号进行查询，比如说具体我要坐几路车，我在哪一站，输入代码或扫二维码以后，就可以显示这一路车离我还有多远。很多城市都在做GPS定位，也有些城市在做动态红绿灯的即时调整，这种包括交通资源的分配等都属于资源分配的问题。现在的很多问题都通过政务微博反映，如网友经常反映某某十字路口绿灯时间短，不够走过去，很多都是小伙子、大姑娘——连年轻人走过去时间都不够，就更不要说老年人了。

微博上有人提出问题以后，我们就转给交警部门，交警部门转给银川交警分局设施科的微博，他们会积极主动地去调整这个事件。不过，以后我们的微博不会收到这些情况了，因为我们有智慧交通的整个检测系统，可以进行动态检测，并动态地对各种灯进行调节。

那么，这些东西最基础的是什么？最基础的就一个：这些仪器能够观测到的数据，也就是可观测到的数据。此外，还有一些是观测不到的数据。

平安城市的目标是构建和谐银川，通过物联感知多样化，包括无人机、应急指挥车、单兵设备等，增加信息采集的渠道，打造地空一体化的监控体系；同时我们对基础数据的挖掘分析，提升预测（预判）能力，变被动救火为主动预防，并创新城市应急管理，做到应急预案全面电子化，可视化，自动触发应急预案执行，多部门协作联动统一指挥，大大提升应急响应效率。

智慧社区架起亲民桥梁，通过部署人脸识别门禁、智能快递柜等系列智能设备，提升社区智能化，创新地打造“微商圈+冷链生鲜配送柜的线上+线下社区”服务模式，形成汇聚商业服务资源的新社区格局。打造新型医养模式，部署天天体检屋、网络医院及远程诊断等健康惠民设施和技术，为社区居民提供便利的医疗、养老、保健等服务。打造包含安全员、私人医生和服务专员在内的全能化基层网格服务队伍，落实网格化管理，利用信息化手段采集居民数据、反馈舆情、落实政策，将市、区、街道、社区的层级管理模式扁平化。

我举个例子。在2014年的第一个供暖日，下午3点，我们的平台即时统计显示群众投诉量超出了前三年第一个供暖日的投诉量，对于这个投诉量的异常数据，我们非常震惊。为什么？

因为在2014年春季到秋季的时候，银川市财政投入了大量的资金对老旧小区进行供暖改造，对大量的锅炉房、老旧管网进行了改造升级，以提升供暖质量。按照我们的预测，投诉量应该大大下降，但2014年的第一个供暖日投诉却大大超出了我们的初步估计。下午3点发现这一异常数据的时候，我们立即将前三年的数据和即时统计数据编成短信，向市领导汇报，并且建议由我们在第二天早晨于银川市供热办召开现场协调会，对投诉量集中的五家供热企业进行约谈。

当时的第二天是个星期天，早上8点半进行约谈的时候，我们了解到这些供热企业存在的问题都不是供热办能够协调解决的。比如说，有一个供热主管道供三个中型小区，但该管道被园林局搞绿化的施工队挖断了，园林局施工单位不承认是自己挖断的，两家单位在扯皮。

还有一个供热企业，它的供热房升级以后需要安装新的高容量的变压器，但是供电企业说要在50多个工作日内验收。50多个工作日那就到春节了，那样的话银川市的政府大门早就被市民上访堵门了，这是第二个问题。

这些问题市供热办很难协调解决。在当天9点半散会以后，我们在10点钟向以上部门下达了督查整改令，要求他们把部分问题在8小时内解决，部分问题在24小时内解决。72小时后，我们的微博投诉量急剧下降，恢复到我们的预期值。

与传统的投诉渠道统计监测相比，我们的数据预警，对于一些特殊事情、一些阶段性的民生问题会及早发现，及早协调解决。

市民一卡通目标是“一卡在手、生活无忧”，具备一卡多能、全城通用、信息采集此三大亮点。具备了公共服务和商业活动双重支付功能，涵盖公交出行、医疗健康、水电气代缴、免费Wi-Fi上网等多种惠民功能，保证实现全城通用，广泛覆盖；同时利用MIS云附带的管理系统为商家提供进、销、存管理，还可获取和采集市民消费明细数据，相应调整供给，维护物价稳定，为政府经济决策提供支撑。

市民一卡通项目也是银川市正在做的一件事。市民可以通过一卡通项目免费在银川市市区Wi-Fi上网。一卡通的Wi-Fi上网需要扫二维码，在扫二维码的过程中也就登录了“问政银川”。“问政银川”这一账号是特殊历史时期的一个特殊的产物，从“问政银川”工作团队的内心出发，我们希望它能早一天消失。

本来能够通过正常渠道去做的事，为什么要通过“问政银川”转办督办呢？

也就是说，扫二维码上Wi-Fi的同时，也登录了整个政务受理系统，有事的话就可以通过手机里的一些客户端进行一键反映，因为手机有GPS定位、有拍照等功能，可以反映诉求，以便解决。

另外，这些诉求也只是作为一个反馈渠道而已，真正的后台处理系统还是我刚才说的那些包括了政务服务、公共服务以及城市市民福利等方面的综合身份认证系统。

企业云目标是实现企业互联。核心解决中小企业面临的资金、管理、经营等问题，通过集约化经营融资、IT、法律和人事等云化服务，为企业提供法务、财务、人事等服务，通过线上云平台和线下专业服务结合，降低企业运营成本，提升企业竞争力。同时通过各种技术手段充分采集企业经营数据，输出政府管理需要的指标数据和决策依据。利用企业云平台汇聚产业链上下游资源，提升企业间合作的快捷性和有效性，打造虚拟产业集群。

"+互联网"是在服务群众，是我们的重要工作；服务企业也是我们的重要工作，把企业的发展服务好也是民生工作。在服务企业过程中，我们要给企业提供一些政务资源和资源的分配，这些资源的分配需要一些流程、一些政策的扶持，尤其需要政府主动地用"+互联网"的做法为企业创造发展平台。

智慧旅游的目标是拉动银川旅游产业。通过为游客提供定制化的贴心体验，打造智能化的景区服务，从而促进旅游产业集群化发展。让游客体验到游前、游中和游后的全程定制化服务，同时汇总旅游全过程大数据，通过大数据建模分析游客旅游数据、景区数据及产业数据，从而完善行业管理，助力产业链发展，构建商家诚信联盟，实现产业聚集，打造"吃住行游购娱"旅游产业集群。

银川这个地方还是很美的。作为西北地区来说，西北地区有西北地区的美，谁不说自己家乡美呢？银川是值得来看一看、走一走的。大家可以体验一下西北大漠文化，看看张贤亮老先生留下的镇北堡影视城，看看西夏国李元昊的王陵等文化景区。那么，在这些文化遗产旅游景区，如何降低游客的旅游成本？在降低城市面临的住宿等各方面的压力、进行资源分配时，在云服务里最终提供技术支撑的还是数据。

四、如何打通数据壁垒

讲到这里，我们探讨一下，我们可以等互联网来"+"我们吗？

各个部门、各个系统都要去"+互联网"的时候，又出现一个新的矛盾，就是系统不配套，各干各的。存在数据库格式不一样、标准不一样、信息各自为政等数据壁垒。那么，如何打通数据壁垒呢？

银川市作为一个地级市、一个首府城市，将突破数据壁垒作为一个攻坚战来打。有些数据库可能在国家的一些部委，有些是在自治区的厅局，有些是在银川市。在这方面，银川市做了大量的工作：不能统一过来的，我们就做数据接口；能够统一过来的，都建立在我们的大数据云基地。总之，我们是尽力而为，但决不搞重复建设。

我刚才得知群里有一些专家，包括一些领导以及可以写内参的一些老师。我们现在想的是，在各地都在做这些工作的时候，从国家层面来说，能不能制定一些标准化的东西打通这个壁垒？比如说，目前很多城市将医保卡进行跨城市通用，银川也和西安签订了这样一个合作协议——很多地方都在进行跨地域的医保卡合作。

其实根基就是数据库的相互兼容和支持问题，是如何实现互动互联的问题。

政务新媒体、政府新媒体，不是一个孤岛，应该成为一级党委、一级政府的一个统筹平台，这是我的一个观点。银川市现在正在探讨，我们不敢说这些理念有多完善，但是我们正在尝试着去做，在做的过程中也存在一些困难，这些困难刚才也说了——数据壁垒、部门利益等等。这些也是在政务改革、重塑政务流程中的阵痛，在这方面我有一些资料提供给大家进行交流，我今天想说的主要就是这些。

我非常欢迎各位能够来银川看一看，对我们现在的工作提出宝贵的指导意见和建议。无论银川的政务微博，还是从城市发展转型、政府政务改革来说，都是在很多部委、很多专家的指导下，一步步走到今天的。我们非常虚心，希望银川市继续做试验田。

我今天的交流就到这里，感谢大家给我这样一个平台，谢谢！

互动

问题1

王新涛：听完徐主任介绍，点赞。提个问题：我们从宣传到政务，到数据化服务，不管如何，大部分平台还是在大的互联网企业平台上跑，那么，在数据安全方面，你们有什么措施？

徐刚：数据安全的模式从硬件上来讲，分前台服务硬件的规划，还有中间层的跟主服务器交互的中间地带交互安全关，另外就是服务器进行备份，后台服务器用主服务器进行隔离，这些做法是硬件做法。

从互联网安全这方面来讲，专业领域我不是非常了解，但通过现在建设大数据中心的情况来看，在数据安全方面确实是新时期的一个巨大挑战。在这个挑战中，比如说宁夏的中卫将国外的一些网商的服务器引入，从这方面来讲，现在的互联网安全已经突破了地域限制。

换位思考，国外规模较大的网商企业将服务器放在了中国，就需要对中国的互联网政策、环境安全、数据安全、商业机密进行统筹规划。我们政务信息的服务器放在自己这里，有硬件的隔离构架设计等等综合措施去完善它。换个角度来说，政务大数据需要与商务大数据完全物理隔离，且不应由商业企业运维。

问题2

王新涛：第二个问题，可有什么措施把用户及其他部门宣传及电子政务平台集合到我们自己搭建的平台上？如，搭建一个政务导航网站。

徐刚：这个方面我们做了一些尝试。我们以前在新浪微博的新浪城市有一个专题页，将所有的政务微博做了个集成。从信息发布来说，每个部门有每个部门的特点和专业方向，在需要民众知道的时候，我们会进行一些集中的发布。比如说，有些道路要维修，那么交警部门或者是市政部门会发微博，提前24小时告知，这些我们会在主平台即“微博银川”“问政银川”进行转发。

另外一个方面，银川在政务服务方面有512个微博，老百姓很多时候不知道这个部门是干吗的。比如老百姓看病，涉及卫生局、医保、药监局、防疫四个部门，老百姓可能不知道药过期了要找谁；我去看病，中间有投诉我找谁。老百姓就认政府一个门，他就会找这个部门的微博去反映。

基于这个现实问题，我们在整个体系里面，创建了全屏触摸式的政务微博服务，也就是说，哪怕你跑到一个餐厅把肚子吃坏了，你也可以@我们“平安银川”——“平安银川”是公安局的微博，那么公安局微博收到这个@以后，他一看肚子吃坏了，应该是卫生部门或者是卫生部门下设的卫生监察部门要去对食品安全进行监督检查，他会使用一键上报功能，将不属于自己部门的事通过一键上报到“问政银川”进行规范的流转，进行职能的重新分配，按照这个职能给予答复。在银川市512个微博里面，无论@哪一个微博，无论是不是他的事情，假如属于他自己的职责，他就自己办；不属于他的职责的话，他会上报“问政银川”进行重新指派，给网友在微博上进行答复。

搭建政府政务导航网的想法我们以前也做过。政府网站也就是刚才的www.yinchuan.gov.cn这个域名，这个网站做了一个集成，但是感觉大家还是用着不方便，后来我们做了一个全屏触摸的服务，也就是说一门受理、全程接待。

对于电子政务和商业公共平台，我的理解是，他的基础数据库是分离的。从政务信息来说，举个非常简单的例子，我们银川连续三年市长热线受理总量下降13%，但我绝对不会说出下降的绝对数，因为这个绝对数是涉密的。

现在手机互联网用户已经超过了电脑的互联网用户，假如能把部门的导航作为一个专业导航的话，我觉得会更好一些，因为经常遇到老百姓反映事找错门的情况，如果部门壁垒不打破、不构架新常态机制的话，群众反映的事情很容易落到死胡同里。

而且，作为地方来说，比如说我们银川是首府城市，有很多区域或机构不属于银川市市级管理，有些区直部门，一些医院或者厅局的直属部门、机构在银川。当群众反映这些问题的时候，会习惯性找银川市，通过这个导航系统进入受理事项，但没有进行联通。导航系统背后应该有一个集成的资源调配机制，这样的话，就可以把一盘散沙构架成一个有机的协同体。

银川市政务微博还有个特点——与其他城市各部门政务微博之间的协同、合作相比，银川市政务微博之间的协同、合作相对较多。比如说，在银川市经常收到网友报某条道路坏了，在城市建设里面的道路有些是规划道路，它属于交通局来管；不属于规划道路而属于小区道路的话，它属于物业办来管。这个时候，我们也确定不了这条路是规划路还是小区路，就需要规划局去现场看，看了以后根据我们的规划图定性，然后再进行分转。如果需要专业机构才能去做的话，通过导航也是很难实现的。

但是，这种情况在大数据时代的数字地图中就可以解决掉。为什么能够解决掉呢？比如说规划路和城市小区路，它的规划蓝图已经在大数据里面，我们进行标示、GPS定位，立马就会共享到这张图了。目前这些规划图只在规划局进行管理，它相当于一个信息孤岛，调用需要很多的中间环节，就是我刚才所说的行政成本问题，假如大数据把这些东西都在政务系统内部进行共享，那这些事情都不是事了，行政成本下降，效率提升。

问题3

王新涛：一旦数据在第三方平台上跑，会不会在大数据包括数据应用方面，我们又必然遇到今天的尴尬？

徐刚：基础数据库的投入应由政府主导的财政给予投入。它使用的端口——比如说我刚才说的公共服务、商务服务的端口，这些服务功能，包括市民的个人信息等等，这方面是有限使用的，这个数据库是不能与商业数据库进行融合的，这是数据安全问题。商业数据、政府的公共数据和政府的政务数据，这些数据库是不能进行融合的，但是渠道可以进行融合。拓宽渠道，就是降低行政成本，提高服务群众的水平。

目前这方面已经有了一个蓝本，就是现在全国都在用的政民互动平台，还有前段时间国信办对网站进行了普查考核，但这些还是传统的做法。现在仅政府网站按照一个标准整合，就已经很难。

假如这样的大数据由顶层开始设计的话就太好了，可以进行标准化的一些区域的调配。银川的这种模式，就是现在政务微博的平面触摸式，以前必须选对职能部门才响应，现在我们是全屏化，是有机协同机制的，以地市为构架，是可以复制的，完全可以在省级甚至于一个部委进行系统性的机制复制。

问题4

黄璜：您刚才说，饭店吃饭不卫生就@一下公安，然后公安再转发到您这里，您这里再转相应部门。我想问的是，打应急电话能不能实现这个功能？

徐刚：现在银川市正在建立“大110”这样的一个服务中心，也就是说老百姓有任何事情都打110，由110进行转办，全市的政务服务进行全覆盖，打破以前各个部门各自设各自的投诉电话的旧格局，那样老百姓记不住，我也记不住。

另外刚才说的那个吃饭拉肚子然后@公安的，这个其实不是在网页里面进行转办，不是在微博评论里进行转办，而是我们的一个内部流程，不然的话网友心里会有疙瘩：你们部门之间踢皮球！为了避免这种误解，我们所有的转办流程都是在系统内部进行的，答复则是在微博等平台显性表达出来。

目前很多城市都在建设大城管、大110这样的工程，比如大城管，有的地方成立了城管委，覆盖了城市管理的各个部门，成立了这样一个协调教育机构。

说来说去，很多时候不是部门的推诿，而是部门职责之间的衔接和协同流程没有机制或制度保证，造成一些信息的死角，老百姓的诉求没有及时传达到应该去处理问题的部门那里。

Part 2

群“今日头条”

“煌煌世界，集天地于方寸之内，凭网络而收之小室，吞吐日月；芸芸同好，纳宇宙于弹指之间，赖手机而会于一群，察观天地。”为了利于群事务的日常管理，在首席数据官沙龙群群主的倡导和组织下，群里专门设立了群管委会，管委会成员组成群“今日头条”编辑组，每天晚上将当日群友在群内发布的各种有价值的信息归纳、整理、编辑后，统一发布，既鼓励、团结了群友，又让一些重要的即时信息得以二次传播——群“今日头条”因此成为首席数据官沙龙群一个具有典型社群特征的信息集纳模式。

信息交流
COMMUNICATION

#群今日头条#20160415

群友分享《ICT 及网络信息安全动态速递》(国际动态版)2016 年第 13 期(总第 26 期),详情请查看群消息。

——群友　尚铁力@工信部

#群今日头条#20160416

关于电信诈骗。① 通信、移动互联网快速发展,骗子掌握技术的速度明显快于管理者;② 跨国跨境诈骗大大增加了打击难度;③ 国人受骗损失大,说明整体防范意识不足;④ 被骗资金快速流到境外,外币入境不易,资金监管流程有漏洞;⑤ 台湾骗子和内地骗子都应严打,国内有多个诈骗品牌县、诈骗村;⑥ 法律差异应理解,都为保护居民,台湾反对声也很高。

——群主　舆情观涛

#群今日头条#20160416

今日,以“互联网+传媒智造”为主题的第十一届中国传媒大会在成都举行。本次大会由国内数十所高校的新闻学院联合主办,中国报业网承办。

——群友　天策

北京最牛守城人“舒了”15 年走访近万条胡同,8 年手绘京城胡同全图,即将整理出书《最美乡愁——老北京门联的故事》,目前正在众筹阶段,喜欢北京、喜欢传统文化的朋友不容错过。

——群友　何晓

推荐由吴世英、彭征著，电子工业出版社出版的《谁认识马云三部曲》。

——群友　吴源

#群今日头条#20160419

清博大数据完成2100万Pre-A轮融资，打造中国版Palantir。

——群友　沈阳

#群今日头条#20160421

《智慧城市》杂志2016年第二期，重点围绕国家《大数据行动纲领》、“互联网+”和“双创”政策对智慧城市的定位、提升的影响以及对策等问题正在征稿。欢迎各位群友踊跃投稿。

——群友　曾润喜

#群今日头条#20160422

群友陈里组建“现代人读库”，备受欢迎。不少喜欢阅读的群友争相加入。

明天是世界读书日，群友刘涛分享《91位好编辑世界读书日推荐书单》一文，值得关注。

——群管委会

#群今日头条#20160424

由中国新闻史学会舆论学研究委员会主办的第一届“舆论学学会奖”正在征集作品。该奖包括：优秀学术作品奖、人物奖、舆情研究优秀机构奖、舆论引导优秀案例等奖项。申报截止日期为7月30日。

——群友　老谢

#群今日头条#20160427

群友尚铁力分享《ICT及网络信息安全动态速递》(国内动态版)2016年第16期(总第29期)，主要内容包括：

1. 习近平在网络安全和信息化座谈会的讲话反响强烈；
2. 工信部《VR产业白皮书》全文官方解读虚拟现实；
3. 公安部立项打击伪基站，狙击黑色产业链；
4. 互联网金融整顿：多地叫停类金融公司工商注册；
5. 全国人大常委会今年继续审议网络安全法；
6. 网约车新政最快5月份出台，私家车做专车将受限；
7. 中国银联与小米宣布深化移动支付；
8.360手机首家支持伪基站识别，拦截准确率达98%；
9. 银行卡信息安全事件频发，互联网站成数据泄露“重灾区”；

10. 微信假消息泛滥，别把公众号消息当新闻。(详情请查阅历史消息)

群主舆情观涛分享公众号“国家发改委”的动漫版《两分钟看懂“互联网+政务服务”》，解读生动形象，值得观看。

——群管委会

#群今日头条#20160428

今日下午1:30“中关村大数据技术创新论坛”视频直播，10名嘉宾进行大数据技术架构、产品创新和应用案例分享，涵盖金融、制造、财务、安全、产品运营等诸多领域。

——群友　陈新河

#群今日头条#20160428

为了推动新媒体与国家治理的研究，促进学术进步，中国社会科学院新媒体研究中心、上海交通大学新媒体与社会研究中心、《新闻与传播研究》杂志社与中国新闻史学会舆论学研究会，将于2016年7月13至22日联合举办“新媒体与国家治理”工作坊，招募30名高层次的研究人员到上海交通大学进行为期10天的“新媒体与国家治理”研究。(详情请查阅历史消息)

——群友　老谢

#群今日头条#20160504

《银川市智慧城市促进条例(草案)》正在广泛征求社会各界及公民的意见，敬请各位关注。

——群友　徐刚

#群今日头条#20160505

由中国行政体制改革研究会与中关村大数据产业联盟组织的“大数据时代政府治理创新”市长研讨会暨论坛将于5月23日至27日在贵阳举办，欢迎各位参与探讨治国理政之道。

——群友　陈新河

#群今日头条#20160506

由群友车品觉著的《决战大数据》——一部全方位展现智能时代数据思维构建之道的实战巨作——近日推出升级版。新版著作洋洋洒洒，新增了8万余字，感兴趣的同学可以联系车老师。

群主分享消息：为进一步推动我国大数据产业的发展，网信办正在会同发改委、工信部按照国务院印发的《促进大数据发展行动纲要》的要求，从三大方面开展相关工作。(详情请查看聊天消息)

——群管委会

#群今日头条#20160510

群友尚铁力分享《ICT 及网络信息安全动态速递》(国内动态版)2016 年第 18 期(总第 31 期),主要内容有:

1. 工信部向中国广播电视网络有限公司颁发基础电信业务经营许可证;
2. 国家网信办联合调查组公布进驻百度调查结果,百度表示坚决落实调查组整改要求;
3. 公安机关将专项整治涉网络诈骗等网络服务平台;
4. 支付宝拓展境外支付:Uber、泰国 711 等商家;
5. 滴滴联通达成战略合作;
6. 网民信息泄露严重,企业数据采集行为准则正报批;
7. 京东信息泄露案凸显内鬼之患,专家呼吁建立有效内控机制。

——群管委会

#群今日头条#20160512

群友吴源分享由电子工业出版社出版的《舆情应对兵法二十四篇》——一部献给在虚拟的网络空间无时无刻不在深情战斗着的 8 亿网民,以及在背后默默注视着你们一举一动的政府官员、新闻发言人、企业老板、名人网红、媒体公关的著作,并承诺赠送该书给感兴趣的群友。

——群管委会

#群今日头条#20160515

自今天下午 3 点开始,北规院茅明睿分享《大数据,云平台与规划转型》,耗时 9 个月精心打造的城市大数据平台,内容丰富、技术深入、案例翔实。主要内容有:

如何用公交卡发现低收入群体、乞讨者?

如何用公交卡分析北京通勤规律?

大数据城市光谱是什么?

如何用大数据进行通州新城规划?

如何用大数据发现北京市对河北相邻县市的职住溢出效应?

TalkingData University 大数据名人大讲堂往期精彩视频回放已上线!

——群友　陈新河

#群今日头条#20160525

“2016 中国大数据产业峰会暨中国电子商务创新发展峰会”在贵阳开幕,群主分享开幕式视频直播网址。

群友陈永博分享中国警察网的舆情频道,敬请关注《舆情解码》《舆情研究》栏目。

——群管委会

#群今日头条#20150530

好友、著名导演李成才继大型纪录片《大国崛起》《华尔街》《货币》等制作后，又一历时3年拍摄之10集巨作《创新之路》，5月30日至6月8日在CCTV2财经频道每晚9:10分播出，当晚11:00、次日中午12:30重播，让我们更直观地了解世界创新大国是如何具有非凡之创新力，为我国未来创新发展提供有价值的思路和思考，敬请收视！

——群友　潘峙钢

#群今日头条#20160620

上午，由《人民日报》社主办的“2016移动政务峰会”在北京举行。出席这次峰会的嘉宾有中宣部副部长、国务院新闻办主任蒋建国，《人民日报》社社长杨振武，中央网信办副主任徐麟，工业和信息化部副部长陈肇雄。

会上，新版人民日报客户端上线。新版客户端搭建起了自有视频直播系统，推出了智能语音播报功能，还对原有政务信息发布和服务功能进行了优化，方便更多政务办事服务的接入。

群友宋建武和舆情观涛用图文形式在群里对会议进行了直播。

——群管委会

#群今日头条#20160625

群主舆情观涛分享消息：新华社江苏分社、新华网和紫金传媒智库主办的2016全国百名媒体总编金陵高峰论坛今天上午举行。百名媒体大咖济济一堂。群友喻国明教授上午做主题演讲。

——群管委会

群务管理 GROUP MANAGEMENT

#群今日头条#20160417

本群将于2016年4月21日(周四)晚8点举办主题微课分享,欢迎大家届时收听,并参与讨论。

——群管委会

#群今日头条#20160420

群“今日头条”受到群友好评,部分群友提议将群内精华语录持续整理、留存,日后出版《群语录》。

——群友　伟红、南歌九唐、吴源 等

#群今日头条#20160425

上周微课后,侯锷老师签字赠出自己的优秀著作《问政银川 “互联网+社会治理”方法论》20本,今日数位群友表示已收到书籍,并晒单再次感谢侯锷老师。

——群管委会

#群今日头条#20160510

群主分享文章《首席数据官:大数据时代的新型管理者》,并认为这项研究是非常符合当前形势的首席数据官的研究,也是我们首席数据官群的建群理论支撑之一。

——群管委会

#群今日头条#20160520

首席数据官沙龙群自成立以来,群内各位专家积极地进行知识、经验的输出及价值的传递。借此“520”之际,本群发起“价值传递TOP10投票活动”,感谢各位积极分享的群友。投票截至今日24点，欢迎尚未参与的朋友及时参与。

——群管委会

#群今日头条#20160603

2016年6月4号（明天）晚8:30，本群邀请感知城市数据科学研究院副院长、华东理工大学副教授、MPA教育中心副主任朱琳博士分享微课，主题是“感知大数据与深度学习：以基于公开数据的P2P贷款平台风险量化为例”。本次微课由群主舆情观涛主持。

——群管委会

#群今日头条#20160619

微课通知：2016.6.22日（周三晚8点30分）

主讲：孙祥飞，微博中V，微博大学主力讲师；复旦大学新闻传播学博士、华东政法大学法学博士后；现为华东政法大学人文学院讲师，主要研究方向为新媒体。

主题是“交往的革命——新媒体的变迁与数字化生存”。任何一种媒介形态的变迁，都昭示着社会的巨大变革。从网页到BBS，从博客到微博，从微信到分答，从文字到直播……狂欢取代了沉默；媒介即是信息，更是我们感知一切的肌肤。在互联网时代，我们该如何生存？

开篇主持：覃辉君（新疆维吾尔自治区人民检察院新媒体负责人）

提问环节主持：舆情观涛

纪律监督员：何晓

——群管委会

#群今日头条#20160621

首席数据官沙龙群520“价值传递TOP10投票活动”结束，评选结果公布，群友郑磊、焦琳、陈永博、金中一、侯锷、何晓、朱琳、徐刚、覃辉君、今日头条团队榜上有名。大家最想见到以上哪位群友呢？新的投票活动正在进行。

——群管委会

群友互动

INTERACTION

#群今日头条#20160415

“中国武警优秀形象宣传片”评选活动，重庆武警总队荣获第五名，群友卢金伟答谢参与支持的群成员。

——群友　卢金伟

#群今日头条#20160419

如有企业家问我在互联网时代企业如何做，我回答：实业是基础，金融是杠杆，法律是保障，网络是工具。

——群主　舆情观涛

所有大船同样都可以到达彼岸，有人选择风平浪静的曲线航线，虽航速慢了点，但可以早早到达彼岸；有人选择波涛汹涌的直线航行，即使航速超快，但到达彼岸时已经精疲力尽，甚至遍体鳞伤。

——群友　覃辉君

#群今日头条#20160420

22年前的今天，中国全功能接入国际互联网，这个日子值得纪念。为积极开放的大国态度，以及胡启恒、钱华林等老一辈科学家们的历史性贡献点赞。

——群主　舆情观涛

#群今日头条#20160421

互联网的价值等于用户数的平方，这是第一个，叫网络效应。一个企业的价值等于它的核心竞争力产品乘以用户平方数。E=MC2。

——群友　网络原居民厦门浪

#群今日头条#20160428

这一代互联网人不同于上一代互联网人，上一代互联网人懂技术即可，这一代互联网人不但要懂网络技术，还要懂传统产业的生产、管理和营销，否则无法拿出合适的“互联网+”方案出来。

——群友　网络原居民厦门浪

#群今日头条#20160428

按照“政府引导、市场主导”原则，上海大数据发展创新提出大数据“交易机构+产业基金+创新基地+发展联盟+研究中心”五位一体综合推进体系，加快步伐推动大数据产业快速发展。

——群友　林主恩

#群今日头条#20160430

如何利用大数据对官员走“网上群众路线”量化考核？群友段赛民分享文章认为：要在网络政务管理和舆情处置上下功夫，具体来讲：

第一，善用互联网思维，利用多媒介平台，加大政务信息公开力度；

第二，加大网络问政力度，提升网络履职实效和水平；

第三，开放包容，妥善处置各类网络舆情。（详情见历史消息）

群友网络原居民分享果壳网的《为什么诈骗短信看上去那么弱智?》一文，并就文中骗术发表看法：诈骗短信“跟街上捡钱包分钱、工地挖到宝、‘蒋介石黄金’一个道理，骗子做骗术的时候已经设计了过滤条件，即把不是目标人群通过看起来低级的骗术做了筛选。确实不理解这么低级的骗术怎么可以骗到人？后来才明白，这么低级的骗术不是为你我这样的人准备的，是要过滤掉你我这样的人。互联网上的谣言也是这个道理”。

——群管委会

#群今日头条#20160503

群友老谢分享《舆论心理学》教材编撰工作招募启事，诚挚欢迎全国高校有志于国际舆论学研究的教师踊跃报名，共同建构国际舆论学教材体系。

群友徐刚分享侯锷老师的文章《政务新媒体不是“媒体”，政务新媒体不能走上“媒体歧途”》。

群友尚铁力分享《ICT 及网络信息安全动态速递》（国内动态版）2016 年第 17 期（总第 30 期），主要内容有：

1. 整治继续！多家直播平台因涉黄被查处；

2. 网盘整治专项启动：新浪微盘、115 网盘关闭云存储服务；

3. 首届中俄网络空间发展与安全论坛举行；

4. 工信部严抓通信信息诈骗等突出问题，规范实名登记；
5. 国家网信办调查组进驻百度；
6.2016 GMIC 前瞻：腾讯将推出下一代支付安全解决方案；
7.360 联合网信办、双打办打造移动互联网安全行业新标准；
8. 假身份证补办手机卡，收验证码盗网银账户；
9. 快递实名制受阻：超 7 成网友姓名住址等信息被泄露；
10. 北京移动暂停自助换卡业务，清除涉案黑卡 10 万张。

——群管委会

#群今日头条#20160505

群友孙华昌代表新疆正大系统舆情引导工作矩阵的同志们，对群友刘志学昨晚对他们做的讲座给予高度赞扬和真诚感谢，并欢迎本沙龙里的其他各位大家大师莅临新疆政法系统舆论引导工作矩阵指导工作。

——群管委会

#群今日头条#20160510

仔细研究你就会发现，所有的信息不对称都基于四个关键点：信息属性本身、时间稀缺、空间成本和认知缺陷，即物、时、空、人这四个变量的集体作怪，最终导致了信息永远无法对称。

——群主　舆情观涛

#群今日头条#20160512

群友厦门浪分享正在创作中的《互联网改变中国》片段，获群友称赞。群主舆情观涛就内容提出意见：

（一）互联网的特质属性

互联网的特质属性在于三个方面：

其一，规律性。互联网的产生是社会发展到信息时代的必然产物，就好比火、电、蒸汽机的产生推动着社会发展一样，任何非自然力都不可能终止其进程。同时，互联网是一个区别于现实社会的虚拟社会，有其自有的规则和调节能力。也就是说，互联网的发展遵循着人类现实社会发展规律的同时，还必须顺应虚拟社会的发展规律。比如，比现实世界更强的开放性、自由性。任何打破这一规律的现实世界规则都只能是短期的，局部的，难有根本成效的。

其二，人性。著名心理学家马斯洛认为：人都潜藏着五种不同层次的需求，但在不同的时期表现出来的各种需求的迫切程度是不同的。人的最迫切的需求才是激励人行动的主要原因和动力。人的需求是从外部得来的满足逐渐向内在得到的满足转化。互联网的出现让人类的需求进入了更高的境界；互联网的发展史，实际上就是一个不断满足人更高需求的演变过程。回顾中国互联网的发展历程,我们不难发现一个共性:整个过程都是以人为中心,以满足人的需求为最终目的。例如最初的门户网站,满足人们获取新闻、咨询和娱乐的需求;社区论坛和即时通信的出现,满足人们交流的需求;搜索引擎,实现更广阔、更快速、更准确满足人们获取信息的需求;博客、播客、空间,满足人们展示自己的需求。这一系列的演变过程,说明了网络以(激发和释放)个性化主导着发展趋势。

其三,全球性。互联网是全球性的。这就意味着我们使用的这个网络,不管是谁发明了它,都是属于全人类的。这种"全球性"并不是一个空洞的政治口号,而是有其技术保证的。互联网的结构是按照"包交换"的方式连接的分布式网络。因此,在技术的层面上,互联网绝对不存在中央控制的问题;也就是说,不可能存在某一个国家或者某一个利益集团通过某种技术手段来控制互联网的问题;反过来,也无法把互联网封闭在一个国家之内,除非建立的不是互联网。与此同时,这样一个全球性的网络,必须要有某种方式来确定联入其中的每一台主机。在互联网上绝对不能出现类似两个人同名的现象。这样,就要有一个固定的机构来为每一台主机确定名字,由此确定这台主机在互联网上的"地址"。然而,这仅仅是"命名权",这种确定地址的权力并不意味着控制的权力。负责命名的机构除了命名之外,并不能做更多的事情。同样,这个全球性的网络也需要有一个机构来制定所有主机都必须遵守的交往规则(协议),否则就不可能建立起全球所有不同的电脑、不同的操作系统都能够通用的互联网;而这种制定共同遵守的"协议"的权力,也不意味着控制的权力。互联网的所有这些技术特征都说明,对于互联网的管理完全与"服务"有关,而与"控制"无关。

(二)互联网特质属性的社会载体

百度、腾讯等五大网络集团拥有互联网最大流量,对互联网影响大,他们起家是通过对中国互联网市场需求发展的预判,运用技术手段解决网民某一诉求,进而吸引大量网络用户,通过不断增加网民基数和提升网民忠诚度来创造公司效益,其核心经营理念就是让更多的网民成为他们的用户。

(三)社会主体网民人群

在中国,受几千年的传统文化影响,技术进入和思想进入有一个代差,特别是中国互联网是以一种"被适应"的状态进入和发展的。所以,在当下的中国,50 岁以上的人群上网数量是比较少的,人员多集中在 15 至 40 岁这个群体,特别是年龄 19 至 25 岁、学历高中以下、收入 3000 元以下的人群,上网时间最长,对网络依赖最大。这批网民大多是农民和工人的后代,普遍对社会不公平现象有抱怨和抗争心理,容易被一些网上热点炒作事件吸引,进行无原则转发或泄愤式评论,是在网络舆情事件中受影响较大的人群;同时,这一网民群体也正是网上各种势力为实现利益需要而重点争取的对象。一些网络势力为了追求利益,在网上开展了以争夺这部分网民为目的的信息传播战,包括大量报道炒作负面新闻,甚至编造虚假消息。一定程度上,互联网世界就是一个刀光剑影的江湖。前段时间,一些网络谣言事件与这些利益驱动不无关系。

(四)目前互联网管理

中国互联网是在信息时代全球化进程中“被适应”,并依靠国外资本推动发展起来的,其生存基础是以满足网民的某种诉求实现经济效益,深受西方自由民主文化影响。政府体系的行政管理由于在这一进程中(认识不足)参与不多,力度不大,干预的作用远不如现实社会理想。即在互联网领域,用户第一,资本其次,行政管理影响甚微。

——群管委会

#群今日头条#20160516

在当前这个一切皆可数据化的时代,互联网上每分钟产生的数据可以亿计。在这样的背景下,突出强调数据的“大”已经不再有多大意义;更多的应用场景是,很多数据首先是快数据,其次才是大数据。特别是对于舆情管理,快数据或者说实时数据的价值会被无限放大。

——群主　舆情观涛

我一直认为大数据最大的特点不是什么4V,关键是数据的易得性。以前是现有问题假设再去采集数据,现在是数据摆在那里等你来用。不过,现在社会科学的研究者仍然依赖传统问卷抵触网络数据的做法,既有道理也不合理,还是应该海纳百川的。

——群友　宋煜

#群今日头条#20160517

群友尚铁力分享《ICT及网络信息安全动态速递》(国内动态版)2016年第19期(总第32期),主要内容有:

1. 我国征集虚拟现实和增强现实国家及行业标准;
2. 工信部正在加紧编制智能制造“十三五”发展规划;
3. 互联网金融将在今年9月整顿完毕,或组建新监管部门;
4. 个人信息泄露问题严重,我国将出台数据采集国家标准;
5. 工信部:暂停网站自助换卡业务;
6. 微博联合公安部推“全国辟谣平台”;
7. 华为与航天智慧签署战略合作协议,构建智慧城市联合解决方案;
8. 微软业务重心转移,6月将关闭中文门户网站;
9. 八成家用智能摄头存泄密风险;
10. 25家互联网公司共建猎网联盟,遏制网络诈骗。

——群管委会

我们比人类历史上任何时候都更容易获取信息,只需要点一下就可以。然而,更多的信息洪流并没有让我们更容易分辨真相。在很多方面,它让我们对自己的无知更加充满自信。我们总是认为网上的东西都是真的,我们会去搜索那些支持我们观点的网站,意见被伪装成了事实，最不可思议的阴谋论也被当作了《圣经》福音。

——群友 郑磊

#群今日头条#20160523

群友王秀敏就《今日说法》新媒体内容要不要全面短视频化征求群友意见，收到以下反馈：

来自群主舆情观涛的意见和建议：

◎短视频是未来三年的发展趋势，它的效果很好，结合简要的图文解说更好，一般时长控制在3至5分钟内，最长不要超过15分钟。目前短视频的限制条件是上传和审核可能会让时间拿捏不准。

◎你们应该打造自己的移动互联网时代的法治栏目，平台目前主要借助微信等各种工具。内容建议：微信公众号第一位置是内容导读；第二位置是视频，视频下加对此事件的评论，分专家说、律师说、网友说等经典评论。经营建议：先不上传任何视频网站，等模式清晰，有影响力后，与知名视频合作。视频网站不但会出资源还会实现收入。好的内容，可在优酷提前预热，放首页，基本一个平台保千万流量。

◎免费法律咨询很好，但实际效果应该很不好。这个要用互联网分享协作思维，不然靠固定律师，效果很差。一是律师会有私利性，二是半公益好律师不见得多上心，三是律师是你们请的，一旦到线下法律服务出差错，会影响你的品牌。这块要想办法规避。

◎粉丝管理其实就是大数据用户管理系统。了解用户，分析用户，归类用户。第一根据用户调整内容形式；第二你的内容是什么、给谁看、要达到什么结果，要有预判。

◎目前，你们的内容是单向的，所谓律师解答也是单向的，还没到1.5，更没到2.0，这个是核心。做互联网产品有个专业名词：用户交互设计。举例：一个案例你会找律师从法律角度解读，但如果是在网络上大家参与解读，可能有律师，有学者，有记者，甚至有经历过类似经历的用户，有检察官，有法官……大家各种说，你们不做判断，效果应该不一样。让更多和你有关的人，平等地自愿地参与，对互联网运营是很重要的。

◎活动很重要，但内容是生命。用户在内容上的参与是生命的升华，其他是辅助。整个过程是认知、参与、帮传播、认可、品牌。

来自群友刘轶的意见和建议：

◎短视频肯定是社交媒体信息传播趋势，但基于目前的效果而言，它在视频分享网站上传播更有效。如果微信公众号平台传播，应考虑如何实施链接，提高二次传播率的问题。

来自群友高原之鹰的意见和建议：

◎运用"互联网+"的思维，可以考虑建立"网上陪审团"，从申请报名并审核通过的"陪审员库"随机抽取。陪审员并非需要专业背景，只要有公民权即可。被抽中者允许"放弃"，但得提交放弃理由，并记录在案。多次放弃，移出陪审员库。

——群管委会

#群今日头条#20160524

群主舆情观涛分享《ICT 及网络信息安全动态速递》(国内动态版)2016 年第 20 期(总第 33 期)，主要内容有：

1. 工信部部长会见库克，鼓励苹果继续扩大在华业务；
2. 大数据安全存问题，网络安全法今年有望出台；
3. 扫黄打非办查云盘涉黄不手软，挂牌督办十案件；
4. 网信办开展网址导航专项治理，改变“唯竞价排名”顽疾；
5. 英国电信在上海自贸区申请增值电信业务牌照；
6. 搜狗与微软达成合作，发布英文及学术搜索；
7.Samsung Pay 与支付宝正式宣布合作；
8.75%的被查 APP 涉黄匿名社交类应用问题突出；
9. 移动公布防盗补卡举措，办理补换卡需图像信息采集；
10. 街头微信扫码得“免费礼品”？警惕个人信息泄露。

——群管委会

#群今日头条#20160527

群主舆情观涛分享中国信息安全十大漏洞图 v1，另外有资料分享：论信息安全持久战。安全动画已传网盘上，大家可以下载！

群友陈新河分享《8 个关系决定大数据战略成败》，内容系国家信息中心信息化研究部副主任单志广在贵阳大数据峰会上的演讲，演讲的原题是“国家大数据战略的发展任务与推进策略”。(详情请查阅历史消息)

群主舆情观涛分享《工业和信息化部办公厅关于组织开展大数据优秀产品、服务和应用解决方案征集活动的通知》。

——群管委会

#群今日头条#20160530

为树立大数据应用典范，推进价值转化，“友盟+”联合阿里数据经济研究中心、阿里巴巴数据技术及产品部、DT 财经、网赢天下网共同发起“寻找最创新的大数据应用案例”活动，旨在传播优秀的数据实践经验。

——群友　潘永华

#群今日头条#20160603

群主舆情观涛分享网络智库陈禹的《KPCB 报告印象杂谈》：阅读了 KPCB 的最新报告，联想颇多。择其要点，谈谈感想。

1. 急剧变化的世界。报告列举的大量事例和数据再一次表明，世界正处于急剧变化之中。我们这些年来一直在强调这一点。有些论者总在说经济和社会的规律没有变，几百年、一千年来一直是这样的。我想，看了这个报告，难道还能坚持这样的“不变论”吗？

2. 变化的深刻程度前所未有。无论是国际经济格局（中美、中印、欧美、美日等等）的此消彼长，还是技术进步对于分工格局（制造业、Uber、零售业、交通等等）的冲击，已经使每个国家、每个人都无法置身事外，都必须考虑应对的方法和策略。报告说：“这些变化影响深刻，但还只是刚刚开始。”非常正确，完全赞同！

3. 经济是一个生态系统。生态系统的基本特点就是多样性和动态平衡，以及不可阻挡的演化和进步。人机交互技术的发展，基础设施的发展和普及，使得普惠、共享等经济理念得以落地实施，进而导致法制环境、管理方式的变革。平台和滴滴出行，就是典型的事例。

4. 需要防止技术中心的偏向。社会变革的根本是人的变革，是人的理念的变革。这个报告的缺点在于对于这个方面没有涉及。介绍技术和产品的发展是必要的基础，但这不是社会变革的全部，甚至还不是最主要的方面。我同意胡延平的意见，互联网是社会变革和进步的手段和基础，但不是全部。

5. 关注人的变化。中国春节的红包，2014 至 2015 增加了 8 倍，说明了什么？是好事还是坏事？值得思考。推而广之，在技术如此迅速变化、基础设施如此迅速改善的情况下，中国人的生活方式、思维方式发生了什么变化？什么值得鼓励？什么令人担忧？这些事情在美国是怎样的？在印度是怎样的？这都是我们需要思考和研究的。

6. 关于两个值得注意的领域：文化事业和广告业。报告中提到了这两个领域。特别是对于中国广告业的发展，在某种意义上已经超越了美国（42% VS 39%）。这些信息反映的情况，值得深思！

7. 有些比较还需要斟酌。例如，说阿里巴巴营业额超过沃尔玛，这不准确。这两者的体制、模式和核算体系都是不一样的，不能简单地对比。还有其他一些类似的问题。

——群管委会

#群今日头条#20160612

群主分享黄璜、郑磊、曾润喜、蒋欣欣、王国华、何哲等群友发表在《电子政务》杂志上的文章。

群友段赛民分享新华网舆情检测分析中心夏季招聘公告。

——群管委会

当今，第四次工业革命正在逐渐改变人类生活。信息技术、新能源技术和生物技术等新技术正在很大程度上对传统产业进行改造。无水便池的发展和挫折是技术进步的一个缩影，它给我们的启发是，技术进步的趋势虽然不可抵挡，但新技术被广泛接受却永远不可能一帆风顺。

——群友 宋煜

#群今日头条#20160619

群友陈里分享文章《中办国办:明年县以上党政机关普遍设立法律顾问》。

群友覃辉君分享微博消息:民行检察与民同行(微预告)。6月19日北京时间11:00,喀什检察将视频直播喀什市艾提尕尔广场“民行检察,与民同行”基层民行检察宣传活动。欢迎您的互动参与,直播期间可直接对话检察官哟！全面了解与您的生活息息相关的民行检察。民行检察,监督公权,保护私权,是维护司法公正强有力的法律保障!

群主舆情观涛分享文章《独家丨传统媒体的社群经济运作》《完整版|网红经济专题研究报告》《华南首个数据交易平台在广州上线运营》。

群友卢金伟分享自己创作的长诗《我不想用眼泪把你唤醒》(天津大爆炸一周年,纪念那些逆行救援的军人):

我不想用眼泪把你唤醒
那样太过悲伤太过残忍
我知道天堂里最不需要的是哭声
我怕我的一滴眼泪
会变成汹涌的潮水
将你从火热香甜的睡梦中淋醒

我不打算责怪你的任性
披挂铠甲上战场
是军人骨子埋藏着交错的盘根
我从专家的分析和推算中发现
我这曾经有过特种兵潜质的血液中
居然流淌着和你一样的基因

我没敢伸手把你挽留
义士荆轲剑锋的血痕仍在
良相魏徵请谏的忠贞仍存
而你及一群勇士
挟带着惊雷、哽咽、爱情和责任
孤独逆向而行
谁说逆行的背影不是最美的风景
谁说逆行的青春不是曼妙的青春

我喜欢准时　不想来不及

来不及的思念总是那样沉重那样揪心
来不及的话语总是那样决绝那样无情
来不及的祈祷总是那样无力那样悲愤
来不及的我隔着生命的玻璃
举着骨骼和信仰和你说话
你大声地向我呼喊向我握紧拳头
可是我却听不到
只有你的笑容
那么执着那么坚毅

我不喜欢刹那间的事情
刹那间的聚与散荣与枯阳与阴
一切都太过突然却又铸成永恒
我多想拥有一颗窥见未来的心
抑或有一个时光倒流的咒语
实在不行　至少

让我流着泪和你碰一下践行的酒杯
我不想为你刻下墓志铭
一些灵魂出卖着灵魂
用钱铺成大理石写成传记
可是你的灵魂至今却没有定型
在画家的颜料里
在雕塑家的凿子里
在诗人的题记里
在亲人的身体里
纠缠不休　盘踞不走　发芽生根

我不想为你的坟头焚香　培土　插青
因为你的灵柩有青松翠柏作陪
因为你的肉身有党旗国旗覆盖
因为我把你在心中埋了很多次了
可是你又很多次从坟墓爬起重生
我甚至终于听到你在大声地喊
你迎火逆行 不后悔不后悔绝不后悔

因为你放不下我们
放不下更多的人为亲人扫灵
放不下为祖国把守的大门

——群管委会

#群今日头条#20160620

群友车品觉分享文章《数字法存在的最大问题是,这个世界的变化步伐总是快于监管者的行动步伐》。

——群管委会

#群今日头条#20160625

群友孙祥飞提出一个问题:“假如我在分答上提了一个问题,这个问题被回答了,我把答案的音频和文字放到网络上去传播,那么我的行为是否构成了侵权?”以下是孙老师的思考:

第一,假如我是提问者,我虽然支付了成本,但因为我的分享会降低了答主的收益;

第二,假如我是回答者,我会因为我的分享而降低了提问者的收入;

第三,假如我是偷听者,我会因为我的分享而降低了提问者和回答者的收入。

这符合了侵权的构成要件:有主观过错,有侵权行为,有损害事实,侵权行为和损害事实有因果关系,所以构成侵权;但也有例外,假定某个问题提及一场具有危害性的行为,比如他要自杀,而曝光该信息内容有助于损害某些造成重压后果的行为,那么应该值得鼓励。

——群管委会

#群今日头条#20160823

群主舆情观涛分享《宋建武:媒体融合本质是传统媒体互联网化,最大困境是缺平台》,文中认为:“媒体真正的核心能力是连接的能力。媒体的本质就是广泛连接、媒体融合过程。传统媒体的任务主要是要适应这种社会基础连接方式的变化,用新技术、新工具,适应新的业态去建立新的连接。”对此,赖茂生教授的观点是:媒体的核心能力应该是影响力,连接能力只是基础能力。

群友齐爱民分享《女排夺冠,大数据立功,呼唤数据管理人才》。大数据时代,数据分析师已经成为重大体育比赛项目的标准配置了。篮球、足球等国际重大赛事都有专业的数据分析团队。赛场上单凭教练个人记忆和历史经验做决策已然是不够了,数据分析师的实时比赛数据分析是不可或缺的。他们的电脑与教练的电子工具实时对接,两者数据同步。通过临场的数据分析告诉教练组最佳对应策略,如何调整攻击防守模式,从而更新战术,改变战局!

——群管委会

#群今日头条#20160827

里约奥运微博数据出来啦！#女排夺冠#当天微博日活刷新至1.43亿人，单日互动量和视频播放量也在当天达到奥运期间的峰值。微博上奥运相关内容的互动量达1.1亿，女排夺冠5小时内相关微博互动量5500万条，当天微博视频播放量达6.2亿次。奥运期间，微博视频播放量143亿次；其中CCTV5发布短视频微博542条，总播放量达73亿；秦凯向何姿求婚视频24小时播放量1亿次；傅园慧两次赛后采访视频24小时播放量均超过8000万次。90%的夺牌运动员开通微博，19位奥运冠军直播19场，新晋网红“洪荒少女”傅园慧疯狂涨粉600万，微博直播观看人数5000多万。孙杨单条微博互动量629万条。

——群友　肖燕

群友李立中分享《中国的全球化VS美国的全球化》一文。群友蔡立辉认为：“本文提供了一个研究的问题和视角，值得一读！我自己认为，只有永恒的利益。国家利益高于一切，这是国际政治的本质！”

李立中回应：“同意。稳定的共同利益才是一带一路一球的链接纽带。我分析中国具有这个能力。”

——群管委会

#群今日头条#20160901

群友吴源推荐《联想做大 华为做强》：如是我闻。一切董事长、副董事长，总裁、副总裁，总经理、副总经理，总监、副总监，行深管理多时，皆欲基业长青，度企业离一切苦厄。《联想做大 华为做强》，世界百强，百强世界。集七大PK，谓产业链效应，谓管理实践，谓竞争力，谓品牌建设，谓国际化能力，谓智能化程度，谓创新。并吞美利坚，纵横欧罗巴。高寒设客服，黑非架铁塔。学联想之营销，师华为之研发。技工贸、贸工技，不同路径。兼并购、重专利，做强做大。作者精耕数十年，广采博研。名家推荐几多人，洞烛先机。网店机场全渠道覆盖，省市院校同时间售发。若想企业强且大，联想华为做榜样。读完老板神清爽，一骑绝尘五百强。

——群管委会

群今日头条20160906

群友车品觉分享文章《品觉晨读：数据科学家要当心数据迁就偏差》，导读：

基本上，数据迁就就是在并不反映真实世界的数据中寻找模式。数据科学家可能对它有另一种说法，比如过度拟合曲线或者噪声信号混淆。如此简单的定义，让数据迁就听上去很容易避免。然而，由于人脑的工作原理，以及人脑在看似截然不同的数据和事件中寻找联系的方式所致，数据迁就是最难消除的偏差之一。

只要分析的时间够久、尝试的次数够多和想象力足够丰富，就能从任何数据中梳理出几乎任何模式。有些情况下，这类伪模式属于统计学上的小概率事件，单独来看几乎不可见，但由于金融计算上的微小影响常常导致投资表现上的巨大差异，因此数据迁就偏差可能产生格外惊人的影响。

“大数据的一个重要问题，不是我们有没有足够的数据，而是要辨别出哪些有预测性，哪些没有。”沙利文说，“我之所以出名，部分原因就是我和同事率先运用了统计方法来辨别预测因子和预测模型的真伪。有些因子和模型看起来有预测性，但实际上缺乏依据。”

——群管委会

#群今日头条#20160912

群主分享《2016 年中国网络社群研究报告》，内容包括：

1. 中国网络社群发展环境及现状；
2. 中国网络社群产业链；
3. 中国网络社群运营情况洞察；
4. 中国网络社群未来趋势。

——群管委会

Part 3

群文化

“小群祥和，风云际会；诸友相处，其乐无极。或抒情怀，或赞厚谊；或论桑麻，或说琴棋；或温旧学，或授新知；或释惶惑，或解难题。”文化，是所有社会群体的灵魂，网络社群也不例外。首席数据官沙龙群群友各怀绝技，各有所长。他们在群内开展日常工作交流的同时，还经常品评、交流、鉴赏各项工作成就和各种业余爱好，增进了群友的友谊，滋养了群友的文化品位，提升了这个微信群的文化品格。

在首席数据官沙龙群的发展过程中，群友们发挥各自的才华，为该群专门创作了群Logo、群赋、群歌、群微电影等具有典型个性特征的社群文化名片，由此构成了首席数据官沙龙群的系列专属文化元素。

首席数据官群赋

作者　刘志学

朗诵　王卉　孙华昌

序云：时在丙申仲夏，欣闻西历六月初六日，乃“首席数据官沙龙群”成立两周年之吉辰也，感触良多！奉群主之台命，抒滔滔之衷怀，赋于屏前也！

夫因特普及，万众互联；全球一村，百业相通。盖当今网事，发轫于卅年之前耳；时下微群，勃兴于五岁之昔焉！腾讯拓荒，马化腾凭QQ聚拥散落网众，悠悠廿载；手机智能，张小龙携微信征服移动终端，匆匆五岁。因特之巨网，横则广跨四野，纵则穷联九霄，无影无形；网民之广布，上盖庙堂龙庭，下覆引车卖浆，无边无际。科技开千秋盛景，蛟龙竞空，乾坤造瑞；网络荟万业宏图，骏马驰地，盛世呈祥。

甲午荷月顺日，桃源始聚，“数据官群”悄生微信平台一隅，倏忽已历二年矣；盛世京华吉地，花径初扫，“舆情观涛”[①]引来志同道合诸朋，怡然而过双春也！烟雨江南，吴楚襟带北国友，群贤毕至；淞雪塞外，燕赵袂连南疆客，乐业安居。煌煌世界，集天地于方寸之内，凭网络而收之小室，吞吐日月；芸芸同好，纳宇宙于弹指之间，赖手机而会于一群，察观天地。无形世界，移动互联，政、产、学、研、用，扬微群之胸襟；有爱家园，指尖智库，工、农、商、学、兵，蕴众友之学养。小群祥和，风云际会；诸友相处，其乐无极。或抒情怀，或赞厚谊；或论桑麻，或说琴棋；或温旧学，或授新知；或释惶惑，或解难题。网天无际，可析数据之规律，豪情纵横九万里，服务朝野；E海无涯，能察舆情之波澜，镜鉴上下五千年，谋策家国。

---

①“舆情观涛”，系首席数据官沙龙群创建者、群主王新涛先生之网名。

传道授业，郑磊开微课之先河[1]，释疑解惑；集智纳慧，新涛立公号而集萃，出谋划策。智慧共享，伯牙为子期鼓琴；资源重组，巧匠慕名士雕弓。线上无间，招鹤翔云，九万里风鹏正举；线下有情，呼龙耕烟，五千盏酒君醉眠。小键轻击，发高声于旷野，歌人间兰芷；铮指微点，论今古之佞贤，嗤凡尘蒿蔓。睹正义而抒怀，听笙歌则操琴，犹伴英雄揽明月；见丑魅便怒目，闻鼓声即仗剑，必与邪恶分泾渭。听群课而向贤，明知识纵横之阡陌，纵论世态万象，扰恶扬善；随群主可悟道，晓诸业兴盛之根源，交流案牍一得，博闻广学。采贤者之灵气，补愚氓之阙如，抱炬火以图发热，学识见长；步智者于鳞爪，付昧迟于高远，驱暗黑而能持盏，心智渐开。朝凭春光洗翳目，伫风口以磨砺，心情灿灿迈健步；夕依群友开慧眼，立陡崖而锤胆，壮志飒飒越关山！

网上网下，情谊渐增，早晚欢声笑语；群里群外，暖流日炽，春夏柳绿桃红。群友缘深，术业有道，志向与追求一致；群内祥瑞，友谊无间，鲜花与茶盏齐飞。如我群友乐哉，多受裨益；四海同声鸣矣，有家无虑。如斯桃源，全赖群主之热心；似此乐土，皆凭众贤之智慧。假以时日，必将彰显科技文明之盛景，促经济之腾飞；静待未来，定能承借时代先导之大潮，助社会之繁荣。

涓滴之言，不足以道家园之盛；纤尘之语，不足以状群主之荣。观夫网络社群之道，以宵小之乐而随聚随散者，多矣；察乎网络社群之相，因一己之私而忽起忽落者，众矣！两年走来，逐麋鹿于八荒，且行且盛，孰焉？双岁已过，驱苍龙于四海，愈走愈强，谁欤？曰：首席数据官群也！

岁次丙申，西历四月二十二日，中原古黄池刘志学援笔记之

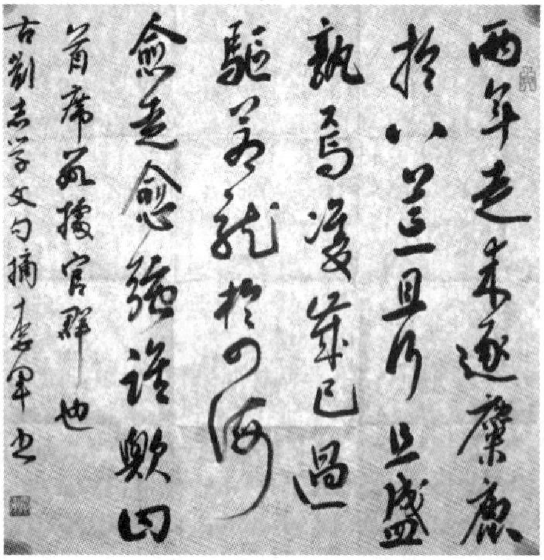

书法：李军，中国书法家协会会员，河北省书协理事，河北省中国书法院研究员。

[1] 2015年8月19日，复旦大学国际关系与公共事务学院郑磊副教授在首席数据官沙龙群首次开讲主题微课《政务微信运营与融合——从发布到合作》。此后，群内每周邀请一位专家为群友授课。

在路上

词　王新涛　曲　吴六夕

1

一
直
仰
望

天边那颗最亮的星

无所谓近

无所谓远

我们在路上

只为遇见那未曾见过的光

无所谓近

无所谓　远

我
们
依
然
仰
望

依然坚持方向

只为遇见那未曾见过的光

我们在路上

我们依然仰望

依然坚持方向

只为遇见那未曾见过的光

我们在路上

2

一
直
仰
望

天边那颗最亮的星

也曾迷茫

也曾慌张

我们在路上

只为遇见那未曾见过的光

也曾迷茫

也曾慌张

我
们
依
然
仰
望

依然坚持方向

只为遇见那未曾见过的光

我们在路上

我们依然仰望

依然坚持方向

只为遇见那未曾见过的光

我们在路上

……

作词:王新涛,网名“舆情观涛”,首席数据官沙龙群群主。

作曲:吴六夕,山东潍坊人,军旅歌手、原创音乐人。毕业于解放军艺术学院,师从解放军艺术学院青年歌唱家南欣,学习声乐;师从解放军艺术学院作曲教研室主任、著名作曲家栾凯,学习音乐创作。代表作:《我的战友我的弟兄》《心在战场》《爸爸》等。

在路上

作词：王新涛
作曲：吴六夕

1＝F $\frac{4}{4}$ 中速 充满希望地

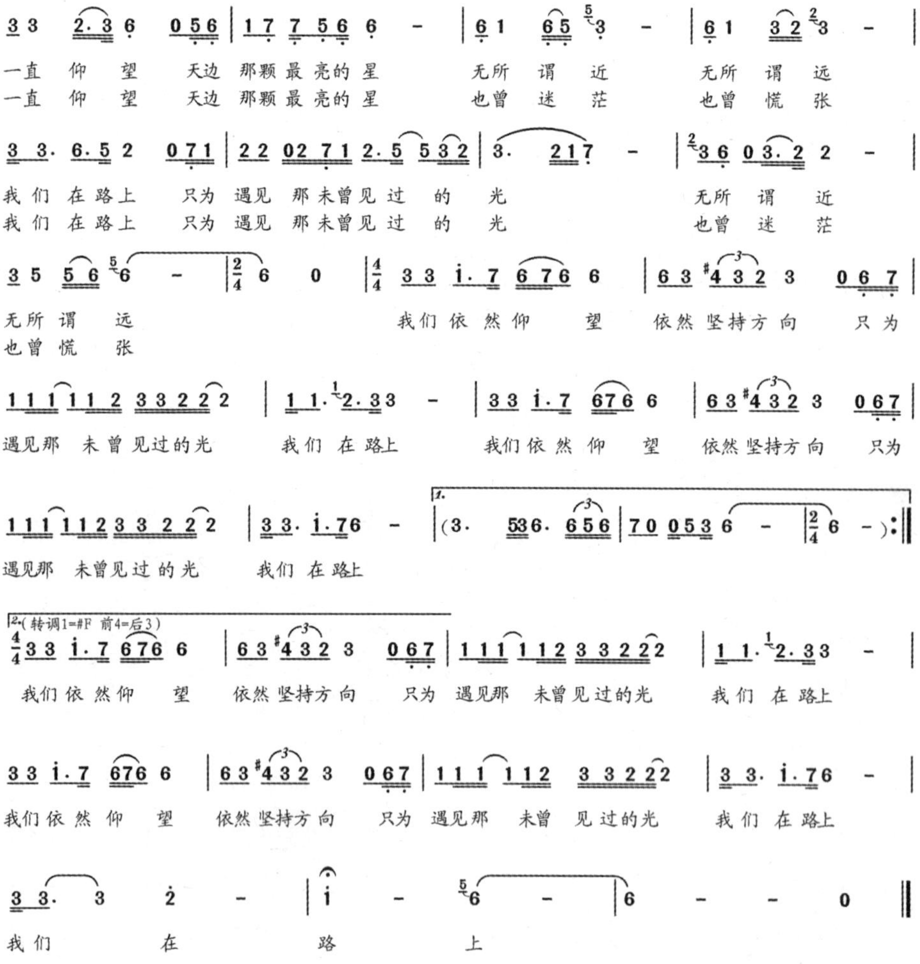

群微电影

·微电影剧本·

《在路上》

编剧 刘志学

人物表

赵平 男，30岁左右，首席数据官群群友，余安安的丈夫。出差路上，同样出差在几千千米之外的妻子突发急病后彻底失联，他立即求助于数据官群，然而也失联了。

余安安 女，30岁左右，赵平的妻子。出差时突发急腹症，生命垂危。在群友的救助下脱离危险。

舆情观涛 男，30多岁，首席数据官群群主，在某部委工作。习惯运用大数据思维分析事物。在本片中，发动并协调指挥群友救助余安安，直至余安安脱险，熬了个通宵。

孙大圣 男，30多岁，首席数据官群群友，在余安安出差地的政法系统工作。发动当地群友寻找、救助余安安。

大覃 男，30来岁，首席数据官群群友，在余安安出差地公安机关工作。得知余安安遇险的消息后，和孙大圣一起寻找、救助余安安。

齐泺　女，30 多岁，首席数据官群群友，作家。故事发生时，正受群主舆情观涛委托，为群歌歌词定稿，并协助作曲家六夕为群歌谱曲。

六夕　男，20 来岁，首席数据官群群友，作曲家、歌手。故事发生时，正在为群歌谱曲，后受群友救助余安安的氛围感染，找到灵感，谱出了曲子。

男女群友若干
宾馆服务人员若干
飞机乘务员若干
医护人员若干

·剧本正文·

【序幕】

夕阳西下。晚霞似火。

一组“在路上”的镜头切过——

北方某市。余安安拖着行李箱，下了出租车，望了一眼宾馆大门，看手机。

南方某市。赵平坐在长途客车上，看手机。

首都北京。舆情观涛走出单位大门，伸了个懒腰，揉了揉太阳穴，看手机。

首都北京。齐泺下班走在人行道上，看手机。

手机特写：首席数据官群微信界面。

一根手指在飞快地点打字键：@六夕——歌词收到了吗？

沿海某市。六夕看手机。

首席数据官群微信界面。六夕回复微信：@齐泺——收到。

一根手指点开文档，群歌标题特写——《在路上》。

【《在路上》音乐起】

文档标题幻化为片名——在路上

【隐黑】

【出字幕】

本片根据发生在首席数据官沙龙群的真实事例改编。

1. 北方某市宾馆、夜、内

余安安拖着行李箱，走向总服务台，边走边摁腹部，表情痛苦。

服务员迎上，接过行李箱：欢迎光临。

余安安：谢谢！

服务员看了一眼余安安的脸色：小姐……您……

余安安：没什么，出差累的。

2.南方某市、夜、外

赵平边从长途客车上往下跳，边给余安安打电话。

赵平：喂——安安啊。我刚到这儿，飞机转大巴，累晕了。你呢？住下了吗？

3.北方某市宾馆、夜、内

余安安的520房间门牌特写。

宾馆房间洗手间内，余安安往浴盆放水准备洗澡。

手机振铃响起，余安安接电话。

余安安皱着眉头，表情痛苦：老公，我很好。上午到的，开了一天会，刚住下。

赵平OS：好的好的。你自个儿多注意啊。你出差前不是肚子痛吗？今天有啥情况吗？

余安安下意识地又摁了一下腹部，皱了一下眉头，想说什么，欲言又止：我……哦，没什么没什么，我好着呢，你别担心……

赵平OS：那就好，那就好……你走得急，药也没带……

又一阵巨大的痛苦袭来，余安安无法自持，不由自主地呻吟了一声：哎哟……

赵平OS：哎？你咋了，咋了?！说话啊！

余安安：老公，我肚子疼得很，胸口闷得慌……我……我不行了……

手机滑落，掉进浴盆。余安安瘫坐在浴盆旁，昏了过去。

洗浴喷头仍在哗哗地放着水。

洗手间蒸汽氤氲。

4.南方某市、夜、外

赵平扔下旅行箱，对着手机，万分焦急地：喂，喂——安安，你怎么不说话啊？说话啊！喂——

赵平攥着手机的手在颤抖……

【幻化】

5.北京街头、夜、外

【幻化】

舆情观涛攥着手机的手在颤抖。

舆情观涛边走路边对着手机说话：好啊！好啊好啊好啊！我太激动啦！这么说，最迟明天群歌就可以谱好曲子了？齐老师，辛苦您和六夕老师了。

6.北京某小区、夜、外

下班回家的齐泝边打电话边走进一小区大门。

齐泝对着手机：群主您放心。肯定误不了事儿。我一会儿到家，再催催六夕老师……

舆情观涛OS：据大数据分析，网络社群能有群歌的，咱是第一个！

齐泝走到家门口，边掏出钥匙边开门回电话：社群文化建设嘛，那是群友大家伙儿的事儿，群策群力……

7.北京街头、夜、外

舆情观涛很兴奋地对着手机：对对对，群策群力！据大数据分析，网上的微信社群，有三分之一的……哦哦哦，先不说这个了，齐老师，我得先把这个好消息预告一下。

一根手指在手机显示屏上划动。

手机显示屏跳出首席数据官群页面。

赵平发的一条求助消息特写——

【叠出字幕】

各位群友:我妻子余安安昨天到乌市出差,刚才在宾馆里说了句“我不行了”,忽然就失去了联系。现在我在南方出差,距乌市隔了大半个中国! 我不知道她究竟出了什么事,住在哪家宾馆,万分焦急,正定赶往乌市的机票! 恳望群友帮忙寻找、救助! 大谢!

舆情观涛急匆匆地看完后,神色大变。

一根手指在显示屏上飞快地点击。

手机显示屏特写,打字软件飞快地跳出一个个汉字:@所有人 :各位群友,现在有一件万分火急的事需要大家帮忙。本群群友赵平先生的爱人……

8.南方某市宾馆大堂、夜、内

赵平一脸焦急地坐在沙发上,拍了拍手机:妈的,节骨眼儿上没电了!

宾馆服务员走来,递过赵平的身份证:赵先生,您别着急。本市飞往乌市的最后一趟航班是今晚 8:40,机票已帮您定好。您现在赶往机场还来得及。

赵平立即起身,揣好手机:谢谢谢谢!

赵平拖起行李箱,往门外飞奔。

宾馆服务员追出:赵先生,这是给您准备的充电宝——

焦急万分的赵平坐进一辆出租车,对司机:机场,快!

出租车飞驰而去。

宾馆服务员手里拿着充电宝,苦笑。

9.北方某市宾馆走廊、夜、内

余安安的 520 房间门牌特写。

房间内传出哗哗的水声,服务员甲满脸狐疑地走来。

“请勿打扰”的警示牌特写。

服务员甲把耳朵贴在房间门上听了听,看了一眼警示牌,扭头走了。

10.南方某市机场、夜、内

安检口,赵平一面排队,一面下意识地掏出手机看了看。

手机显示屏漆黑一片。

赵平摇了摇头,焦躁不安。

11.南方某市机场、夜、外

一架客机在夜幕中徐徐起飞。

12.北京某咖啡馆、夜、外/内

舆情观涛攥着手机,一脸疲惫地走到咖啡馆门前,掐了掐太阳穴,摇晃了一下脑袋,极力保持清醒,然后走进了咖啡馆。

咖啡馆服务员迎上:先生您好!

舆情观涛:你们这儿什么饮料最提神?

服务员:浓咖啡、浓茶。

舆情观涛:那就来一杯浓咖啡,再来一杯浓茶。

服务员:先生您要什么牌子的?

舆情观涛不耐烦地坐下:什么都成,要最提神的!

服务员:好的好的。

舆情观涛打了个哈欠,看手机,眉头紧锁。

13.北方某市街上、傍晚、外

晚霞中的街景。

一辆轿车缓缓停在路边。

群友孙大圣坐在车里看手机,前座的司机不解地回头观望。

司机:孙处,快到点儿了。

孙大圣:不急不急。我有点儿急事要处理。

孙大圣拨通一个号码,打电话:喂——群主吧?刚看到你发的消息……

14.北京某咖啡馆、夜、内

舆情观涛在接电话:哦,孙处啊!你好你好!吃过晚饭了吗?

孙大圣 OS:我们这儿有时差,太阳刚下山,早着呢。我马上联系公安局的大覃,请他协助查一下全市宾馆……

舆情观涛:辛苦你们啦。

15.北方某市街上、傍晚、外

孙大圣坐在车里接电话:好的好的。我这就联系大覃。

司机:孙处,接领导的事儿……

孙大圣挂了电话,对司机:哦……这样吧。你自己开车去车站,顺便帮我解释一下。我有点儿急事,必须马上办。

孙大圣边拨电话,边下车。

轿车缓缓启动,驶离。

孙大圣拨通一个电话号码:喂,大覃吗?你在哪里?

16.北方某市街上、傍晚、外

一身便装的大覃跳下一辆警车,接电话:孙处你好!我刚从外地回来,办了个案子……

孙大圣OS:哦,辛苦啦! 你看到群主发的消息了吗?

大覃:什么消息啊? 这两天累惨了,一直在车上睡觉……

孙大圣OS:咱们的群友——就那个赵平先生的爱人,叫余安安——出差到咱们这儿,可能突发急病,失去联系了。群主要我们帮助寻找……

大覃:哦?! 她住哪家宾馆?

孙大圣OS:不知道啊。

大覃:她的身份证号?

孙大圣OS:不知道啊。

大覃:那……她有什么特征?

孙大圣OS:不知道啊。

大覃:啥都不知道?

孙大圣OS:目前仅仅知道的线索就是:余安安,女,30来岁,在本市某宾馆突发急病,已经失去联系快一个小时了。其他信息一无所知。你别问了,自个儿到群里看看吧。

大覃:好的好的……

17.飞机上、夜、内

赵平坐在座位上,往舷窗外的夜幕中看了一眼,下意识地掏出手机,摇了摇头,又装了回去。

两乘务员推着推车,为乘客发放茶点。

赵平:小姐,请问到达乌市还要多久?

服务员甲:先生,本次航班还要飞行两个小时,才能在乌市机场降落。请问您需要什么服务?

赵平拍了拍脑袋,叹气:哦……唉——

服务员乙:先生,您有什么需要帮助的?

赵平掏出手机:请问,两位有没有充电宝,借我用一下? 我手机没电了。

服务员甲:抱歉先生,按规定,旅客不能在飞行过程中使用充电宝。

赵平一脸歉意地笑了笑:是的是的,不好意思不好意思,谢谢……

18.北方某市宾馆走廊、夜、内

余安安的520房间门牌特写。

房间内依然传出哗哗的水声,服务员甲拉着服务员乙走过来。

“请勿打扰”的警示牌特写。

服务员甲:都快一个小时了,水还在响。

服务员乙把耳朵贴在房间门上听了听,看了一眼警示牌:客人不允许打扰……

服务员甲:可是……

服务员乙:别可是可是啦,一个小时又没多久,人家可能在冲澡呢。贸然打扰,旅客一投诉，这月奖金就没了。

服务员甲：那……好吧。

两服务员走开。

19.北京某咖啡馆、夜、内

舆情观涛端起一杯咖啡，一饮而尽，然后对着电话：……好的好的，你在家就好。小王啊，请你把乌市所有的宾馆、医院资料汇总一下，立即发我手机上。现在有个急事，我要……

舆情观涛边说话，边冲服务员摆手。

服务员一脸狐疑地走来。

舆情观涛指了指杯子，伸出三根指头。

服务员：先生，您都喝了六杯咖啡、两杯茶了……

舆情观涛挂了手机，对服务员：快点儿，快点儿，再各来三杯。

服务员走开。

舆情观涛想了想，又拿出了手机。

手机显示屏特写，首席数据官群页面，不断跳出很多群友牵挂赵平的留言。

舆情观涛：@所有人

打字软件飞快地跳出一个个汉字——

【画外音】

舆情观涛：各位群友，现在时间已经过去了近一个小时。目前消息汇总：余安安女士仍无下落，生死不明；群友赵平先生一直联系不上，可能正在飞往乌市的飞机上；乌市群友孙大圣、大覃正在当地全力寻找余安安女士。根据大数据汇总结果：乌市共有宾馆、旅社 685 家；城区共有医院 27 家、社区医院 104 家，如果按照每 10 分钟寻找一家的话……

手机显示屏跳出汉字的特写。

【幻化】

夜空。

【幻化】

【特效】

夜空中交织的各种电波。

20.北京某咖啡馆、夜、内

随着舆情观涛的画外音，闪过一组群友神色各异的镜头。

群友甲在打电话：喂，老同学，你不是在医院工作？有个急事，你们医院有没有接诊过一个名叫余安安的女士……

群友乙在微信界面上打字:表妹,你们旅行社有没有接待过一个名叫余安安的女士?

群友丙在一个群里@所有人:各位亲,有没有乌市的?帮着找一下一个名叫余安安的女士……

群友丁在打电话:喂?你帮我查一下,乌市是否正在开一个大数据研讨学术会?有没有邀请过一个名叫余安安的女士?

……

【特效】

夜空中交织的各种电波。

【特效】

舆情观涛的画外音交织着各种声音……

21.齐泺家、夜、内

齐泺坐在电脑前,不停地翻屏查阅信息。

首席数据官群 PC 端页面特写:屏幕上不停地跳出诸多群友通报消息、担忧、着急,出主意的留言、语音、表情图标等。

齐泺看了一阵,拨通手机:喂,六夕老师吧?群歌的歌词……

六夕 OS:你好齐老师,我正在消化歌词,也在看群里的消息,太感动了。

齐泺对着手机:是啊,太感动了,有这样一个群,真好!但是,余安安女士仍没有消息,也不知道咋样了……

齐泺边说边点开了群歌《在路上》的歌词文档。

《在路上》歌词文档特写。

【叠化】

22.沿海某市六夕家、夜、内

【叠化】

另一台电脑上,《在路上》歌词文档特写。

群友六夕坐在电脑前,接听手机:齐老师,你也别着急。有这么多群友在操劳,估计很快就有消息了。

齐泺 OS:好的好的。我有个朋友在乌市报社,我也试着跟他联系一下。

六夕:好的。但愿能早点儿找到余安安女士。

六夕关了手机,又打开了首席数据官群的页面,放在了电脑旁边。

《在路上》的歌词页面。

群友刷屏的页面。

六夕神情专注的脸。

《在路上》的旋律响起……

23.北方某市街头、夜、外

《在路上》的群歌旋律中,闪过一组孙大圣、大覃四处在各宾馆、医院询问、进出的镜头。

24.沿海某市六夕家、夜、内

六夕戴着耳机,飞快地在显示屏上写着音符。

屏幕上迅速叠出群主舆情观涛不停地喝咖啡、发消息的画面,首席数据官群页面,孙大圣、大覃在街头奔走的画面,各位群友打电话、发消息的画面……

《在路上》的曲子旋律渐渐清晰……

六夕十分陶醉地哼出声音来……

25.北方某市宾馆、夜、外/内

《在路上》的旋律中,一辆出租车行驶在乌市大街上。

出租车上的大覃在接电话。

大覃:哦?查到了?好好好!昨晚住进去的?好的,我马上赶过去。

宾馆门前,大覃跳下出租车,快步走进宾馆。

宾馆大堂总服务台,大覃出示警官证。

服务员查询旅客消息。

大覃焦急的脸。

服务员:先生,两个小时前,的确是一位名叫余安安的女士住了进来,在520房间。

大覃顿时一脸欣喜:是吗?太好了,快带我上楼!

26.北方某市宾馆走廊、夜、外/内

大覃随着服务员甲快步走来。

余安安的520房间门牌特写。

服务员甲摁门铃,没反应;又敲门,仍没反应。

服务员甲看了大覃一眼。

大覃:开门吧。

服务员甲掏出通用门卡,开门。

520房间整洁如初,余安安的旅行箱放在置物架上。

服务员甲、大覃均一脸疑惑。

洗手间传出哗哗的水声。

大覃冲服务员甲递了个眼色,转过身去。

服务员甲会意,转身推开了洗手间的屋门,一股水蒸气破门而出。

洗手间浴池内,喷淋头沉在浴池,仍在放水;浴盆热水四溢,地面上的水涌向地漏。

服务员甲惊叫：啊?！先生，先生，您快来——

大覃闻言，立即转身冲向洗手间。

洗手间内，蒸腾的水蒸气中，隐约看见昏倒在浴盆旁的余安安。

余安安女士的手机，沉在浴盆内。

大覃、服务员甲搀起昏迷不醒的余安安……

27.北方某市街上、夜、外/内

一辆救护车鸣着警笛，飞快地行驶。

孙大圣乘坐的出租车，紧跟在后面。

救护车上，大覃坐在一旁，看着正在急救余安安的医护人员，仍一脸焦急。

出租车内，孙大圣打电话：报告群主，余安安女士已经找到，目前昏迷不醒，120医生正在急救，现在正在送往医院的路上。

28.北京某咖啡馆、夜、内

群主舆情观涛在接电话：哎呀！太好了，太好了！可算是找到了。我马上转告群友。

孙大圣OS：好的好的。我随时报告下一步的消息。

一根手指颤抖着，飞快地打字。

首席数据官群页面特写：@所有人。

【画外音】

舆情观涛：敬告群友：在各位群友，尤其是乌市群友孙大圣、大覃两位先生的不懈努力下，失联两小时20分钟的本群群友赵平先生的爱人——余安安女士已被找到，目前仍处于昏迷状态，病因不明。她的手机落在了浴盆水里，与外界失去了联系。现正在群友及120医护人员的照护下，送往医院急救的路上。目前她尚未脱离生命危险。请各位群友暂放宽心。有新消息，再及时向大家报告。

29.一组镜头

随着舆情观涛的画外音，叠现如下镜头——

夜空中飞行的客机。

机舱内，赵平焦躁不安的脸。

急救车驶进医院大门。

急救室内，医护人员在紧张地抢救余安安。

孙大圣、大覃在急救室门外焦躁地等待。

舆情观涛、齐泺等群友或长吁一口气，或手抚胸口，或仍满脸焦急，或满脸牵挂……

六夕汪着泪水的脸。

一根手指敲下电脑回车键。

一台打印机，缓缓打印出《在路上》的词曲。

30.医院急救室门外、夜、内

孙大圣拿出手机看时间,然后对大覃:这都一个小时了。

大覃:不会有事的。这是咱们这儿最好的医院了。

急救室的大门打开,一位医生走出来,扒下口罩:哪位是病人的家属?!

孙大圣、大覃互相看了一眼,异口同声地:我们都是。病人怎么样了?!

医生:患者系肠胃炎诱发的急腹症导致的休克。经检查,肠道已经穿孔,腹腔严重感染。幸亏及时得到了抢救,如果再晚送来 20 分钟,后果不堪设想。现在已经得到妥善的急救处理,暂无性命之忧,但下一步需要手术清理腹腔,你们哪位去办一下手续吧。

孙大圣、大覃又互相看了一眼。

孙大圣对医生:医生,病人家属不在这里。但是,请您该怎么治就怎么治吧。

大覃:是啊!如果需要交费,我马上去办。

医生一脸惊讶:哎?!你们刚才不是还说都是患者家属吗?

孙大圣对医生:我们是她的家属……哦哦,也不算是她的家属……这个……这个……一时半会儿也说不清楚。总之,您该怎么治就怎么治吧。

医生:这个……这个……能对病人负责的家属呢?

31.乌市机场、夜、外/内

赵平乘坐的客机徐徐降落。

赵平脚步匆匆地走下旋梯。

出港大厅内,赵平攥着手机,焦急地逡巡。

一个手机充电站出现在画面。

赵平快步走过去。

32.北京某咖啡馆、夜、内

舆情观涛又喝下了一杯浓咖啡,揉了揉眼睛,掐了掐太阳穴,在群里发消息。

舆情观涛:@所有人。

【画外音】

舆情观涛:余安安女士的最新消息:余女士系肠胃炎诱发的急腹症导致的休克。目前仍在乌市第一医院急救室。经医院检查,肠道已经穿孔,腹腔严重感染。幸亏在各位群友的努力下,及时找到了她,及时得到了抢救;医生说如果再晚送来 20 分钟,后果不堪设想。她现在已经得到妥善的急救处理,暂无性命之忧。请各位放心。如果群友赵平看到此消息,请立即跟医院联系……

33.乌市机场、夜、内

舆情观涛的画外音中,赵平把手机连接上充电站,开机。

手机显示屏上出现若干未接电话,若干未读微信消息。

一根手指飞快地在显示屏上划动。

首席数据官群页面特写。

赵平飞快划动、阅读群页面消息。

赵平的神色逐渐由焦虑、紧张而慢慢放松下来,最后,泪流满面……

群页面,新消息弹出的声音。

六夕发留言:各位群友,我从大家救助群友家属的过程中找到了灵感,现在,我们的群歌的曲子已谱好,我先给大家试唱一遍……

《在路上》的旋律再度响起……

34.沿海某市六夕家、夜、内

六夕戴着耳麦,坐在电脑前,面前放着打印出来的《在路上》词曲。

音乐声中,六夕试唱群歌:

一直仰望

天边那颗最亮的星

无所谓近

无所谓远

我们在路上

只为遇到那未曾见过的光

……

35.一组镜头

随着群歌的旋律,闪过群主舆情观涛、孙大圣、大覃、齐泺等群友在不同场合唱群歌的镜头。

群歌旋律中——

赵平跳下出租车,飞奔进医院。

赵平飞跑进医院急救室。

病床上,已经苏醒的余安安朦胧中蓦然看到丈夫,泪水簌簌而下……

群歌旋律中,赵平和几位医护人员把一束鲜花送给了病房外的孙大圣、大覃。

群歌旋律中,群主舆情观涛伏在咖啡馆的桌子上,呼呼大睡……

群歌旋律中,舆情观涛醒来,起身望向窗外——

朝霞满天,鸟语花香。

群歌旋律中,病房内的赵平、余安安夫妻俩,头抵在一起,看着手机显示屏——

手机显示屏首席数据官沙龙群的界面特写,一束鲜花铺满画面……

(完)

《妈妈，过年好！》

编剧 何晓

导演 何友文

人物表

宋鹏磊 男，20 多岁，牺牲在维和一线的烈士，小名磊子。

刘继军 男，20 多岁，磊子一个班的战友。

宋妈妈 女，50 多岁，乡镇教师，丈夫多年前因病去世，独自养大宋鹏磊。

指导员 男，30 岁。

指导员妻子 女，20 多岁，青春、阳光。

年轻战士若干

·剧本正文·

1.营房宿舍外小路、日、外

远处传来口号声。

路边有强军标语。

刘继军背影，一手拎着一个鼓鼓囊囊的大口袋，一手握着手机打电话，脚步匆忙地往宿舍走。

从室外透过窗户，可以看见宿舍里很热闹。

2.宿舍里、日、内

墙上有流动红旗等。战士们的床和宋鹏磊的床整齐划一。宋鹏磊床边有个背包。房间里有桌子，指导员在写对联，妻子和几个战士围在旁边看。

又有几个战士陆续进来，把礼物放进宋鹏磊床边的背包里，然后也围到桌子旁看指导员写春联。

桌前，一群战友中指导员妻子右手食指旋转着一个牙膏盒。桌角上放了一个隐隐透着红色的精致包装袋。

一根饱蘸浓墨的毛笔在红纸上行笔，完成了对联的最后一个字。

刘继军进屋。桌旁的几个战友走过去，接过他手里的口袋，放在背包旁。

指导员妻子把对联小心地卷起来放进牙膏盒，取过桌子角上的袋子，走到背包旁，看背包已经装满，就直接把隐隐透着红色的精致包装袋和牙膏盒放进了刘继军刚拎进来的口袋上面。

战士们聚在宋鹏磊床前自拍。指导员和妻子站在中间，旁边的刘继军举着自拍杆。手机特写。

3.火车、外、日

一组火车疾驶在原野上的空镜头。

4.宋妈妈家客厅兼餐厅、日、内

门外传来零星的爆竹声。

宋妈妈坐在餐桌旁，刚接听了电话。妈妈把手机放在桌上，起身，端起包好的饺子，心事重重地看着窗外。窗外，枯枝萧瑟，邻居家正大声播放《常回家看看》。歌声中，妈妈凝重的脸色渐渐开朗，端着饺子进了厨房。背景是靠墙的桌子，上面有一排相框：能清晰看见的，是小磊子和爸爸妈妈一家三口若干张、大磊子和妈妈若干张；不能清晰看见的，是宋鹏磊的单人军装照。

敲门声。

妈妈从厨房出来，开门，把刘继军迎进屋来，关门。

来不及放下行囊，刘继军从口袋里拿出指导员妻子放进去的精致包装袋，打开、抖开，是一条手工织的红围巾。刘继军把围巾给妈妈带上。

妈妈摩挲着围巾。刘继军轻轻拥抱妈妈。妈妈把脸靠在刘继军肩头，脸部特写，微微笑着（妈妈复杂的克制的感情）。

刘继军背影，鼓鼓囊囊的背包，笔挺的腰身。

远处再次出现宋鹏磊的相框，不能清晰看见相框里的人像。

刘继军把战友们送的礼物一一放在餐桌上。

宋妈妈微笑着，不时拿起来看。

5.宋妈妈家厨房、日、内

沸腾的锅里，饺子上下翻滚。

6.宋妈妈家客厅兼餐厅、日、外

刘继军贴指导员写的春联和福字。

7.宋妈妈家客厅兼餐厅、日、内

妈妈端了两碗饺子出来，刘继军看见了，进屋，在餐桌前和妈妈面对面坐下，猴急地开始吃饺子。

妈妈定睛看了一阵，见刘继军吃得那么香，把自己碗里的饺子夹给他。

刘继军看着妈妈,眼里渐渐泛起泪花。

泪眼蒙眬中,墙上宋鹏磊的黑白照片渐渐清晰,幻化为战场上的宋鹏磊。

8.维和战场、日、外

近景,已经中弹的宋鹏磊看着刘继军。

中景,宋鹏磊躺在刘继军怀里,把钱包掏给刘继军。

钱包落地,打开,里面夹着宋鹏磊和妈妈的合影。

9.宋妈妈家客厅兼餐厅、日、内

妈妈站在靠墙的桌子旁,手里拿着儿子的照片,苍白纤弱的手指划过照片上宋鹏磊的眼睛。

刘继军的手机振铃响起。

特写,一根手指划过显示屏。

中景,刘继军拿着手机,脸上带有泪痕。

手机显示屏特写,是指导员发来的微信链接。

一根手指点开链接,手机上出现一组战友们给妈妈准备礼物和拜年的视频。

刘继军在点开手机链接的同时,走向妈妈。

妈妈放下宋鹏磊的照片,从刘继军手里接过手机,看着视频里的战士。

战士们笑着跳着喊:“妈妈,过年好!”

宋鹏磊也在战士们中间笑着跳着对她喊:“妈妈,过年好!”

妈妈的脸色渐渐红润起来,对着屏幕轻轻地连声说:“儿子,过年好!过年好!”

音乐起。

窗外,暮色中,绚烂的烟花四起……

(完)

Part 4

群友研究成就展示

“网天无际，可析数据之规律，豪情纵横九万里，服务朝野；E海无涯，能察舆情之波澜，镜鉴上下五千年，谋策家国。”首席数据官沙龙群云集了国内大数据、信息化、舆情监测、传媒、政法等领域的诸多有识人士。他们在各自的日常工作中成就迭出，硕果累累；尽管所涉及的具体行业各有不同，但基本上都与本群的主旨“大数据”密切相关。本章节选取的，是群友近三年来取得的一部分重要研究成就。这些严肃、严谨的学术文章，无不浸透着群友们的心血，彰显着群友们的智慧，寄托着群友们的家国情怀，也从另一个角度，体现了首席数据官沙龙群独特的社群文化烙印。

“嘤其鸣矣，求其友声。”当现代社会迈入数据时代之后，所有的行业都会在“大数据”的环境中，产生最本质也最密切的关联。因此，在今后的岁月里，首席数据官沙龙群也必将在“大数据时代”的进程中，焕发出更为迷人的魅力。

曾润喜　顿雨婷

健康医疗大数据：理论、实践与应用

——中国信息化专家学者“围观基层”系列活动第八站研讨会综述

曾润喜　重庆大学新闻学院研究员，重庆大学青少年新媒体研究中心主任。

顿雨婷　重庆大学新闻学院硕士研究生，重庆大学青少年新媒体研究中心研究助理。

2016年6月，国务院办公厅颁布《国务院办公厅关于促进和规范健康医疗大数据应用发展的指导意见》。意见指出，健康医疗大数据是国家重要的基础性战略资源，要顺应新兴信息技术发展趋势，规范和推动健康医疗大数据融合共享、开放应用。为积极响应国家重大战略，中国信息化专家学者“围观基层”系列活动第八站“围观重庆·健康医疗大数据实践与应用”研讨会于2016年10月15至16日在重庆召开。

此次会议由重庆大学新闻学院、重庆市卫生和计划生育委员会联合主办，工信海威·中迪健康医疗数据研究中心协办。来自国家工信部、重庆卫生计生委、复旦大学、浙江大学、华中科技大学、南开大学、重庆大学、电子科技大学、重庆医科大学、中迪医疗、《电子政务》杂志社等30家单位的50余名专家学者围绕健康医疗大数据的实践与应用进行了深入交流。研讨会分为主题报告、方法论、实践论、新媒体等单元，系统梳理了现阶段健康医疗大数据领域的重要话题和实践经验。

一、健康医疗大数据的数据采集与分析

健康医疗大数据的意义不仅在于掌握海量数据，更在于对有价值的数据进行挖掘分析，从而实现数据“增值”。

1.数据采集及存储

王芳教授认为，面临海量数据时，如何选、选什么、关注哪些方面，是应用大数据时首先要解决的问题。研究发现，健康医疗大数据主要提取自健康档案、电子病例、医学科学数据、医学影像数据、对病人健康观测实时数据、网站数据、用户痕迹数据、医疗保险数据、公共传染病数据等；而对信息的选择主要受信源本身特征、搜寻任务、用户主体特征、搜寻情境等因素的影响；并且这些数据在收集过程中要确保采集准确、规范化、区域化；另外，存储时要保证海量性、安全性、可追溯性，重视初期分流，并遵循集中化、结构化和分类抽取的原则进行归档。

2.健康医疗大数据分析的跨学科方法

引入物理学中“自相似”(self similarity)概念，可将健康定义为个体维持“自相似”的能力，基于体检和可穿戴设备采集数据，获取有关个人健康的历时性数据。刘承宜认为通过检验关键数据是否符合自相似的关系式要求，可准确判断身体系统是否符合内稳态，判断健康与否，从而精确预估死亡风险。

另外，周威认为通过生物信息与计算机管理相关技术，也可定向获取人体病理的有效数据，将其运用于医疗诊断，可以达到疾病防控的目标；合理分配生物信息以及计算机信息管理技术数据在处理过程中的权重，还能极大简化分析过程并降低处理难度。

3.建立数据共享机制——医疗信息系统互操作

目前健康大数据平台面临数据分析系统彼此割裂，难以有机整合和衔接。张会平提出可以通过医疗信息系统互操作(interoperability)规避这一问题，提升分属不同医疗组织的两个或多个信息系统之间就特定任务交换、使用数据的过程与能力。医疗信息系统互操作有助于减少医疗成本，改善医疗服务质量和效率，促进医疗资源配置均衡化。现阶段，主要是通过整合具备连接能力与系统功能的医疗信息系统和具备渠道能力与整合能力的人口健康信息平台，来实现医疗信息系统的互操作。

二、健康医疗大数据平台的构建与管理体系

1.大数据平台构建的应用实践

传统数据库存储方式在面临海量数据或复杂性数据时，其计算和存储以及查询能力有限，效率较低。大数据平台依托医疗大数据集成平台、区域卫生大数据平台、医疗大数据产业链为基本架构，遵循数据采集、存储、管理——数据统计分析、挖掘、机器学习智能算法——智能决策模型构建——数据可视化的基本流程，得以规避弊端，突破传统局限，为大数据的应用提供基础设施保障。马新强以大数据平台 BDP 为例，发现这一平台不仅弥补了传统区域卫生平台不能支持海量数据、查询与搜索数据反应慢、延迟大以及缺乏智能决策分析的不足，还取得了一系列应用成果，例如基于病案语义理解分析的辅助诊断系统，基于检验数据的疾病早期筛查系统，基于深度学习的自动分析医学影像等。

2.新型医疗信息管理体系——DRGs

DRGs(diagnosis-related groups)指的是根据年龄、治疗方法、疾病诊断、患病严重程度等因素，将患者分入到若干不同诊断组进行统一管理的体系。本质上来讲，它是一种“病例组合”，可用于医疗费用管理和服务绩效管理。它的基本职能是恰当地划分医疗服务产品，使管理者在有限管理幅度下较为全面和准确地把握不同的医疗产品特征、不同医疗服务提供者的绩效以及医疗资源消耗的分布情况，可概括为“风险调整”。苏倩指出，建立 DRGs 不仅为相关机构有效整合和利用数字化医疗大数据提供了极大便利，也让居民、医疗工作者、医疗研究机构等受益，譬如，能使疾病在早期被监测到，从而确保患者的治疗效果；基于大量历史数据，还能帮助医疗机构预测特定疾病的未来趋势等。

三、健康医疗大数据的社会应用及效应

1.应用对象

王芳认为健康医疗大数据的用户一般为医护人员、政府卫生管理部门、医学科学家、医院管理人员、医疗企业、病人、普通社会公众等;另外,针对大数据的个性化医疗信息服务也可直接面向科技用户、企业用户、政府机构、普通受众等,还可被用作相关政策制定的参考依据。

2.社交媒体大数据与健康预测、自杀防治

首先,基于社交网络文本大数据与网络指数可探索公民健康状况。陈少华分析了其主要原理,是对社交网络上的学习、工作、情绪和身体感受等相关表达进行分析,提取基于社交网络文本的健康评价模型,辅以规模化健康词典和语料库,实现对社交网络上的大规模健康数据挖掘,通过最终网络指数揭示健康国家建设状态。此外,可建设一套基于社交网络文本的公众健康监测体系,若与现行的舆情监测系统配套使用,还能实现社交媒体数据在预测社会整体健康状况上的规模化应用。其次,社交媒体文本可用于识别和监测用户情绪,从而应用于自杀防治。张韦根据自杀传播理论研究发现,社交媒体上的直播自杀行为是一种另类的求助方式,社交媒体行为可预测网民自杀倾向,再根据网民的言语特征和行为特征实施相应的自杀防治措施。

四、健康医疗大数据的风险和伦理反思

1.健康医疗大数据的应用风险

众多学者都担忧健康医疗大数据潜藏的风险。首当其冲的就是患者的个人隐私。马新强和张志荣认为,隐私保护现成为健康医疗大数据研究领域的重要议题,患者信息安全和个人隐私缺少保障也是现阶段健康医疗大数据发展面临的重大阻碍之一。据此,张会平指出,在实现信息共享时,要特别注重个人健康信息的隐私安全问题,尤其是传染病、重大疾病等病史。此外,张韦提出,在有关社交媒体必须实名注册的背景下,利用社交媒体大数据尤其要保障用户隐私安全等。

2.健康医疗大数据研究的伦理反思

李成波对大数据研究进行了方法论上的伦理反思。大数据研究应沿用实证主义的方法

论，主要采用非传统社会科学研究方法，并以云计算作为工具展开研究；另外，在研究过程中，要遵循保证知情同意、平等与尊重、无伤害与受益的三大基本原则。大数据研究过程还会派生出来隐私泄露、信息安全等问题。最后，因主观性健康数据难以测量、标准不统一、种类繁杂等因素，随着大数据的收集，数据本身的质量问题也相生相伴。

五、区域健康医疗大数据应用案例

要顺利实施健康医疗大数据建设工程，王新涛提出必须始终坚持创新发展、融合发展、标准执行、示范试点、强化基础设施建设、加强国际合作六大基本原则。以这几项原则为指导思想，重庆、四川、新疆、云南顺利在健康医疗大数据领域做了有益尝试并取得了初步成效。

1.重庆市人口健康信息化发展

(1)发展和布局

重庆市卫生计生委信息化建设与统计管理处处长穆卫农做了关于重庆市发展状况的主题报告。2011 年，重庆市成为卫生部基于电子健康档案、电子病历、门诊统筹管理的基层医疗卫生信息系统试点项目的建设省市；2012 年 4 月，重庆首个“健康云”项目——重庆市医疗卫生服务体系云计算中心签约落户高新区，标志着重庆卫生信息云端计划的正式启动；现阶段，重庆在健康医疗大数据领域也有了一些切实可行的布局。首先，制定“十三五”人口健康信息化规划，立足于重庆的“1234”工程：一张城乡全覆盖的医疗卫生专网；两级区域卫生信息平台；三面向（面向公众服务、面向行业机构服务、面向政府与社会监督服务的人口健康信息网络服务体系）；以及区域卫生信息平台、县医院能力建设、远程医疗和村卫生室四个子项目。其次，按照“26311+2”的整体思路开展人口健康信息化工作，使重庆的卫生信息化建设工程稳步推进。在行业管理方面，坚持建立基于 DRGs 的医院绩效评价体系，探索行业大数据的使用规范；在惠民应用方面，密切与海药、中迪、新标等高新技术企业合作，部署产业和市场同步完善方案以打牢应用基础，为信息发酵做了充分的准备。

(2)具体应用——健康医疗数据研究中心

陈平以“工信海威-中迪”健康医疗数据研究中心的区域影像会诊平台为例，分析了该平台板块，包括远程视频会诊、远程诊断应用、数据质控应用、远程协同会诊、数据分析决策、智能数据统计六大板块，各司其职，同步操作。现阶段，该区域影像会诊平台已完成了从数据采集、过滤、标准化、归档等一系列的数据准备工作，并累积了一定的数据量，且已经开展了一定的数据分析应用。

(3)初步成效

现在,重庆市的基层公共卫生和基本医疗一体化业务应用将全面覆盖所有区县,全面完成全市近40个区(县)级区域信息平台的建设,基本建成覆盖全市3000多万人口的区域人口健康信息服务体系,可有效支撑全市跨区域、跨机构医疗协同以及分级诊疗等服务的开展。各区县通过双向数据交换,实现了人口家庭、健康档案、基层医疗三大系统的互联互通。此外,乡镇医院、县级医院和三甲医院联动的远程心电分级诊疗机制初步建立,基本满足优质医疗资源服务基层、服务百姓及降低就医成本的医改要求。经过远程医疗一二期建设,还建成了以区域卫生信息平台为中心,多对多模式的远程医疗体系。

2.四川省医疗信息系统的互操作实践

为实现医疗信息系统互联互通,"互操作"作为一种切实的操作路径,受到各个国家的追捧,譬如澳大利亚的个人控制电子健康档案项目、英格兰的统一标准化电子健康档案系统等,都取得了不俗的成效,中国也在该领域进行了有益尝试。以四川省为例,它整合了具备连接能力与系统功能的医疗信息系统和具备渠道能力与整合能力的人口健康信息平台,让两者实现"互操作"。虽然该项目尚处于起步阶段,但它势必会极大地改善医疗服务质量和效率,促进医疗资源均衡配置。不过,在开展互操作实践时,张会平认为仍有几点需要注意和改进:首先,要充分运用体制的优势,基于我国医疗服务体系的特征来实现整合;其次,还需同步推进健康信息交换共享和分级诊疗制度建设;最后,可借助支付机制促进医疗信息的交换共享,如LIS、PACS等。

3.新疆远程医疗应用体系

新疆区位特征明显,地域广阔与多山的地貌特征带来的就诊难问题,激发了发展远程医疗的强劲动力;此外,根据国家"一带一路"倡议,新疆定位于打造丝绸之路经济带核心区,医疗发展更要同步跟进。无论为解决全区2300万人口的医疗服务,还是打造丝绸之路经济带核心区医疗服务中心,或是出于建设民生工程辅助边疆维稳,大力发展"互联网+医疗",对新疆都具有极其重要的现实意义。

基于远程医疗产生的大数据如果能被有效利用,不仅能为新疆实现分级诊疗、分向转诊奠定基础,还有利于发展跨境远程医疗服务,使民族医疗走向世界。以克拉玛依市中心医院为例,它依托阿里巴巴合作建立了云信息平台,现已经借助该平台打通线上线下医疗服务,实现实体诊疗的O2O模式,患者就诊流程也实现线上线下融合;而且,还在远程医疗中心平台上完成了区域医疗机构所属远程中心的信息汇聚,中心平台也与各个参与医疗机构在远程会诊、远程检验、远程协同服务、远程急救服务、远程重症监护服务上实现互联互通。但是,胡新丽认为,新疆的远程医疗系统还面临经济水平滞后、人才缺乏、技术水平落后这三大问题,亟须政府投入更多资金来为信息化建设的顺利实施保驾护航。

4.云南省玉溪市区域卫生信息化建设

边远地区的传统卫生信息管理存在“死档案”的积弊，这些档案由于繁多且杂乱，难以进行分析和应用；而且各个档案之间缺乏关联，形成了多个信息孤岛，增加了数据管理的难度；加之基层缺设备，缺经费，缺人才，更是让基层健康医疗数据化管理“雪上加霜”。这为云南健康医疗信息化发展赋予了强劲动力。云南省玉溪市一马当先，率先采取了符合当地实际的建设模式——“农村包围城市”，由卫生部做政策指导，省卫生厅做顶层设计，市县卫生局开展分级建设，在县级试点，然后在全市推广，最终实现整个区域整合。

李重照分析了玉溪市开展区域卫生信息化建设的操作路径。即依托华为在玉溪市建立的云计算中心，进行数据的统一存储；并采用多机构的“合作研发”模式，以玉溪市电信公司为网络服务合作伙伴，北京美迪希兰数据有限公司为软件服务合作伙伴，研发和战略部署同时进行，逐步推进云南的医疗卫生信息化建设。不过，该工程的顺利实施还有赖于开发过程中政策、财力、人才上的三重保障。

六、健康医疗大数据领域人才培养

赵文龙提出，要推动健康医疗大数据“产、学、研”一体化，实现整个产业链的完备发展，需做到教育先行。以医学信息学教学为例，普及教育和专业教育要同步进行，其具体要求可从两个层面展开。微观层面讲，医疗大数据提取与应用须具备医学信息工程、计算机科学与技术、信息管理与信息系统等方面的知识技能，故而要注重这些不同专业之间互联互通；在人才培养上，要结合市场需求，让学生能学以致用，将所学应用于卫生信息工程技术、卫生信息系统开发、卫生信息资源管理、卫生信息分析挖掘。从宏观层面来说，可通过重构基层组织，整合数学、物理、统计、计算机、图书管理、病案管理、网络管理和管理科学等人才队伍，以完善医学信息采集、处理、应用三大环节研究队伍的结构建设。

七、会议小结

总结本次围观基层活动重庆站研讨会，从内容上看，研究议题丰富，涉及健康医疗大数据的数据采集与分析、健康医疗大数据的管理平台与体系、社会应用、伦理反思、区域发展等；紧跟学术前沿，类似于信息系统互操作、社交媒体大数据用于自杀防治等，都是目前的新鲜话题；跨学科特征明显，情报学、医学、物理学等多个学科的专家分别结合自己专业知识对健康医疗大数据展开讨论；研究比较系统，从数据搜集整合到分析应用等领域几乎层层覆盖。从实际效果上看，这次论坛还试图建立一系列合作机制，进一步推动“产、学、研”一体化，继续推行学界和业界优势联动的运行模式，真正实现了对健康医疗信息化建设的“围观”。

宋建武

从信息总汇转向数据总汇

——媒体业的物联网机会

宋建武 中国人民大学新闻学院教授、博士生导师。

物联网来了，万物互联，去中介化，传统上当惯了中介的媒体业怎么办？

让我们看看物联网。物联网上物与物的连接，实质上是各“物”自带的传感器通过物联网（可以理解为互联网的一种通信格式）的连接，通过这种连接，各物之间通过交换数据，表示自身的特性和存在状态，通过人们设定的算法实现协同，从而在生产领域实现智能化生产，在生活领域给人们提供更舒适且便捷的生活环境。

这里的核心和关键是数据。在物和物通过数据实现协同的同时，作为主体的人类也需要了解我们生存的环境，以便及时应对环境的变化，因此我们也需要收集分析这些数据。为了让这一切得以实现，就需要一个机构、一个行业去汇聚和分析这些数据，成为社会的数据中心。

媒体业的未来就在这里，即从社会的信息总汇，升级为数据总汇。

为什么是媒体来充当这个数据总汇的角色？因为媒体自身进化的结果必然使得它从一个聚合社会信息的平台，转化成为一个基于互联网连接的、聚集了海量用户的生态级平台，这个平台将具有技术能力生成和汇聚海量原生数据的功能，并使其结构化、可视化，以生产信息和资讯供人们做出决策。在这个过程的背后，数字化推动了社会普遍信息化，使大量数据得以保存，而传感器、存储器普遍使用，能够收集并存储海量数据；最后互联网的广泛连接形成数据汇聚。

这是媒体功能在大数据时代的更新迭代。

根据美国信息管理专家霍顿的定义：“信息是为了满足用户决策的需要而经过加工处理的数据。”在大数据时代之前的媒体，其技术特征决定了其收集和处理的能够表征外部环境变化的要素单元是信息，从这种信息的形态上看，它在大多数情况下，实际上是人们用经验和理论模型对数据进行模糊处理而产生的；而大数据时代的来临，第一次使得媒体有了直接利用自有平台上产生的用户数据和汇聚的其他原生数据，通过算法来使其结构化，从而成为可供人们决策使用的信息的可能性。

机会总是为有准备的媒体准备着的。

第一个提出建设互联网枢纽型传媒集团的浙江日报集团，充分发挥党报集团的优势，获得了运营浙江政务服务网的战略机遇，并在近期，再一次借助资本平台，启动大数据云计算中心（IDC）和浙江省大数据交易中心的建设，适时进入大数据产业，把控住大数据产业的咽喉。浙江省政府在大数据产业发展规划中，提出“基于浙江政务服务网构建公共数据统一共享交换平台”；时任浙江省代省长车俊表示，未来的政务公共数据的使用应该与浙江大数据交易中心对接，以合法合规的形式进行数据开放与交易。

正在建设“区域性生态级媒体平台”的湖北广电集团的“长江云”移动政务新媒体平台也得到了极大的支持和关注。《湖北省大数据发展行动计划（2016—2020年）》提出，到2018年，基本建成一批布局合理、技术先进、绿色环保的大数据平台，长江云移动政务新媒体平台应用示范被列入重点工程。

河南广电系统投资建设和运营的“中原云”，旨在打造立足河南、辐射中原经济区、面向全国的区域综合性云计算大数据服务中心，这个项目还在襁褓之中，就被列入省政府《关于推进云计算大数据开放合作的指导意见》。该指导意见提出：“我省将依托‘中原云’，建设全省统一的政务云平台。”

正如河南广电当家人朱夏炎所说：“得数据者，得天下；知数据者，知天下；用数据者，赢天下！”

宋煜

推动社会力量参与全球网络空间治理

宋煜　中国社科院社会学研究所助理研究员。十余年来致力于社区与信息化、社区与社会组织、老龄化、志愿服务、科学技术与社会(STS)等领域研究与实践。

以互联网为代表的信息技术和网络社会的快速发展给人类带来的影响是革命性的。习近平总书记在网信工作座谈会上指出:“从社会发展史看,人类经历了农业革命、工业革命,正在经历信息革命。”“信息革命增强了人类脑力,带来生产力又一次质的飞跃,对国际政治、经济、文化、社会、生态、军事等领域发展产生了深刻影响。”

网络空间与陆海空等自然空间不同,这是一个技术催生的虚实结合的空间。网络空间在作为一种信息技术设施和规则构成的工具性之上,又承载了亿万民众共同精神的价值特征,需要大家共同努力,建立良好网络生态。全球互联网的发展长期存在着地区不平衡、规则不健全、秩序不合理等问题,治理模式还是主要代表西方国家的理念,与大多数发展中国家的意愿和需求仍存在较大落差,迫切需要进行改革,这无疑将对全球治理体系造成一定的冲击,同时也为多元主体参与提供了机会。

一、充分认识社会力量在全球网络空间治理中的重要作用

互联网技术起源于美国,互联网管理机构大多数在美国。美国政府对网络空间的重视和投资、民间智库以及企业之间的互动,是美国作为国家主体参与网络空间治理的重要特征。负责全球域名和 IP 资源分配的国际组织 ICANN,长期以来实质上是置于美国商务部国家电信和信息管理局(NTIA)管理之下。2014 年 3 月,美国商务部宣布将放弃对 ICANN 的控制权,但明确拒绝由联合国或其他政府间组织接管,只同意由 ICANN 董事会与全球“多利益相关方”讨论接管问题。由此,全球网络治理的“多利益相关方”模式进入公众视野,包括中国在内的发展中国家均乐观其成,并认为这是互联网全球共治时代的开始。

当前和今后一段时期内,全球网络空间治理将处于“多利益相关方”治理状态,治理模式的变革将在很大程度上延续既有的权力格局。但是,“多利益相关方”模式在一定程度上弱化了国家的网络主权,同时也是强化而不是改变现有权力关系,更给予了推动建立这一模式的美国政府及利益代表的角色特权。需要引起关注的是,“多利益相关方”模式将非国家组织作为全球网络治理的主要参与方,其所处的地位也在日益强化。所谓“非国家组织”,一般分为两大类,即私人部门(企业)和社会组织(民间团体),有些研究者也将互联网用户作为其中一类。在中国语境下,这三者可以用“社会力量”这一概念予以描述。可以说,互联网信息传递的低成本为这些社会力量提供了便捷而有效的全球联络工具,大大提高了其活动能力,拓展了其发挥作用的空间,在全球网络空间治理体系中拥有了重要的发言权,必须予以高度重视。

二、加强和完善中国互联网企业的协同参与机制

企业在网络治理中占据着不可忽视的地位,更是推动网络治理的中坚力量,具体包括建设网络基础设施的电信运营企业、互联网接入服务提供商、互联网应用服务提供商、互联网

内容提供商以及电子商务服务商等。在网络空间治理中，互联网企业充当着主客体的双重角色。作为客体，它们受政府部门的管理和社会公众的监督；作为主体，它们一是通过技术手段进行控制，二是通过自律方式进行约束。网络跨国企业是企业参与网络空间治理的主导力量，其中最有代表性的是美国、欧洲的网络企业，现在也有了中国企业的身影。

不同类型的企业对网络治理的行为与影响也有不同。技术导向型企业以提供网络基础性产品与服务为主，如 Intel 公司和 Microsoft 公司及全球大量的通信运营商。这些企业所建设的网络基础设施是网络空间发展的依托，必然担负着疏导优化互联网流量、遏制有害信息传播的重任。媒体导向型企业，即以信息服务为中介的社交媒体，如 Google、Facebook、腾讯等。这类企业是网络空间主要的信息来源和传播媒介，扮演着关键的信息枢纽作用，具有强大的传播能力。应用导向型企业则以互联网为手段，在传统社会需求的基础上充分发挥网络的优势，提供专业化服务，如亚马逊、阿里巴巴、Uber 和 Airbnb 等等。这些企业借助移动通信技术和风险投资的力量，在交通出行、金融支付、餐饮服务、医疗健康、知识教育甚至公共资源等领域全面开花；但作为网络治理的新兴力量，应用导向型企业在新形势下如何参与全球网络治理，却是一个迫切需要解决的问题。2016 年，二十国集团领导人(G20)杭州峰会上，由阿里巴巴提出的世界电子贸易平台倡议(e-WTP)，被写入二十国集团工商界活动(B20)中小企业发展议题组向 G20 峰会提交的政策建议报告，这无疑是中国企业参与全球网络空间治理的有益尝试。

基于形成决策的现实需要，并非所有企业都能被纳入全球网络治理机构，代表性问题就尤为突出。在现存的治理模式中，美国公司独大的现实仍难以彻底改变，但随着中国作为互联网用户第一大国的崛起，中国的互联网企业必然要参与其中。当务之急是如何加强企业之间的协同，制定出立足于中国需要、代表全世界广大人民利益的方案。

三、强化和规范行业社会组织与管理机构的发展

行业社会组织与管理机构是网络空间治理主体的重要组成部分，是根据自身需要组建而成的代表行业利益、协调行业和维护行业声誉的组织。这类机构往往是以非营利性第三方社会组织来呈现，并通过技术研究、咨询服务、政策游说等方式影响政府的网络空间治理政策。相对于互联网技术的日新月异而言，政府的各类规制设计与政策相对滞后，而此类组织的协调和管理作用就显得更为重要。随着与政府机构的合作日趋深入，政府也有意识地希望通过课题资助、政策研究等方式，使得这些组织成为体现其诉求的代理人，进而形成互助共赢的关系格局。

以中国为代表的广大发展中国家在这一方面是相对薄弱的。中国的相关社会组织与机构由于人才和资源问题，以及严重的行政化倾向，往往难以发挥其协调与管理效果，其所提出的解决方案也缺乏国际视野和实践经验，导致难以在现有的治理平台上发挥功能；而要改

变这一局面，首先要加强本国内部行业社会组织的培育工作，积极总结中国开展网络空间治理的经验，形成一致性和多样性相统一的中国经验、理论和方案；其次是加强国家间相关组织的交流，积极宣传适合大多数国家的网络空间治理理念，获得更多国家、机构和大众的认可与支持，有效破除垄断；再次，就是要强调网络人权中的“底线公平”，让更多的民间非营利组织走在第一线，积极参加全球网络空间治理的规则制定。除此之外，利用现有的政府间平台建立网络空间治理的协商机构，也是一种可行的解决方案，如在 G20 平台上可以倡导建立二十国集团数字治理论坛(D20)，贡献中国智慧，集合全球各种文明的力量，保障全球网络空间治理平台建设与规则制定的公平正义。

近年来，国家先后出台《关于加强我国社会组织参与国际非政府组织活动协调管理工作的指导意见》《关于加强国际科技组织人才培养与推送工作的意见》等政策，鼓励社会组织参与国际组织项目，开拓交流渠道，提升国际话语权，维护国家利益。这为社会力量参与全球网络空间治理提供了一定的政策保障，也表现出中国在参与全球治理体系变革过程中对发展道路、治理模式和制度领域的中国自信。

四、推动和创新大众参与的组织和引导机制建设

“网民”既是互联网的使用者，同时也是互联网内容的创造者。他们在互联网上制造话题、反馈信息、推动舆论、提供娱乐，也在不同程度地支配着网络生活，改变着互联网的生态格局。互联网用户从治理主体角度上的职责在于自律，通过切实的行为建立和维护互联网秩序，促进互联网健康良性发展。大众参与网络空间治理的有效途径是自组织化。一方面，每个个体只有通过形成一定规模的组织，才能够发出统一的声音，表达群体的共同诉求，倡导网络空间的公平与正义；另一方面，这种组织化过程也会与政府社会治理密切相关，通过建立合理的引导机制，保障网络空间安全与信息自由之间的协调。正因为此，互联网用户作为治理主体更要积极参与到网络空间治理中的各个环节，充分运用自己的智慧为各种政策规章制度和技术标准的制定，以及为互联网出现的新问题提出适合的解决方案，形成一种网络空间治理的“大众共治”环境。

从 20 世纪 90 年代开始，中国互联网从无到有，随后进入高速发展期，一跃成为全球网络大国。在这一过程中，中国克服了诸多挑战，积累了许多经验，这些都具有重要的参考价值。中国如今在网络空间治理中已表现出应有的开放、自信和责任担当，提出了明确的网络强国目标，体现出积极参与全球网络空间治理的决心。作为学术研究者，首先要做好经验总结，讲好中国故事，树立中国观点，形成全球网络空间治理的“中国经验”和“中国学派”；其次，要有重点地培养优秀学者参与到相关的社会组织与机构建设中，用理论指导实践，用实践创新理论，通过加大与全球领域学者的交流沟通，传播中国观点，争取全球共识；另外，要体现出学术研究的全球视野和责任感，从网络人权、主权和治权等层面建立适合时代发展的

理论体系，搭建研究平台，提出中国网络空间治理的“底线”规则，并予以实现和推广。这并不仅仅是学术界的工作，也是全社会的职责，更是作为全球命运共同体所应当肩负的责任。

参考文献

[1]蔡翠红.网络空间治理中的责任担当[N].中国社会科学报,2014/6/13.

[2]崔保国.世界网络空间的格局与变局[J].新闻与写作，2015(9).

[3]郎平.全球网络空间规则制定的合作与博弈[J].国际展望, 2014 (6).

[4]董成雄,黄日涵.以对话合作推动全球网络治理[N].中国社会科学报，2016/6/7.

[5]方兴东.网络空间趋势与研究创新[N].中国社会科学报，2015/1/22.

[6]景天魁.底线公平：和谐社会的基础[M].北京：北京师范大学出版社,2009.

[7]宋煜,王正伟.“互联网+”与基层治理秩序再造[J].社会治理，2015(3).

[8]沈逸.全球网络空间治理原则之争与中国的战略选择[J].外交评论(外交学院学报)，2015(2).

[9]邹军.全球互联网治理的新趋势及启示：解析“多利益攸关方”模式[J].现代传播(中国传媒大学学报)，2015(11).

[10]周毅,吉顺权.网络空间多元主体协同治理模式构建研究[J].电子政务，2016(7).

[11]张晓君.网络空间国际治理的困境与出路——基于全球混合场域治理机制之构建[J].法学评论，2015(4).

[12]张清俐.为全球网络治理贡献“中国方案”——访西安交通大学信息安全法律研究中心主任马民虎[N].中国社会科学报，2016/6/7.

[13]曾润喜,徐晓林.社会变迁中的互联网治理研究[J].政治学研究，2010(4).

[14]钟声.全球人权治理的中国贡献[N].人民日报，2016/10/29.

刘志飞

网络发展、技术创新不能逾越法律红线

——兼论网络、创新、法律之间的关系

刘志飞　新乡市中级人民法院民三庭副庭长。

一、网络、创新、法律的相辅相成关系

网络的发展日新月异，与之伴随而生的是硬件设备飞速更新。每一次网络发展都伴随着技术创新与运用创新，从有线网络到移动互联，从2G到5G，既是生产力发展的需要，也是技术创新者孜孜探索的结果。网络——一个虚拟的空间，成为创新的孵化器，网络与创新此二者相互影响，共同推进。法律——一个社会治理工具，网络是社会发展的一部分，自然需要法律的规范治理。创新——一种探索未知的行动，自然会对现有社会和经济秩序提出挑战。挑战意味着超越，超越意味着可能会突破现有法律规范，同时也为法律的规范对象提供了新的空间。

网络、法律、创新，三者不断挑战彼此，又不断推进彼此的发展，也为彼此的发展提供了可能和保障。

1.网络为创新提供无限空间和平台

网络发展为社会经济发展、技术更新、人居生活做出了巨大贡献。人类的发展、进步，其实是劳动工具的革新。网络更新日新月异，不断满足人们的生产生活需求，为创新提供了无限可能。

“大众创新、万众创业”已经成为时代发展的新趋势。《国务院关于大力推进大众创业万众创新若干政策措施的意见》提出，推进大众创业、万众创新，是发展的动力之源，也是富民之道、公平之计、强国之策，对于推动经济结构调整、打造发展新引擎、增强发展新动力、走创新驱动发展道路具有重要意义。未来将依托“互联网+”、大数据等，推动各行业创新商业模式，建立和完善线上与线下、境内与境外、政府与市场开放合作等的创业创新机制。

网络的发展打破了传统的生产、交易方式，对人们的生产、生活包括思维模式的革新是开创性的。李克强总理在2015年“两会”期间的政府工作报告中提出“互联网+”行动计划后，“互联网+”俨然已成为2015年以来互联网行业最为热门的名词，成为各个领域各个行业的口头禅。它代表一种新的经济形态，即充分发挥互联网在生产要素配置中的优化和集成作用，将互联网的创新成果深度融合于经济社会各领域之中，提升实体经济的创新力和生产力，形成更广泛的以互联网为基础设施和实现工具的经济发展新形态。它将促进以云计算、物联网、大数据为代表的新一代信息技术与现代制造业、生产性服务业等的融合创新。

“互联网+”所包含的内容涉及生产、生活的方方面面，既是一种社会经济发展需求，也是一场思维风暴。“互联网+”思维意味着网络为创新提供了无限宽广的平台；“互联网+”不仅正在全面应用到第三产业，形成了诸如互联网金融、互联网交通、互联网医疗、互联网教育等新业态，而且也正在向第一和第二产业渗透。“互联网+”行动计划将促进产业升级，为创新提供新的动力和平台。

2.网络创新需要法律为之划定红线

法律本身具有滞后性，网络的发展涉及诸多未知领域。网络是把双刃剑，积极作用如“天网”监控设备对刑事侦查的巨大帮助；消极作用如利用网络进行聚众赌博、色情文化传播等非法活动。网络技术的发展需要法律配套制度的更新，适应和规制网络创新中对社会公共秩序和公德良俗的冲击。

网络的发展使得人们的言行能够在瞬间无限传播，要求人们利用网络社交工具如微信等发表意见时谨慎行事，对自己的言行负责。通过网络介质传播的没有事实依据的信息，对正常的社会秩序造成不良影响的将面临法律制裁。因为虚假言论、虚假信息可能会带来民众的恐慌，甚至会破坏正常的社会经济秩序。

2016年2月2日，甘肃省会宁县一男子因在自己的微博中转发有关H7N9的虚假消息，被当地公安机关以涉嫌散布虚假言论扰乱社会公共秩序罪而教育训诫，并处以500元罚款。近年来，随着网络发展和技术创新提供的平台增多，信息传播的速度和范围越来越快，越来越广，其带来的后果也越来越严重。这就需要法律规范来划定红线。2013年9月9日，最高人民法院和最高人民检察院公布了《最高人民法院、最高人民检察院关于办理利用信息网络实施诽谤等刑事案件适用法律若干问题的解释》，明确了网络谣言在什么情况下构成犯罪。该司法解释于2013年9月10日起施行，对规范人们的网络行为，打击利用网络非法散布谣言提供了法律依据。

总之，网络的发展已经涉及生产、生活的方方面面，互联网金融、互联网贸易、互联网农业、互联网教育、互联网医疗、互联网品牌等。网络的创新利用需要法律的规范，只有为最新的领域划定红线，才能在这个无限发展创新的时代，保护好每一位创新者、受益者的合法权益。

3.法律为网络空间的创新提供制度保障

法律通过知识产权等对无形资产的保护，能够极大地支持和鼓励创新。通过对网络空间中的域名权、信息网络传播权等知识产权的确认和保护，能够对创新者在网络空间的无形资产进行现实的保护，并对其传播过程中所包含的经济利益提供有力的制度设计和保障，推进网络运营和科技创新。

2001年10月27日，全国人大常委会审议并通过了《中华人民共和国著作权法修正案》。此次修改是为了适应计算机网络环境下著作权保护的迫切需要而进行的。该法第九条明确规定了“信息网络传播权”，即以有线或者无线方式向公众提供作品，使公众可以在其个人选定的时间和地点获得作品的权利。这是我国首次以法律的方式确立了“信息网络传播权”这一民事权利，该权利是随着网络的发明和发展而通过法律创设的权利。

为了更好地保护著作权人、表演者、录音录像制作者的信息网络传播权，鼓励有益于社会主义精神文明、物质文明建设的作品的创作和传播，国务院于2006年5月18日公布了《信息网络传播权保护条例》，并于2013年1月30日进行了修订，于2013年3月1日起开始施行。与此同时,《最高人民法院关于审理侵害信息网络传播权民事纠纷案件适用法律若干问题的规定》自2013年1月1日起施行,该规定对如何界定侵害信息网络传播权,特别是如何确定网络服务提供者的法律责任进行了规定,给予著作权人的信息网络传播权更加全面的保护。

上述法律保障一方面有利于规范网络行为,维护网络秩序,保护网络创新者的合法权益;另一方面也有利于鼓励创新。正是有了法律的充分保障,才能够更好地激励相关权利人不断开拓进取,通过创新去创造物质财富并实现其人生价值。

二、网络发展、技术创新推进法律制度更新

网络的发展和技术的革新,使得新的利益需要保护,这就需要法律制定者不断通过创设权利,以权利为载体对利益拥有者进行保护。这就为法律的制定和司法者提出了新的要求。

1.法律制度具有滞后性

我国是成文法国家,国家通过制定和颁布法律对社会关系进行调整,对违法犯罪行为进行打击。法律法规的制定有严格的程序要求,这就意味着法律法规自颁布实施之日起,已经落后于时代的发展了。

法律规范的滞后性是指法律规范的变化往往赶不上社会现实变化的步伐,不能及时反映社会现实的本质要求,从而使法律规范调整与社会现实之间出现"空白地带"。社会现实是不断变化发展的,而法律规范却是相对稳定的,法律的稳定性要求法律规范不能朝令夕改。这一方面导致许多亟须规范的社会现象缺乏法律的制约,另一方面也导致产生大量缺乏调整对象和落后于社会现实的法律垃圾。网络空间的高速发展,创新周期的不断缩短,在此过程中对传统的社会秩序所包含的自由、平等、公正既有机遇,也有挑战。法律制度如何适应新情况、解决新问题,已经成为一个无法回避的问题。

曾经出现的针对阿里巴巴集团旗下B2C电子商务平台淘宝商城因提价而引发的中小卖家"网络围攻"事件,即反映出我国在网络虚拟经济发展中存在的深层次问题,特别是法制建设严重滞后于网络市场发展的问题;也就是说,在互联网经济领域,我们还没有形成完善且有效的反垄断法律体系、知识产权保护体系、经济纠纷调解体系和消费者权益保护体系。

近年来,微博、微信等新型互联网交互工具的出现,对人们的社交提供了极大便利,尤其是微信对人们的言论自由和信息传递提供了新的平台,这也与无线网络的普及有较大的关系。伴随微信的社交功能而产生的"微商"所产生的法律问题如何解决?这将是未来立法者需要关注和考虑的一个问题。以微信为交易平台的诸多化妆品、食品的买卖,各种商品的代购等行为,通过微信朋友圈进行宣传和交易,物品质量如何保证,交易纠纷如何取证,监管部门如何管理,税收制度如何落实等诸多问题都需要立法者用创新思维应对网络创新。

成文法国家法律制度的滞后性是"先天"的。虽然立法者在立法之初应当考虑法律制度对调整对象的预见性和前瞻性,但是网络技术的迅速发展以及随之而来的生产、生活工具的

短周期创新、更新，是立法者无法预见的，这就需要立法者不断制定法律或者修改现有法律法规以适应技术创新所带来的新问题、新情况。也就是说，无线网络的发展带来的工具革新，在倒逼立法制度不断发展。

2.网络发展极大拓宽了法律制度调整的空间

每一次技术革命都伴随着人类认知领域的拓展以及生产、生活方式的变化。第三次技术革命的发展，电子计算机的出现，以及随之而来的网络大数据的发展，对人们生产、生活的巨大影响是前所未有的。生产模式的革命性发展，打破了行业传统运营模式，也为法律制度的调整对象提供了更加广阔的空间。信息网络传播权的发展，促使法律对复制权的新解释，对著作权、商标权、专利权等传统知识产权的保护，从有形载体向网络空间拓展。以侵害著作权为例，网络的发展和软件的创新在方便人们生产、生活的同时，也使得侵权更加便利，如何进行全面保护成为法律制度面对的新问题，这也将拓宽法律制度的调整空间。

利用微博、微信等进行的网络交易不应成为法律规范的“真空”地带。传统的利用交易场所进行交易的行为，正在受到移动社交电商的冲击。移动社交电商主要是以移动数据网络的发展作为基础支持的，移动化和社交化是其显著特征。移动互联网已经重新定义了消费者获取信息的方式与品牌交互的方式，消费者越来越期待通过移动智能设备和企业直接进行互动沟通。最有效的办法就是利用移动社交媒体与目标消费者建立直接联系，并通过一系列营销策略引爆社群或圈子，从而形成有情感附着力、价值观趋同度、彼此尊重的态度、优质且内容充实的口碑营销。比如滴滴出行软件就降低了从业门槛，便利了出行者，但同时也对多年来的出租车行业的规则造成了极大冲击，产生了法律法规需要对相关问题进行规范的新情况。

诚如前文所述，法律本身是具有滞后性的，网络发展、技术创新产生的新情况、新问题，极大地拓宽了法律制度调整的空间。

3.网络发展和创新对立法和司法者的新要求

网络发展拓展了法律法规需要调整的空间，需要立法者不断适应和调整以网络为载体的高频率创新所出现的新法律关系和社会矛盾。网络带来的生产生活方式日新月异，创新带来的生产工具更新周期越来越短，需要司法者不断学习和掌握新技术所带来的新法律关系，进而定纷止争，化解矛盾。

在“互联网+”时代，互联网立法、司法均面临着一系列挑战，在版权保护方面的挑战尤为明显。比如，内容提供网站未经许可直接上传文字、音乐、影视、软件等作品，以及电子商务平台等销售侵权盗版作品、网络服务商传播侵权盗版作品等。此类纠纷往往涉及网络技术和软件工具，一方面涉及的专业知识较多，需要跨专业的复合型人才才能全面、准确地把握案件事实；另一方面涉及的利益主体更加多元，有权利主体、网络用户、网络服务提供者等，权利、义务、责任的划分更加困难。

针对网络领域的立法，需要立法者在立法时不仅要考虑法律问题，还要考虑相关网络技术，进而确定法律规范的可执行性；同时因为网络创新周期缩短，新矛盾、新纠纷不断出现，立法者需要从法律的稳定性出发，考虑针对网络立法的前瞻性，保证法律不会在短时间内便无法应对不断出现的新情况；与此同时，对司法者的要求也更高。立法者针对的是制度设计，司法者则是在运用法律。司法者面临的问题更加具体，需要解决的矛盾更加尖锐。司法者需要对法律规范通过文义解释、体系解释、目的解释等方法，同时考虑法律定纷止争之功能，兼顾公平正义之原则，进行准确适用。我国虽然是成文法国家，但对案件审理的关注往往更能影响和冲击民众的内心和行为，因为它比较真实，具体，易于传播；同时，司法系统的信息化建设，在便利司法工作的同时，也为司法者提出了新要求，比如庭审的直播需要提高庭审驾驭能力，裁判文书上网公开需要提高文书质量等，因而司法机关也是网络创新的受益者。

三、网络发展、技术创新不能突破法律红线

1.技术中立的适用

技术只是为生产、生活的变革提供了新的工具，但技术的发展也具有其积极和消极两个方面的作用。“技术中立”是1984年美国最高法院在“环球电影制片公司诉索尼公司案”中确立的,也被称为“索尼标准”或“索尼原则”。根据该原则，如果“产品可能被广泛用于合法的、不受争议的用途”，即“能够具有实质性的非侵权用途”，即使制造商和销售商知道其设备可能被用于侵权，也不能推定其故意帮助他人侵权并构成“帮助侵权”。

关于“技术中立”的适用问题，前不久发生的“快播案”即一个很典型的案例。在“快播案”的审理过程中，诉辩双方针对快播软件作为网络技术提供方是否为“技术中立”进行了激烈辩论，网民通过各种渠道也对此案发表了各自的看法。技术中立是对技术提供者的保护。2001年在第一个由于提供P2P技术被起诉的Napster公司案件中，美国法院曾对“索尼原则”做出修正，认为Napster实际提供的是一种服务，而非产品本身，衡量的标准之一就在于服务商对于内容是否具有“持续性控制”。判决结果是Napster停止在音乐方面的侵权，案件未涉及刑事责任。相信此类案件会随着网络的发展和技术的创新越来越多，如何寻找技术创新带来的挑战与传统价值观念的冲突之间的平衡，将是未来必须面临和解决的问题。把握标准过宽，可能会纵容新技术的不当利用，有损公序良俗，阻碍社会发展；而标准过于苛刻，则可能不利于鼓励技术创新，同样会影响社会进步。这就需要通过法律法规的调整作用，同时考虑社会主流价值追求，不断通过一些典型案件对此类社会活动进行指导。

技术本身并无善恶之分，技术创新也是不可阻挡的必然趋势。随着新技术的不断发展，将会有很多不可预见的情形不断出现，法律不可能也不应当限制技术发展，法律必须尽可能地对技术的发展具有一定的前瞻性，使法律法规能趋于稳定并能应对迅速发展的技术。

2.网络的发展和技术的创新不能突破法律红线

法律制度是指一个国家或地区的所有法律原则和规则的总称，它是调整社会关系、进行社会管理的工具之一。依法治国是党领导人民治理国家的基本方略。依法治国要求我们依照体现人民意志和社会发展规律的法律治理国家，而不是依照个人意志、主张治理国家；依法治国要求国家的政治、经济运作、社会各方面的活动统统依照法律进行，而不受任何个人意志的干预、阻碍或破坏。

创新是对未知领域的不断探索，它需要按照社会价值观对其发展所带来的新情况进行法律评估；需要不断对新兴空间和权利进行确认、保护，如果符合社会经济发展和公序良俗，则要大力弘扬；如果对社会公共利益和价值观念有所损害，则需要法律进行规制。

随着互联网技术的渗透，设备越来越轻便化，特别是智能终端的出现，民间金融被互联网化，发展到了2.0时代；人工智能物联网将催生融合金融，再进一步是绿色金融、法治金融，即3.0时代。互联网金融创新的风险在于：互联网非面对面、虚拟性的特征，我们要强化实名认证。互联网业务的便捷性存在风险，必须以安全性为前提。公开透明是互联网的基础特征，但互联网的远程交易又削弱了真实性和有效性，必须接受监督。金融机构不能利用自身的业务优势侵犯用户的权益。互联网业务的风险与收益并存，但追求利益不能突破法律的红线。在利用网络进行技术创新，利用技术创新从事经济活动或者其他活动时，法律是一条不可逾越的红线，必须严格遵守，才能真正发挥网络创新为人类社会进步服务的积极作用。

四、网络发展、技术创新需要法律保驾护航

中国互联网协会秘书长卢卫曾经表示，如果把中国互联网看作一艘迎风破浪的巨轮，那创新与规范就好比是推波前行的双桨。一方面，创新是互联网的基因和灵魂；另一方面，互联网市场离不开规范和秩序。这段话把网络与法律关系讲得非常形象、透彻。

其一，虚拟空间的新权利需要立法予以确认，方能在社会经济生活中进行转让、许可使用，进而产生经济利益，这也是创新者不断探索的动力之源。

法律对新权利保护的第一步是创设权利，确认权利的存在后，通过对权利进行系统的保护性规定，进而保护权利所有者的正当利益。我国已有网络立法中过于注重对网络环境的法律规制，主要篇幅往往用于规定各类禁止性行为或义务性行为，而较少有确认网络主体相关权益，尤其是新型权利的规定。即使是设置“权利”的条款，也都属于赋予行政机关各种“公权”的条款，即赋予行政机关针对网络违法行为的各种职权，而并未确认网络主体所应有的网络民事权利。

作为对现实世界的延伸与反映，网络空间中的许多新型权利虽然无法准确归类于某种传统民事权利类型，但对于网络生活秩序的稳定至关重要。比如网络游戏中作为交易对象的“点卡”“金币”“装备”等，此类数字化、非物化的虚拟财产在数字化的网络空间中很常见，

但是如何对其进行充分保护则是亟须解决的新问题。

面对越来越多的虚拟财产纠纷，我国的立法表现出明显的滞后性。已经颁布和实施的《关于维护互联网安全的决定》《计算机信息系统安全保护条例》等法律法规和行政规章中，网络虚拟财产的保护也是一片空白，究其原因在于：现行法律包括《宪法》和《民法通则》只对公民的合法收入、储蓄、房屋和其他合法财产予以认可，而并没有对虚拟财产的合法性做出明确规定。我国的《消费者权益保护法》中并没有对玩家的虚拟财产的数据资料等相关权益做出规定，玩家对指代其虚拟财产的数据的权利也不属于《消费者权益保护法》所规定的九项消费者权利中的任何一项，这便出现了很多玩家在丢失财物后投诉无门的现象。因此，为了保护网络游戏者的合法利益，促进网络事业的健康发展，加快解决网络虚拟财产的合法性认定、制定保护网络虚拟财产的相关性法律法规等关键问题，已迫在眉睫。

由于当前我国没有具体的法律法规对网络虚拟财产进行有利保护，导致在现实生活中，关于网络虚拟财产的纠纷日渐增多，并且出现了一系列的恶性案件。因此网络空间的发展，需要法律制度的跟进，一方面从法律上对某些新的财产利益发展到一定程度后，通过法律创设的方式，确认其为法律上的权利；另一方面为其创设系统性全方位的保护性规定，为其参与社会经济生活保驾护航。

其二，规范也是一种保护。无规矩不成方圆。法律规范既能保护自己，也能提高社会交往的效率，对社会整体发展进步的作用是巨大的。人们对自己的行为具有了一定的预见性之后，知道了红线所在，其行为才能有安全感。就像在沙漠中行走，法律就是划定流沙的红线，能够防止创新者陷入流沙而无法自拔。

法律对网络空间的规范，既体现了对经济社会秩序的调整和规范，也体现了对创新者权利的保障。十字路口有了红绿灯的指挥，才有了交通的井然有序。一旦偶尔交通指示灯故障，更多的时候会出现交通混乱，这与人们的素质高低无关，而是因为缺乏统一协调的指挥而导致的后果。如前文所讲，网络的发展充满了无限可能，创新无处不在，无时不在，对未知领域的探索使得人们的生产、生活无时无刻不在发生着各种各样的变化。交通指示灯不可能规范到人们尚未到达的区域，人们到达的区域也并非全都有交通指示灯在进行指挥。只有某一路口事故多发之后，方能引起人们的关注，进而进行指示灯的架设，这种架设恰恰是为了保护过往的行人和车辆的安全；同样的道理，充满无限创新可能的网络在它所开拓的每一个区域都需要法律法规的规范，这种规范不仅仅是一种制约或约束，更是一种保护和保障。

法律是网络安全、网络创新的制度保障。离开了法律这一强制性规范体系，信息网络安全技术和管理人员的行为都失去了约束和保护，再完善的技术和管理手段都是不可靠的，即使相当完善的安全机制，也不可能完全避免非法攻击和网络犯罪行为。信息网络安全法律告诉人们哪些网络行为不可为，如果实施了违法行为，就要承担法律责任，构成犯罪的还要承担刑事责任。一方面它是一种预防手段；另一方面它也以其强制力为后盾，为网络安全和技术创新的使用构筑起最后一道防线。

孙祥飞

互联网时代，我们改变了什么？

孙祥飞　华东政法大学传播学院讲师，新闻传播学博士、法学博士后。

互联网是继蒸汽机之后又一项伟大的发明，它带来了人类历史上的传播革命，甚至也重新定义了传播本身。交互、开放、个体、多元、宅、狂欢、重构……从信息技术到媒介形态，从传播内容到生活方式，甚至是我们的文化传统，我们所能感知的一切都在发生变革——唯一不变的就是变革本身。

一滴水反映太阳的光辉，一句话面向着整个世界。

我们赞叹今天互联网带来的伟大变革，托马斯·弗里德曼说："由于互联网，在这个平的世界平台中，个体被赋予了强大的力量。"这种力量非常强大，我们仿佛看到了小人物的曙光和集体智慧的伟大。

我们赞叹今天互联网带来的伟大变革，因为，我们从未像今天这样拥有如此丰富的信息——仅一家微博网站一天内发布的信息量就超越了《纽约时报》60 年累积的信息总量。因为，我们只要有足够的创意，几乎可以在一夜之间脱颖而出，成为那个瞬间爆发的"网红"。

但遗憾的是，尽管我们掌握了诸多的信息，当关掉屏幕、丢掉手机的时候，我们却往往一无所有——除了硬盘中的那些数据，或者互联网上留下的痕迹。在冥冥之中，我们恍然觉得，太多的信息看似与我们有关，但新闻的旋风刮过之后，一切都烟消云散。更多的时候，我们只能成为一个信息接收的容器，只是大数据中的一些孤零零的字节。

在互联网空间，等级森严的秩序消失了，严肃的生活世俗化了，我们的精神被空前地释放，不需要刻板地生活，每个人都因为戴着面具而获得了空前的自由；而自由本身，却正在成为我们的另一道枷锁。

我们忽然发现，除了娱乐、工作、学习、消费、吐槽和宣泄等这些众生平等的行为之外，通过互联网获益的，往往是那些原本就很努力的人，或者，那些原本就很富有的人，或者是那些偶然的被注意者；而我们，更多的时候只是充当了一个看客，或者一个随意的偷听者。我们被分解成一个个个体，淹没在芸芸众生中，隐藏在罗马式的长袍里。

我们赞叹互联网所具有的强大力量，而恰恰是这种力量也让我们忐忑不安；尽管我们是有史以来的信息最富有者，但我们同时也是最贫困者——我们只关注自己感兴趣的话题，进而，我们置身于信息茧房中。互联网给我们带来了学习的机会，但也让我们懂得了做好事前先保留"证据链"，学会了在某些时候要"让新闻先飞一会儿"，学会了在面对极端言论的时候保持沉默，也学会了如何让自己更加的精致和利己。

尽管，我们拥有了前所未有的表达自由，但我们习惯了脱口而出，习惯了不假思索，习惯了随手转发，习惯了各种神评，习惯了对抗和不信任，也习惯了以自己的认知来判断一切事物的对错。

互联网的力量让我们赶到忐忑不安，我们不敢扶倒地的老人，我们对警察充满了敌意，我们怀疑食品的安全，我们对灾难变得麻木不仁，我们对隐私的曝光习以为常，我们因狂欢而丢掉了自我，我们将学术、思维、灾难、美德……一切存在都推向了娱乐和狂欢。

尼葛洛庞帝说，计算机不再只和计算有关，它决定着我们的生活。但在很多时候，在我们所崇拜和依赖的互联网空间里，我们的身体和灵魂总有一个在“看热闹”或“买东西”的路上。

我们拥有了最丰富的信息，但我们把自己封闭在自己感兴趣的城堡中；我们坐拥天下最无尽的宝藏，但到头来把自己置身信息的茧房。这是因为，任何媒介的发展都是往为了满足人类的惰性的方向发展——难道不是吗？我们为了更方便地传播信息，为了更舒服地使用媒介，为了不需要使劲地动脑就可以了解很多我们所关注的话题——所以，在新媒体和传统媒体的 PK 中，前者胜出了。

但我们置身于信息汪洋的大海中，更多的是被琳琅满目的推送给绑架了——信息成了我们大脑的入侵者，因为我们自己的思考缺位了，笛卡尔所说的“我思故我在”就是这个道理。如果没有了自己的思考，媒介和信息就会变成主人，而我们就只能成为信息的容器和媒介的奴隶。

彼得斯说，真正的交流是不可能的；但彼得斯也说，人类历史上的任何一次伟大的传播革命都在改善着人类的交流。我们迎来了这个机会，计算机互联网扩展了交流的渠道，压缩时空距离，提供了海量信息，带来了无限可能。但是如果没有我们的思考和行动，没有我们的理性和判断，互联网只是数据，与我们并没有什么关系。

刘涛

“告别公司、个体当家”，共享经济带来的人企关系新范式

刘涛　中国信息通信研究院高级咨询总监，长期专注于TMT行业发展追踪、企业数字化转型研究。

“共享经济”已经成为当下最为热门的一个词语，人们对共享经济的认识，基本上是来自于滴滴、Uber这类不同于传统出租车公司的新服务模式的出现，普通的私家车也可以用于租车服务，而车主（司机）本人并不隶属于约车平台，而是一个独立的合伙人。

其实，共享经济不仅仅可以实现车辆、房屋这类有形资源的共享，更重要的在于人力资源的共享。这种共享的背后，组织与个人的关系也开始有了新的嬗变。在共享经济的新时代，一种有别于传统的个体和组织关系的观念正在被越来越多的人接受，甚至有可能在未来成为主流思潮。这到底是一种什么样的观念？

一、“雇佣-管理”模式正在束缚每一个个体

在过去，企业与个人的关系可以叫作雇佣关系，也就是企业与劳动者个体要签订劳动合同，通过占用个人的劳动时间从事生产创造的工作，为企业创造价值，企业以工资的形式给予劳动者本人一定回报。这种关系中，企业是一个强有力的组织，将众多零散的个体有机组合起来，去完成一件件综合性比较高的工作。企业占据主导位置，拥有员工的“定价权”，规定员工的工作时间、工作内容和工作强度。

在雇佣关系基础之上建立的是企业与员工的管理关系。过去一切管理学的知识，大都是基于雇佣关系的发展，员工拥有相对固定的上下级关系，从上级那里领取任务，对上级汇报工作，同时也接受来自上级的考评和奖惩。久而久之，我们会发现，越是大型企业，员工越过多地关注上级领导和同事对自己的评价，而不再关注外部市场和客户的反应。

同时，“雇佣-管理”模式的不断强化，也让员工在大型企业中逐渐习惯于一个局部的零件化角色，专注于一个个细小的工作，逐渐被机械化思维所禁锢。在著名电影《摩登时代》中，卓别林扮演的男主人公夏尔洛，一天到晚神经质地重复着同样的工作，连去厕所抽根烟的享受都被无情自私的资本家剥夺了，最后由于不堪重负，精神失常，被工厂送到了精神病医院，同时他也失去了赖以生存的工作。即使过去了快100年，《摩登时代》中夏尔洛的生活境遇，依然在如今的摩天大楼里面，由那些衣着光鲜的白领们继续扮演着。的确，这是工业时代个体分工的真实写照，也是原有的“雇佣-管理”模式对人性禁锢的终极结果。

雇佣制下的员工，受制于企业固有的管理机制，虽然减少了不可控风险的出现，确保了企业整体的平稳，但实际上在控制风险的同时，也阻碍了个体的积极性和创造性的更大发挥。走进企业中看一看，就会发现，越是管理制度完备的企业，员工的自由发挥空间越小，规范化的动作越多，结果就造成了员工越倾向于安于现状，不愿创新，不思进取。工龄越长，收入越高，人很自然就容易“当一天和尚撞一天钟”，不利于有想法的年轻人去自由冒险与施展才华。

在日益变化的市场环境下，在外部颠覆式创新此起彼伏的时候，所有的大企业，都会对员工的按部就班、缺少创新文化头痛不已，于是继续在管理上做文章，出台制度文件，进行价

值宣传,但效果寥寥。为什么?因为问题恰恰出在了管理本身上,不改变传统的“雇佣-管理”模式,而只是在既定模式上做加法,并不能解决根本问题。

二、企业平台化促进了个体的去雇佣化趋势

共享经济脱胎于互联网带来的新的商业模式,像滴滴的车辆共享、Airbnb的房屋共享,知乎、在行这类知识能力共享等,可共享的资源类型越来越广泛,负责整合分散的盈余资源并做好供需双方交易服务的企业平台也越来越多。共享经济本质上还是一种平台经济,无论是基于信息服务的互联网企业,还是从事生产制造的传统企业,都在慢慢向平台化方向演变,具体表现为从资源上由封闭独占走向开放共享,业务上由自产自销到产销外包,组织上由层级制走向扁平化。目前来看,这种平台化的转型已经在越来越多的企业身上体现出来。

随着互联网的发展,企业的边界定义越来越模糊,企业与企业外的资源渐渐融合,难分彼此。互联网消除了信息的不对称,不仅大大弱化了企业的组织结构,而且建立了广泛的连接,任意一个人都可以通过互联网连接到其所需要的资源,中间的环节不需要太过复杂,这本身就带给企业内外的众多个体更自由的选择权,可以利用互联网去获取更多将自身能力变现的渠道。

与此同时,共享经济本身又是一种大规模定制化经济模式,由众多消费者和服务商自行在平台上完成交易,企业不可能事无巨细地控制每一单的产出样式。越是个性化和创意性的产品服务,越不可能由企业内部自行完成,越不可能由既有的规范化和标准化的工作流程实现。于是,只能依靠不由企业控制的,更具独立性和创造力的外部资源来协助产生,这就催生了更细化和复杂的全社会分工体系,企业完全可以通过“众包”的方式来完成一件事情,没必要再雇佣大批人力去从头至尾生产。利用外部零散的个体,“众包”完成一项本该由企业内部自己完成的工作,实际上已经意味着一种不同于以往“雇佣-管理”模式的新人企关系的出现。

当企业逐渐走向开放和依靠更多外部力量的时候,原有的员工与企业之间的关系也会越发变得不牢固。合同制不再能够束缚员工的自由选择,为更好的企业服务不见得非要签署一份“卖身契”。未来更进一步的发展,也许就会出现员工的“去雇佣化”,这意味着任何有专业技能的人才,不再需要找一个企业作为所属单位,签署具有排他性质的劳务合同,而是可以就事论事,完全围绕需要解决的专业问题,与有此需求的各类企业谈合作。

如果共享经济这股潮流,能够更广泛地深化到越来越多的传统行业,那么我们可以断言,未来企业与员工之间的关系只可能存在一种:合作关系。个体的身份,将从隶属于某一个组织的员工,转化为在共享平台上与各家企业进行业务往来的合作者。过去企业运营强管理手段,要求员工为自己创造价值,而未来的合作关系,则要求企业和员工能够在平等的基础上创造新的价值。

三、未来将是个人与企业的合作联盟时代

这种更具自由度的人企合作关系，一定会让企业内部的组织关系发生深刻的变化。过去的企业内部，上下级之间是领导与被领导的关系，平级之间是同事关系，而在共享经济模式下，企业开始向平台化方向转变，封闭的内部逐渐走向开放，围绕平台的是供给方和需求方两大外部群体。平台化企业要求内部所有的人员必须为满足双边群体需求提供服务，淡化了领导、管理等色彩，更多的是合作。员工不再像过去在金字塔形组织里面，一举一动都看领导的脸色，转而开始直接面对客户，了解需求，制作方案，解决问题，升级体验。

未来的人企关系，应该具备以下几大特色：

首先，个体将成为自由独立的经济体。每个人，都可以独立地参与到全球分工经济体系中，这种参与不依托于某一个企业，而是独立自主地完成某个分包的任务，或者自己组织团队，依靠网络化协作完成具体工作，获取报酬。在此期间，不会受制于任何企业组织的常规化控制，个体的议价权和自由创造力将大大增强。

其次，外部的个体将与企业成为合作伙伴，相互独立又彼此支持。共享经济之下，企业为众多专业化个体提供平台服务，提供业务机会。个体则在平台上释放个人能力，创造新的价值。双方实际上将走向平衡互惠的关系形态，企业越来越依赖于这些独立的个人经济体为自己创造更优质的产品和服务，形成网络聚集效应，吸引更多的用户扩展自己的企业生态竞争力；同时，企业也不需要承担以往的员工管理成本，做好一种轻资产模式的平台企业。对于共享经济而言，企业的竞争力不在于储备了多少人才，而在于能否在需要的时候，在最快的时间找到可供合作的人才。

最后，企业的员工也将会获得更多自主权。共享经济带动企业平台化和开放化的趋势，这种趋势不仅仅针对外部个体，对于仍旧选择留在企业内部的员工，也是一次身份和角色的转变。海尔几年前提到“企业平台化、员工创客化”，如今阿里也在鼓吹“平台-个人”的新模式，说的都是企业将从过去“强管理”模式向“强赋能”模式转变，从“管控型”向“助推型”模式转变。“赋能”强调的不再是物质上的激励和刺激，而是从内心上激发员工创造新事物的兴趣和积极性，并给予他们充分的权利。“助推”不再强调控制、规划、标准等传统管理理念，而是企业作为大后方，为员工提供所需要的各类资源和帮助，为其在企业平台上的“创业”活动保驾护航。企业为员工的创新提供基础设施服务，同时赋予其对等的责权利，目的只有一个，让个体的能量更充分地被释放，让个体的价值更准确地被衡量。

未来，资源共享会成为广泛共识，网络的连接也会替代身份的隶属，企业与员工的合作关系将取代传统的雇佣关系。在同一个平台之下，双方可以更平等和自由地选择合作，企业不必再把员工纳入到自己的管理体系内，员工也不需要再把自己当作某一企业的成员，网络的连接改变了以往的关系范式，个人与企业的平等合作，甚至于业务联盟，将是一种新的发展趋势。

韩涵

加速推进行业自律 终结数据产业乱象

韩涵　中国信息通信研究院高级工程师、大数据发展促进委员会办公室主任。

“十三五”时期是我国全面建成小康社会的决胜阶段，是新旧动能转换接续的关键时期。我国大数据技术和应用正处于创新突破期，国内市场需求也面临爆发期，我国大数据产业面临重要的发展机遇。然而，数据资源获取的困难与日益迫切的数据需求之间的矛盾仍然是阻碍产业发展的主要矛盾。有效供给严重不足，大数据产业无法摆脱其“资源型产业”的帽子，技术的发展因之受阻。在法律、制度、标准等发展滞后于产业增长速度的现状下，以推进行业自律为手段，鼓励正当、合法、规范化的数据资源生产、流通、应用机制，打破资源垄断，淘汰地下黑市，能够快速建立行业秩序，确保国家重大战略的稳定实施。

当前，我国大数据产业增速迅猛。2015 年，中国狭义大数据产业规模达到 116 亿元，广义大数据产业规模更是高达 793 亿元。[①]数据驱动的信息经济刚刚萌芽，数据对传统产业的改造升级日益深化。加强数据的开放、流动与共享，将有助于深入挖掘数据要素潜力，充分释放数据红利，培育经济增长新动力。大数据的快速发展及相关红利的释放落地，使得数据资源争夺愈演愈烈。数据资源已经成为大数据产业最为关注的热点，也已经成为各行业、各类机构争相获取的重要性基础资源。然而，我国数据行业仍处于起步阶段，存在以下突出问题。

一、当前国内数据行业隐藏乱象

1.生产环节：企业争相垄断数据资源，技术投入遭轻视

新技术新业态的发展，在前期往往会经历“野蛮发展”阶段，大数据产业也刚刚经历了其“爆发”的初期。相关企业纷纷“跑马圈地”，或凭借传统优势抢占某一应用领域的“山头”，或积极布局试图垄断某些数据资源的“入口”，产业秩序尚未完全建立。

可以说，当前大数据产业仍然是“资源型产业”。由于资源型产业门槛低、利润高，新兴的大数据企业往往首先将目光盯在获取数据资源上面。2016 年 1 月至 2016 年 10 月底，中国大数据行业有 184 家企业获得投融资，占有数据资源的情况是投资界对大数据公司估值的最重要依据。[②]

大量依托数据资源优势的企业诞生，为大数据产业带来了低附加值的垄断经济模式，使得依靠技术壁垒打江山的企业不得不面对残酷的市场竞争，放缓了技术研发的步伐。以当前非常活跃的大数据征信市场为例，当前市场上与“征信服务”相关的公司有 2000 家左右，目前有资质的征信机构占整个征信市场的比例还不到 5%。[③]无牌照、无约束甚至非法的机构和个人，正在倒买倒卖大量信息以牟取暴利，对正规征信机构造成了“劣币驱逐良币”的恶性后果。

---

① 均为中国信息通信研究院测算数据。

② 数据源自中证网。

③ 详参《中国社会信用体系发展报告 2017》。

按照惯例,我国的资源型行业往往以国家特许经营的形式规范市场,而数据行业由于缺乏国家层面的统筹规划,缺乏在生产环节解决数据权属等核心问题的规则和制度,繁荣之下暗藏乱象。只有在数据资源层面形成统一的行业共识和行为规范,才能弱化垄断资源所带来的不公平竞争,引导产业走向以技术为导向、以应用为导向的良性发展模式,提升我国大数据产业的长久生命力和国际竞争力。

2.流通环节:非法数据交易猖獗,隐私保护面临挑战

2013 年,中国大数据交易产业从中关村正式引爆,经过了近三年的发展,如今中国数据交易流通的产业链不但已经初步形成,更是在全国各地、各行各业开花,数据交易流通产业规模逼近百亿产值。百度、腾讯、阿里、京东等互联网巨头纷纷切入数据交易和数据服务市场,启动了百度 API、腾讯云、阿里云、京东万象等大型数据交易和数据服务平台,已经汇集的数据供应商超过 500 家,数据交易流通每天超过百亿次。聚合数据、数据堂等众多新兴的数据交易流通、数据挖掘应用公司,不但实现了数据收入突破亿元的快速增长,在资本市场上也获得了数十亿元估值的资本青睐。北京、贵州、河北、上海、武汉等超过 15 个地方政府,建立了以政府数据开放、数据资产管理、本地数据流通为目标的区域数据交易市场。未纳入公开市场的数据流通,更是体量巨大,整个数据流通产业如火如荼。

随着数据交易平台的大量涌现和数据流通交易产业的变现模式为全社会所认知,在利益诱导和监管缺失的情况下,大数据的流通交易面临的问题也愈发凸显:数据侵权、数据窃取、非法数据使用、非法数据买卖已成为行业乱象,并呈现失控态势。大数据流通交易中的这些问题不仅严重损害了国家安全、企业合法利益、个人隐私、数据价值挖掘等方面,更在实质上阻碍了大数据产业的整体发展。2015 年以来,电信诈骗、数据泄漏、非法倒卖案件频发,个人身份信息等用户数据的泄露,使得违法人员能够使用大数据实现精准诈骗;微博数据、各类论坛数据等被非法获取导致用户社交关系泄露;企业积累数据被二次倒卖致使经济利益受损。例如:2016 年 8 月,山东考生徐玉玉因为隐私泄露导致被诈骗后身亡的事件在社会上引起了广泛关注;2016 年 12 月,“京东 12GB 用户数据泄漏”事件,包括用户名、密码、邮箱、QQ 号、电话号码、身份证等多个维度、数千万条数据被倒卖,震惊互联网界,引发社会对于信息安全的紧张情绪剧增。

对流通的数据构建监管、追溯、标识体系,建立行业秩序和标准化行为模式,从而打击非法数据流通,保护企业、个人利益,维护行业健康发展,已经迫在眉睫。

3.应用环节:数据“变现”急迫,部分机构陷入“数据共享陷阱”

当前大数据行业的应用市场呈现政府牵头的明显趋势,各级政府部门、公安、交通、铁路、金融等各行业龙头机构对数据开放、共享、应用的日益重视,逐渐形成了中国特色的大数据应用市场。由于政府各部门各自主导的信息系统设计上对开放共享考虑不足,加上部门

管理体制的原因,信息孤岛、数据壁垒现象普遍。当前亟须破除相互割裂的局面,通过数据信息深度融合避免产生条块分割和烟囱林立。

然而,大数据、信息化项目普遍存在涉及部门多、推进难度大、"一把手工程"等现象,同时项目周期长、投资规模大、直接经济效益不显著,使得政府部门更倾向于追求短期效果而非长期利益,突出表现为重点上马"大系统"项目、搭建"大屏幕"展示、依托外部数据资源建设内部应用以及先搞应用后汇聚数据等做法。这些做法使得大数据项目建设如火如荼,但核心政府数据资源的汇聚却没有真正实现,大量机房机柜严重赋闲。另一方面,在有些政府-企业 PPP(public-private partnership)合作模式中,由于没有约定合理的数据资产归属权和政府资本退出机制,导致政府重要数据资源过早变现或廉价变现,国有资产流散到社会,公共数据资源没有经过高技术高附加值的处理而野蛮开放。

政府及行业客户对大数据需求的增长,对大数据产业发展是重要的历史机遇。但是由于数据应用层面的开放共享目录、数据使用规则等核心问题没有统一规范,数据资源的封闭与过度开发现象并存,一方面使得部分机构陷入没有真正有效利用数据的"数据共享陷阱";另一方面,为了筹措项目资金,政府高融资、高负债、高担保现象严重,一旦项目实际应用效果不佳,容易诱发政府债务危机等问题。

二、国外数据产业发展带来的启示

国际社会已达成共识,在可见的未来,数据不仅仅是主要的生产工具,更是重要的企业资产和个人资产。近期,微软以 200 亿美元收购 LinkedIn 网站,而交易核心正是看重了 LinkedIn 社交网站的数亿用户的海量行为数据。目前,美国主要有 9 家数据经纪商,最大的安客诚公司在 2014 年一个季度的收入就超过了 2780 万美元。[①]德国最近在工业 4.0 框架下提出的工业数据空间(Industrial Data Space)项目,对于数据将产生极为广阔的需求。以富士通数据市场为代表的日本数据流通市场也正在蓬勃发展,目前企业参与的日本数据流通的市场规模每年约为 2200 亿日元。[②]

同样,隐私问题也是国际数据行业一直争议不断的问题。美国联邦贸易委员会(Federal Trade Commission,简称 FTC)曾发文呼吁数据经纪商提高交易流程的透明度,接受公众监督。[③]FTC 表示,除非数据用于征信、就业、保险等领域,否则没有法律规定数据经纪商一定要保护用户数据的隐私。用户基本上没有获知自己提供的数据被如何使用的途径。[④]

总结国际大数据产业的发展经验如下:

---

① 安客诚官方网站数据。

② 日本市场研究协会(JMRA)统计数据。

③ Data Brokers: *A Call For Transparency and Accountability: A Report of the Federal Trade Commission*

④ Data Brokers and "People Search" Sites

1.法律体系相对健全

国外对于数据的使用往往通过立法的方式进行规范。例如,国外法律法规大多规定了用户的知情同意权。2015 年 9 月 9 日,日本内阁官房修订通过的《个人数据保护法修正案》规定,数据控制者将个人数据转移到日本境外的,必须征得用户本人同意。2015 年 12 月 15 日,欧盟通过的《一般数据保护指令》也规定,合法有效的同意必须是明示的同意,任何推定或默示的同意均不是合法有效的同意。很多法律还规定允许信息主体中断信息的收集、披露和使用。有国家立法规定,如果与最初的收集目的相矛盾或有所违背,信息主体有权阻止信息控制人继续收集、披露和使用个人数据。

2.行业自律组织发挥巨大作用

法律的发展往往落后于行业的发展。美国众议院提出的《2016 数据经纪商责任与透明度提案》中明确指出,“现行法律无法为个人用户提供足够的隐私保护”。因此,数据行业的自律显得尤为重要。在国外,从隐私保护组织衍生的数据流通行业自律组织已经初见端倪。例如,美国电子隐私信息中心(EPIC)是从事数据隐私权保护活动的行业自律组织;美国在线隐私联盟(OPA)旨在为通过互联网直接收集个人数据提供广为接受的规范指引;美国 TRUSTe 组织已发展为美国著名的隐私权保护第三方认证机构之一。这些组织对于数据流通等环节均建立了规范的自律准则,以督促企业在进行数据流通时确保对个人隐私的保护。

三、以行业自律解决上述迫切问题的理由

建设数据行业自律体系符合国家政策导向,我国相关法律、政策不断鼓励行业组织开展安全评估、认证、标准试点等自律性工作。2016 年 11 月 7 日,第十二届全国人民代表大会常务委员会第二十四次会议通过了《中华人民共和国网络安全法》(以下简称《网安法》),给我国网络数据管理带来了深刻影响和变化,强化了数据安全管理要求,确立了个人信息保护基本制度,从法律层面明确了数据相关问题的基本处理原则。《网安法》指出“国家支持相关行业组织参与网络安全国家标准、行业标准的制定”,“推进网络安全社会化服务体系建设,鼓励有关机构开展网络安全认证、检测和风险评估等安全服务”。《深化标准化工作改革方案》(国发〔2015〕13 号)提出:“培育发展团体标准。鼓励学会、协会、商会、联合会等社会组织和产业技术联盟协调相关市场主体共同制定满足市场和创新需要的标准,对团体标准不设行政许可,选择市场化程度高、技术创新活跃、产品类标准较多的领域,先行开展团体标准试点工作。”

建设数据行业自律体系,迎合了产业界的迫切需求。随着我国数据流通行业的发展,部分企业间已经推出了跨企业的数据交易规则或自律准则。例如,2016 年 9 月,上海数据交易中心同时提出了《流通数据处理准则》与《个人数据保护原则》,从规则的角度既重视数据流

通产业的有序发展,又注重个人数据的隐私保护。可以说,目前我国建立广泛的数据行业自律体系的时机已经相对成熟,行业内部各企业对数据交易自律性协议的需求呼之欲出。2016年4月,中国信息通信研究院、数据中心联盟联合50多家企业共同发起了《数据流通行业自律公约》,对数据流通中的“数据权益”“数据流通”“数据应用”三个环节进行约束,规范流通平台、数据源、数据使用等主体的责任义务,并倡导信息透明与第三方审计监督等机制。

建设数据行业自律体系,可以解决法律层面尚不完善的一致性、协调性、可操作性问题。现行法律法规在个人信息保护上的限定过于宏观,许多问题仍未明确。《网安法》中,第四十一条规定:“网络运营者收集、使用个人信息,应当遵循合法、正当、必要的原则,公开收集、使用规则,明示收集、使用信息的目的、方式和范围,并经被收集者同意。”条款中,“合法、正当、必要”的原则在流通产业层面的具体操作性不强。各种法律法规中规定的“匿名化”“知情告知”“明示授权”也分别存在类似于“需要匿名化到什么程度”“用户是否可以拒绝提供信息”“ 什么样的信息可以默示授权”等尚未厘清的问题。

建设数据行业自律体系,可以为政府部门加强监管提供有效的抓手和支撑。行业自律组织可以作为政府对接产业的纽带和入口;行业自律组织在产业实践中建立起的相关规范、自律机制、监督办法等为政府监管政策出台提供了参考依据;自律组织工作开展中所积累的企业数据和风险评估数据,也可以作为政府部门监督产业发展的信息来源。

建设数据行业自律体系,可以鼓励合法、正当的企业加速发展,逐步淘汰落后、非法的产能。行业自律组织可以有效地协助国家信息安全机构实现政府和产业的协同治理,在技术层面实现有效监管,保护合法参与者的利益;从信息源头和信息使用的各个环节,实现行业自律和相互监督,最大化弥补法律监管空缺,形成有序、市场化驱动、多方协作的高效产业生态。在宣传、认证正面典型的同时,披露产业漏洞环节,从而逐步剥夺违法、落后者的市场生存空间。

四、加强行业自律,对促进我国大数据产业发展的建议

1.鼓励建立不同层面的行业自律组织

国家层面应鼓励贴近市场的第三方中立机构、行业协会、企业联盟等机构结合市场需求,建立行业自律组织,并承认其中较高水准的自律组织的合法地位。同时,预防、杜绝以行业自律为名,构建小团体、开展不公平市场竞争等行为。行业自律组织的成立,应符合以下原则:(1)中立性原则,行业自律应以推动产业良性发展为目标,而非仅为部分企业谋取利益;(2)开放性原则,行业自律组织应推动产业融合发展,不应形成新的产业壁垒和割据;(3)透明性原则,行业自律组织的机构、活动、章程、成果等应自觉接受政府部门的指导和业界的公开监督。

2.推动行业自律组织开展标准化工作

积极鼓励、引导符合要求的行业自律组织，开展满足市场和创新需要的标准制定工作，对这类标准不设行政许可，选择市场接受程度高、贴合先进技术发展水平的标准成果，先行开展团体标准试点工作，推荐成为国家标准。标准化方向应面向数据生产、流通、应用的全流程，重点关注：数据匿名化、数据分级分类、数据授权、风险评估、数据相关主体权益、数据负面清单、数据质量评估等产业急需的标准。

3.引导行业自律组织开展风险评估

应引导符合要求的行业自律组织开展安全认证、检测和风险评估等安全服务，推广安全可信的数据产品和服务。结合数据、场景两个维度建立综合风控和评估体系，向提供数据服务的机构、开展大数据应用的政府机关等提供评估服务，相关结果纳入社会信用体系，鼓励企业和相关机构按照统一的标准开展自我评估，并由行业自律组织进行监督和认证。

喻国明　侯伟鹏　程雪梅

试论个性化新闻推送对新闻业务链的重塑

喻国明　教育部长江学者特聘教授，北京师范大学新闻传播学院执行院长，中国人民大学新闻与社会发展研究中心主任。

侯伟鹏　程雪梅　均为北京师范大学新闻传播学院硕士研究生。

技术的进步不断推动着新闻业态的发展和变革，个性化内容推送作为一种相对成熟的人工智能技术，对于新闻业务链的创新发展产生了革命性的影响。本文旨在通过对个性化新闻推送机制的探析，研究其对新闻业态的重塑，并对个性化新闻推送机制的发展进路做出粗线条的描绘。

一、个性化新闻内容推送的发展现状

2016年是智媒元年，人工智能对于传媒业的全方位渗透使传媒业正在发生从宏观格局到微观业务链的深刻变革。在这种智媒环境中，“个人的兴趣”越来越成为用户获取新闻的关键词，基于对个人兴趣的“用户洞察”所形成的个性化新闻推送也越来越成为未来新闻业发展的重要方向。

个性化信息推送是基于“用户洞察”的个性化信息的智能匹配，即通过人工智能分析和过滤机制，根据个性化需求聚合相关的信息和应用，并以此对信息进行深度智能分析，以实现用户个性化的、动态的需求。概言之，就是为用户找到与之需求相匹配的内容；反过来说，也就是为内容找到与之属性相匹配的用户。

目前个性化新闻推送的通道主要是通过挖掘用户数据，从而针对用户兴趣点进行个性化新闻推送的聚合新闻APP，以Facebook为代表的社交媒体也有相关的个性化推送应用。就聚合类新闻APP来说，从国内看，主要是以“今日头条”“天天快报”和“一点资讯”等算法类资讯平台为代表。用户黏性强、渗透率高等特点，使得这类平台在我国新闻APP市场上占有绝对的统治地位。在美国，以News Republic为代表的新闻APP市场新星同样以迅猛的速度在攫取市场份额。News Republic主要是通过智能编辑、数据分析和挖掘等手段向全球用户提供直击“痛点”和“痒点”的个性化新闻内容推送，用户可以通过News Republic完善个性化分发系统，浏览和阅读属于自己的头条新闻 。[①]

个性化新闻推送已经成为新闻市场的“新星”，新闻产业的市场格局在个性化新闻推送的驱动下正在发生着变化，整个新闻生产业务链条正在面临重塑，新闻生产环节和用户接收环节都呈现出若干前所未有的新特点。

---

① 猎豹全球智库.在中国杀红眼的新闻个性化推荐，美国市场买单吗？[EB/OL](2016-10-19)http://lab.cmcm.com/sjfx/2016-10-19/122.html

二、个性化新闻推送对新闻生产机制的重塑

1. 新闻生产的智能化数据驱动范式

数据引擎成为内容“标配”，激活“长尾内容”，满足用户的“小众化”需求

传统的新闻生产是一种依赖新闻生产者经验的规模化生产，带有相当的精英主义的傲慢；而个性化新闻推送引发的新闻生产是一种“新闻内容+数据化精确制导”的生产方式。换言之，精确指向特定用户的数据引擎已经成为新闻内容的“标配”。新闻生产者的精英主义傲慢正在瓦解，而代之以互联网时代的数据思维和用户思维。

互联网时代，用户对于信息的个性化需求的广度和深度在不断扩张，越是个性化的信息越能满足用户的需求。对于新闻生产者来说，为了满足受众的个性化需求，新闻生产者在产品最初环节就以用户的兴趣为出发点，把用户的需求当作目标，把包含用户兴趣图谱、社会关系图谱、生活习惯图谱等数据作为定制化生产新闻的基础。在这样一个过程中，新闻生产实际上是一种数据化的新闻生产，新闻生产者利用数据驱动带动业务驱动和产品研发，用数据支撑新闻生产的选题、策划、制作方式等每个流程，新闻产品也更能触动用户的痛点。

同时，个性化新闻推送能够有效地开发“利基市场”，使得长尾内容得到有效利用，并且形成一定规模，内容资源得到更大力度的激活与开发。长尾需求表明商业和文化的未来不在热门产品，不在传播需求曲线的主体部分，而在于过去被视为“失败者”的那些产品——也就是需求曲线中那条无穷长的尾巴。个性化新闻推送中，通过对数据的挖掘，原来被忽视的大量的长尾信息被挖掘。这些非主流、个性化的产品需求，虽然是需求的尾巴，但是经过散落在社会各个角落的用户的累积，形成一定规模，能够使得大量传统的新闻资源和价值被激活。[①]这使得人们以往很难被满足的“小众”需求得到了充分满足，真正实现了“用户中心”的地位转变。

2.新闻内容分发成为专业化的独立部门

集社交、搜索、场景识别、个性化推送、智能化聚合于一体

过去媒体生产内容后通常都是通过自己的渠道，依靠新闻内容拉动内容分发。新闻内容生产与分发环节是密不可分的；而在今天，内容生产真正被激发后，传统的内容分发已经无法解决海量的内容与用户特定的需求之间越来越深刻的矛盾。在这种形势下，个性化内容推送的专业分发平台应运而生，在智能化的数据引擎的作用下，内容和用户之间形成新的强连接关系。与此同时，内容生产环节和内容分发环节顺理成章地分离开来。

新的内容分发平台是基于移动端的，是集社交、搜索、场景识别、个性化推送、智能化聚

---

① 刘雨晴.基于受众视角对个性化信息服务应用的分析——以BuzzFeed和今日头条为例[J].传播与版权,2016(01):69～72

合于一体的智能算法型平台。这些都是传统媒体的短板。它也前所未有地提高了内容分发的效率及个性化切合度。[①]以“今日头条”为例，它的定位是一个个性化的内容分发渠道，通过根据用户在社交网站上发布的内容及其所属类别、用户自标签、社交关系、社交行为、参与的群组、机型、使用时间等数据源，推断用户的兴趣点，对用户进行画像，并根据这些兴趣的重要程度或者先后顺序，实现个性化新闻推送。根据这些数据，用户与信息之间实现了精确匹配。它推送的内容来自于两方面，一方面是通过对网易、腾讯等各大门户网站的新闻进行内容聚合，另一方面则是其头条号下汇集的自媒体内容。它不生产内容，只专注于内容的分发，使得用户直接与信息源对接，这在某种程度上保证了新闻的客观性和新闻资源最大限度的利用和开发。

众所周知，在信息过载时代，内容分发环节的重要地位逐渐凸显，因为掌握了内容分发渠道，才能使内容和用户之间实现连接，才能使内容本身真正产生意义。从国内看，内容分发市场成了各大互联网巨头征战的主战场。腾讯系、阿里系以及百度都先后建立起各自的内容分发渠道，这也表明在很长一段时间内，内容分发渠道会和生产环节进一步脱离，从而更加专业化、精细化。

三、个性化新闻推送对受众的重塑

1.个性化新闻推送之利

有助于“使用与满足”范式下用户地位的升级

“使用与满足”理论，主张从受众的角度把握大众传播的效果与价值，认为受众对于媒介的选择通常是合理的，并通过对具体服务的使用来获得满足。在个性化新闻推送APP上，用户对于媒介内容的“使用”由原来的用户主动搜寻获取或是海量信息流推送的被动接受，转变为基于用户兴趣需求和信息智能推送的双向匹配。这一转变既能满足信息过载情形下用户对优质内容的选择，也有利于新闻信息的高效分发。从“满足”的角度来看，个性化推送解决了用户需求中“兴趣”这一核心要素。总的来说，个性化新闻推送使“传者中心”向“用户中心”转变；而基于兴趣的信息在到达用户环节后更有可能被转发到社交媒体平台上，进而触发下一轮的传播。这一过程也促成了用户社交需求和价值认同的相互对接。

2.个性化新闻推送之弊

易造成用户信息消费的固化和“信息茧房”效应的产生

“信息茧房”是哈佛大学法学院教授桑斯坦在其著作《信息乌托邦》中提出的概念，指的是在信息传播中，因公众自身的信息需求并非全方位的，公众只注意自己选择的东西和使自

---

① 彭兰.移动化、智能化技术趋势下新闻生产的再定义[J].新闻记者，2016(01)：27～28

已愉悦的通信领域，久而久之，会将自身桎梏于像蚕茧一般的“茧房”中。[①]在个性化新闻推送机制下，通过算法过滤和正反馈处理的新闻信息在类型、题材、丰富程度等方面不断受到限制，用户的媒介接触也被自我“兴趣”不断固化。久而久之，会使人们的视野越来越窄，甚至可能出现像桑斯坦说的：“不同群体之间无法沟通，造成群体极化现象。”这样的个性化推送技术的扩散，会使人们脱离具有挑战性的视角，从而降低受众的公众意识。[②]

四、个性化新闻推送机制未来的发展进路与技术重点

1.走出“茧房”效应，基于用户的社交数据和相关关系“定义”潜在需求

个性化推送带来的“茧房”效应可以通过对用户潜在信息需求的挖掘来解决。社交网络时代，用户的需求半径即社交半径，活动范围即场景化需求。要想进一步满足用户的潜在需求，需要获取用户的社交数据和场景化应用数据，结合用户的社交特征和场景进行个性化新闻推送。

但是，就当前大数据源的开放状况看来，核心社交数据的获取是非常困难的，只有像“天天快报”这类具有社交媒体资源的少数平台，才能获取用户的核心社交数据。对其他不具备社交媒体基因的个性化新闻推送平台而言，要获取核心社交数据，必须打通行业壁垒，广泛开展技术共享或资本层面的合作。场景化数据反映的是用户随时随地的动态需求，用户日常生活的活动范围就是用户可能产生场景化新闻需求的突破口，只要通过技术手段对用户的活动范围进行精准的画像，结合LBS等技术，就可以优化场景化新闻资讯信息供给和服务。

此外，通过对用户之间相关关系的挖掘也能深度发现用户的潜在需求。舍恩伯格在《大数据》一书中的一个核心观点是挖掘数据的相关关系。数据的相关关系反映出的可能是用户自身都未曾发现的需求。利用相关关系，个性化服务甚至能够“比用户自己更懂得用户”。比如，通过分析挖掘关于浏览“老师”的新闻信息推断该用户具有跟“学生”信息相关的需求；通过分析用户浏览“医生”相关的信息，推断其对于“患者”的相关信息有需求。通过这种相关关系的挖掘，用户兴趣数据的收集和分析的门槛相对来说会降低。

2.“聊新闻”：基于人工智能的人机交互模式，可以对个性化精准信息服务起到扩张和挖掘作用

今天的个性化推送存在的一个严重问题——基于搜索机制或订阅机制的新闻推送会产

---

① 梁锋.信息茧房(information cocoons)[J].新闻前哨，2013(1)：87

② Michael A.Beam.Automating the News：How Personalized News Recommender System Design Choices Impact News Reception[J].Communication Research,2014(8)：1020～1021

生大量同质化的内容，而且往往缺乏对深度内容的精确推送。随着技术的成熟，这种瓶颈会取得突破。最新版本的"百度新闻"APP指明了一种解决深度阅读诉求的技术可能。在这一版本中，百度推出了一个新功能——"聊新闻"，即通过人机对话的方式来读新闻，用户可以通过选择预设的菜单和文字进行互动，进而根据相关指令展开深度阅读。国外也有着这方面的尝试，微软在2016年5月推出的新闻应用——NewsPro2.0中加入了一个叫"新闻机器人"的服务。新闻机器人会根据用户的新闻指令推送相关新闻，且每次只推送三条新闻。在避免"新闻拥挤感"的同时，还可以保证新闻个性化。[①]以上与机器对话的"聊新闻"模式使用户兴趣得到了更全面更直接的表达，用户的个性化需求也可以得到更深层次的满足。随着机器对话技术的发展，人机交互式的个性化新闻对话将以更智能的面貌出现。

3.连接物联网

用户获取的不单单是简单的新闻资讯，而是一整套相关的配套服务，信息获取平台也变成一个实现精准服务的超内容社区。

与物联网技术深度融合下的信息增值服务是个性化新闻推送发展的另一趋势。人工智能向高阶演进的过程会对个性化新闻推送系统产生持续的变革，未来智媒时代具有三大特征：万物皆媒、人机共生、自我进化。[②]一方面，传感器的不断优化和普及会使智能终端的数量爆发式增长，一个"万物互联"的智能媒体时代可能到来。这样基于算法推送的个性化新闻信息的呈现载体，可以使我们身边的任何智能终端最大限度地摆脱时间和空间的限制。有了这样的硬件基础，再加上数据的不断积累和算法的不断优化，个性化推送系统就能把人们生活中所需要的各种信息高效精确地提供给受众。用户获取的不单单是简单的新闻资讯，而是一整套相关的配套服务，信息获取平台也变成了一个精准服务的超内容社区。从目前的实践来看，"今日头条"利用信息平台的精准定位等技术寻找失踪的人，每一百条寻人信息，就能够找到13.75个人，现在已经累计找到500个人了。[③]此外，与中国地震台网中心的信息共享，使得地震信息从台网报送给"今日头条"，再精准到达地震区域用户的终端，只需要60秒左右。这些只是公益化应用的部分案例，不难想象，等时机成熟后商业化的信息增值服务也会慢慢铺展开来。

---

① 2016年是新闻机器人元年？你竟然可以和新闻聊会儿天[EB/OL].(2016-12-02) http://mp.weixin.qq.com/s/4uNv3aTrPwyQksmP5Dz9Kw

② 彭兰.移动化、智能化技术趋势下新闻生产的再定义[J].新闻记者,2016(01):27～28

③ 张一鸣.今日头条将把人工智能在信息领域的应用推向世界[EB/ OL].(2016-11-17).http://media.people.com.cn/n1/2016/1117/c407669-28876346.html

伍刚　王颖

“一带一路”主场外交创新讲好中国故事的成功尝试

伍刚　中央人民广播电台高级编辑，央广网副总编辑，国家社科基金重大项目“网络文化建设研究：建设中国特色社会主义网络文化强国对策建议”课题组（项目批准号12&ZD016）执行组组长。

王颖　北京国际广告传媒集团董事长。

2017年5月14日至15日，举世瞩目的“一带一路”国际合作高峰论坛在北京成功举办。这次高峰论坛是中国提出“一带一路”倡议四年来最高规格的国际活动，也是新中国成立以来由中国首倡，中国主办层级最高、规模最大的多边外交活动，是今年最重要的主场外交。

来自29个国家的国家元首、政府首脑参加了“一带一路”国际合作高峰论坛，来自130多个国家和70多个国际组织的1500多名代表参会。高峰论坛达成了推动“一带一路”建设国际合作、加强经济政策协调等五项共识，对中国和世界意义都十分重大，与会各方对此给予高度评价。

高峰论坛的盛况、成果通过设在国家会议中心的新闻中心即时传达到全世界。这次高峰论坛新闻中心共接待了97个国家和地区的4488名中外媒体记者注册报道。通过新闻中心卓有成效的运营保障，圆满完成了高峰论坛的宣传任务，搭载“一带一路”传播平台，讲述了一个个中国故事。

一、“一带一路”国际合作高峰论坛新闻中心的服务功能设计体贴入微，成为国际传媒入脑入心传播中国形象的重要入口

国际重大会议活动设立新闻中心为各国媒体提供新闻服务是世界惯例。新闻中心是服务境内外媒体的重要平台，也是对外展示中国形象、发展水平和服务能力的窗口。

“一带一路”国际合作高峰论坛设有两个新闻中心，包括国家会议中心主新闻中心和雁栖湖临时新闻中心，分别为11000平方米和1200平方米。15个功能区，包括综合服务区、媒体公共工作区、专用工作区、新闻发布厅、演播区、卫星传送服务区、单边直播报道点、文化展览展示区、餐饮区、茶歇区等，并为与会媒体提供餐饮、酒店预订、摆渡班车、医疗点、祈祷室、旅游咨询、邮政、银行、翻译、补办上网卡等全方位服务。

本次高峰论坛共有来自97个国家和地区的862个媒体机构和4488名中外媒体记者提交注册申请，超过了APEC的媒体记者总数。运行期间，两个新闻中心共接待13700余人次，其中国家会议中心主新闻中心接待12700人次，受理媒体采访申请500余件。1大5小6个发布厅举行新闻发布会、媒体专访活动20场次，近300家境内外媒体900余人次参加。新闻中心设有人民日报、新华社、中央电视台、中央人民广播电台、凤凰卫视、塔斯社等21间媒体专用工作间，其中境外媒体5家，提供公共信号收录服务103次，演播室服务12场，单边服务11节，放带传送服务6节。

“一带一路”国际合作高峰论坛新闻中心充分借鉴2014年APEC会议新闻中心技术设备保障成功经验，在两个新闻中心分别配备了覆盖全场的无线网络和极速互联网接口、全程高清信号传输及分配、高分辨率视频设备、专业播出级的音视频设备、新型灯光设备，在主机房增加备份机等技术措施，全力保障高峰论坛期间设备运行质量。记者公共办公区设594

席工位，工位面板上安装有416套广播级20种语言的平衡式音频接口，大大超过了APEC期间嵌入语种的数量。

二、按APEC等国际峰会系列国际标准搭建"一带一路"国际合作高峰论坛新闻中心，在细微处有效提升国家软实力

国家会议中心新闻中心从4月30日进场搭建，到5月10日完工，建设过程仅用了10天时间。可以用8个字总结新闻中心，即"安全、环保、优质、高效"。

新闻中心的工程不仅包括21间媒体专用工作间、6个新闻发布厅、医疗室、礼拜室、工作区的搭建和设备的安装，594个工位的媒体公共工作区的设备以及20种语言的音频接口的安装调试，还包括庞大复杂的网络敷设、公共信号传输以及满足国内外媒体的个性化需求。新闻中心的搭建只用10天，如此高效，其中有几个秘诀。

一是选用APEC核心骨干团队。新闻中心的承办单位是北京国际广告传媒集团，是隶属于北京市委宣传部的大型国有企业。2014年APEC会议，国家会议中心和雁栖湖两个新闻中心搭建和运营的任务就是北京国际广告传媒集团完成的，其核心团队积累了丰富经验，而且在APEC经验的基础上进行了多项技术创新和工艺改进。

二是采取了在加工厂预制预拼装的工艺，就像古建异地迁移重建一样。所有主体隔墙都是钢制结构，在工厂车间完成加工预制并进行了预拼装搭建，预装完成后进行分组编号，然后再拆分，进驻国家会议中心现场再按编号进行拼装，大大压缩了现场施工时间并保证了精准可靠性。所有电线、网线都采用敷设金属桥架槽、管内工艺，安装在隔墙顶部，四通八达，既保障了安全性，又可以随时调整线路需求，避免开墙打洞延误工期。

三是选材环保，施工安全。作为高级别的国际会议，而且是接待中外记者的办公地，新闻中心绝对要求环保。施工完成后进入新闻中心不呛眼不刺鼻，因为墙体材料都是一次成型的竹炭纤维板，无漆无味，施工现场无电气焊等明火作业，无粉尘无油漆，既安全又环保。

整个新闻中心安装了最先进的漏电火灾报警系统监控每个房间用电情况，可对电气系统实时监控、预报警，安排专职电工24小时监控，保证用电安全。运行期间，有媒体专用工作间两次发生了违规用电情况，系统立即报警提示技术人员干预，消除了安全隐患。

三、加强"一带一路"国际合作高峰论坛新闻中心运行保障，应急反应到位，受到各大国际媒体好评

"一带一路"国际合作高峰论坛开始前的5月12日，全球电脑突然大面积爆发勒索病毒。为保障网络安全和媒体服务平台正常运行，新闻中心当天即采取紧急措施，与网络安全

部门合作,对每台公共区电脑进行杀毒软件库的更新并安装补丁程序,还购买新 U 盘以应对。其实在系统设计时已经做了安全防范,所有电脑端口都是隔离的,不会存在大面积感染病毒情况;主要设备都是双备份,所有设备都按比例预留备用,保证万无一失。通过积极应对,新闻中心和媒体记者电脑全部没有受到感染。

为方便媒体记者现场工作,新闻中心临时决定将新闻发布厅在发布会间歇期间作为听会室,技术保障团队采取了在媒体办公间、新闻发布厅、VIP 室安装广播级中英文音频平衡式接口、一路 HD-SDI 高清数字视频信号接口的办法,使新闻发布厅具备了听会室的功能,还可将发布厅的现场画面投放到公共区域的显示屏上,一举两得。该系统运行稳定可靠,极大地方便了与会媒体信息的获取和采编工作。

另外,新闻中心的搭建和技术保障团队,在运行期间提供了充分的人员保障和应急备用设备,采用 24 小时专业人员 3 班轮换的方式,保证了通信网络、设备设施、电力供应等方面无故障运行。

新闻中心在"一带一路"国际合作高峰论坛期间的完美运营和服务,保证了论坛新闻工作的圆满完成。中外媒体对新闻中心的功能和服务予以高度评价。

德国电视二台记者沈路哥说:"新闻中心工位充足,功能齐全,布局合理,完全能满足媒体需求,达到国际化水平。"

白俄罗斯新闻官阿列克说:"所有的服务都很棒!"

《人民日报》评价:"新闻中心让记者宾至如归。从餐饮到景观布置都考虑了不同国家的需求和感受。"

四、提前准备打造2019年"一带一路"国际合作高峰论坛新闻中心传播品牌,有效讲好"一带一路"故事

如何未雨绸缪地准备、精心设计 2019 年"一带一路"国际合作高峰论坛新闻中心?如何通过"一带一路"国际合作高峰论坛新闻中心平台讲好中国故事,传播中国声音,塑造中国形象?

"一带一路"国际合作高峰论坛结束后,中国经济报刊协会新媒体委员会组织国内主流媒体、新媒体界专家召开了一次研讨会,深入研讨"一带一路"传播报道在渠道、方式等方面的创新实践。来自中国记协、中国经济报刊协会、中国国际广播电台、央广网、中央电视台、中国网等单位,以及来自阿里云传媒、36 氪和京广传媒集团等传媒企业的 20 余位专家参加了本次研讨会。

"一带一路"媒体如何更好地发挥作用?中国国际广播电台国际在线总裁范建平认为,一是要拓宽报道面,在立足宏观层面的基础上,加强商品产品、文化作品、服务等实际层面的报道,推动文化作品走出去,"一带一路"要讲好中国故事;二是"一带一路"沿线应增强经济

层面的对外传播，解决中外经济信息需求不对称的问题；三是提高国家形象的对外传播能力，要多借助国外的当地媒体，同时要帮助中资企业解决外国当地媒体支持的问题。另外，媒体可以走出去，以“技术+媒体+公关”的形式，开拓“一带一路”沿线国家市场。

中国记协书记处前书记祝寿臣认为，讲好中国故事要有好的载体。这次“一带一路”高峰论坛，就是一个很好的平台，大量的境外记者来采访，能将这个新闻中心组织好、利用好，对讲好中国故事是个非常重要的契机；另外，讲好中国故事，要很好地借助外媒，要运用融通中外的新概念、新范畴，要构建新的话语体系。

国家社科基金重大项目网络文化建设研究课题组负责人、央广网副总编辑伍刚认为，这次“一带一路”国际合作高峰论坛是同步提升中国硬实力和软实力的顶层设计。通过“一带一路”高峰论坛，彰显出中国文化硬实力和软实力的自信和自强。我们要通过“一带一路”国际合作高峰论坛新闻中心平台，面向全球化信息社会，全面立体地讲好中国文化故事，关键要做好“走出去”与“引进来”的有机结合、创新传播技术和讲故事的艺术的有机结合、全媒体在线传播与线下互动服务的有机结合。讲好中国文化故事是一种深入人心的服务交流，构建引人入胜的中国故事传播话语体系，既要面向全球化，又要本土化，深耕到每一个“一带一路”沿线国家。

自习近平总书记在2013年提出“一带一路”倡议，到“一带一路”国际合作高峰论坛的举办，“一带一路”越来越成为世界政治、经济、文化各个领域的焦点，通过“一带一路”讲好中国故事，是中国媒体正在思考探索的一个重要方向，也是时代和国家赋予媒体的一项责任和使命，相信2019年“一带一路”国际合作高峰论坛新闻中心建设任务更艰巨，使命更光荣。随着“一带一路”倡议面向全球深入推进，如何在全球舆论场讲好中国故事，塑造中国形象，既面临全新机遇，又充满艰巨挑战。中国声音深入全球人心这一重大突破，需要我们做好战略顶层设计和基础设施的周密部署。

Part 5

群活动

“智慧共享，伯牙为子期鼓琴；资源重组，巧匠慕名士雕弓。”首席数据官沙龙群在三年多的发展过程中，形成了一个具有和谐友爱、团结共进浓郁氛围的网络社群。诸多群友在群交流过程中，不但建立了深厚的个人友谊，还发挥群里的各种人才优势，形成了有助于群友各类工作的群内智库。群友们针对各自的工作需求，通过群策群力、合纵连横的形式，互相支援，互相帮助，以在当地或者本单位组织“微课堂”“围观基层”等形式，发掘群内人才资源优势，开展群际间及现实中的智慧援助活动，促使本群在互联网生态下，朝着“政、产、学、研、用”有机结合、相得益彰、相互促进、共同进步的建群目标持续前进。

下面展示的是首席数据官沙龙群对群友提供智慧援助的一些案例，希望能够为其他网络社群带来有益的启迪。

首席数据官沙龙群与新疆检察“互联网+”

覃辉君

首席数据官沙龙群与新疆检察“互联网+”的缘起与简介

覃辉君 新疆维吾尔自治区人民检察院新媒体团队主要成员，部队转业军官，主要从事政务新媒体矩阵建设与管理，在长期实践中积累了一定的新媒体管理建设经验。2016年，在首席数据官沙龙群的指导下组建“新疆检察微课堂”政务新媒体学习交流群，探索社群O2O模式。2017年，又成功通过全疆检察新媒体矩阵进行了“聚集基层看检察”接力宣传活动，话题阅读量超过4亿。

当初接触新媒体，对于一个刚从部队转业的军人来说，的确有些无从下手。2015 年 10 月，一次偶然的机会，我来到了首席数据官沙龙群，成为可以在这里学习的新媒体新兵。

首席数据官沙龙群是一个专家、学者云集的微信社交群，在这里，我结识了我的新媒体导师，倾听他们对新媒体的激烈讨论；最关键的是，这些专家、学者，没有任何架子，很容易接近，可以参与到他们的交流讨论中。慢慢地，我和这些专家、学者们也成为好朋友，并从此真正开启了我的新媒体之路。我经常向这些专家、学者请教政务新媒体方面的问题，我们还经常围绕检察政务新媒体发展交流讨论。

群里的这些专家、学者成了我新媒体之路的导师，让我在新媒体之路上越走越有兴趣，越走思路越清晰，也激发我在工作中不断开启各种尝试模式，在领导和同事们的关心、支持和共同努力下，开办“新疆检察微课堂”，助推新疆检察“互联网+”；开展“聚焦基层看检察”接力宣传活动，探索检察新媒体矩阵社会化宣传模式，取得了非常好的效果。

2016年5月10日，中国长安网推出了一条新闻，题为“‘微课堂’助推新疆检察‘互联网+’”，全文如下：

“大家好，我是今晚微课堂的纪律监督员。在上课前，我给大家宣读一下‘新疆检察微课堂’的课堂纪律。”这段开场白既不来自教室，也不来自会议室，而是来自新疆检察机关的“微课堂”。

自2015年12月起，每周四晚九点，新疆维吾尔自治区检察机关邀请全国新媒体名师大咖们通过“新疆检察微课堂”政务新媒体学习交流微信群，给全疆检察机关新媒体人员分享经验，传授知识。

据了解，“新疆检察微课堂”政务新媒体学习交流微信群由自治区人民检察院组织开通，邀请不同领域的专家、学者，以传经验、解疑惑、讲体会等方式，帮助各分、州、市院检察人员熟悉业务、掌握技能、解决问题，达到以强带弱、取长补短、共同提高的目的，同时助推新疆检察“互联网+”工作向更深更广发展。

“微课堂”相较于传统课堂，最大的优点就是可以“随时随地”上课。授课者只要有手机，可以在任何地点讲课。对于听课者来说，即使乘车、做饭、参加聚会，也不耽误学习。

“微课堂”改变以往“台上讲、台下记、知识多、消化慢”的老套路，变为“微量式”渗透、“渐进式”吸收，使每一堂课都入脑入心。

“自打听了‘微课堂’，我对‘两微一端’政务新媒体工作有了更多了解。这种用微信组织在线课堂的方式，既新颖又便捷，打破了学习的时间和空间限制，轻松高效，我很喜欢!”察布查尔锡伯自治县人民检察院检察官吴珊珊说。

伊犁州人民检察院检察官刘彬不仅进群听了课，还受邀担任了两次主持人。“业界重量级偶像和知名人物，一个个出现在讲堂上，让我既欣喜激动又倍感光荣。几十次的课程学习让我受益匪浅。我相信，在‘微课堂常态化，讲课精准化，老师专业化’的保障下，我们新疆检察宣传队伍一定能快速成长。”刘彬说。

这篇报道中的“业界重量级偶像和知名人物”，大多来自首席数据官沙龙群。我们“新疆检察微课堂”共举行了 32 期，其中来自首席数据官沙龙群的专家、学者参与了 14 期。“新疆检察微课党”新媒体学习交流群作为首席数据官沙龙群的友好兄弟群，在工作以外时间探索新媒体发展，利用微课模式自主学习，邀请不同领域的专家与大家交流，采用分包众筹等方式，顺应了新媒体学习的新趋势。

本群的建立主要是为了便于群友间学习交流新媒体知识，探讨如何运用新媒体唱响检察好声音，传递检察正能量。

新疆检察微课堂

金中一

以“用户导向”做好政法新媒体

金中一　海宁司法局局长。

大家好，今天有幸在东部的浙江——东海之滨和遥远的新疆检察系统的各位老师一起讨论政法新媒体。今天主要讲这样一个题目：“以‘用户导向’做好政法新媒体”。我们海宁司法，起步较早，但是现在全国各地很多地方，包括新疆，大都运用得比我们更快，更好，更有经验。

由于微课时间比较短，一共半个小时，我重点就“用户、引导、服务、公开、网脉”五个关键词讲一些我的想法。

第一个关键词：用户

什么是用户？从广义上说就是使用者，也就是我们产品或者服务的客户，这就是我们的“用户”。现在有许多人认为，信息时代、互联网时代就是一个“用户时代”，说明“用户”在我们这个新时代中的地位是不一样的。

到底用户是怎么来体现“用户时代”的呢？我刚才对“用户”从字面上进行了注解。用户在变，不只是用户群体在变。原来是张三李四，现在李四还在，张三不在，多了王五，用户群体是在动态变化的。其实同样的用户，本身人未变，但作为用户还是在变。普通老百姓不太会发表自己的意见，有许多想法也不会说，无法表达。互联网时代给予了每个人话语权，人的想法多了，跟社会、跟整个世界交流的机会多了。我们的用户在悄悄地发生着变化，对我们的产品有了他们的选择意见。

在过去的时代，我们的用户比较简单，现在互联网时代，我们的用户可以随时发表自己的意见，提出自己的要求，所以说我们的用户在变。

社会发展进步，用户的需求在变化，在提升，反过来给产品商家、政府机构提出了创新的要求。以前的老产品、老服务方式已满足不了当今用户的需求，所以我们需要反思，需要创新。以前工业时代，是精英的创新时代。那个时代，用户没权利选择。信息时代不再是精英垄断创新的时代，而是大众创新、草根创新、用户创新、协同创新的时代。用户创新，是要让大众、草根参与创新，是要搭建一个开放的平台，让我们的大众可以参与到创新中。我们怎么样做可以让用户参与到创新中？比如手机，你的手机有 15 个功能，我的手机有 16 个功能，你不可能增加功能，这就是工业时代精英的创意产品。

我刚才说的是科技创新，我们现在研究的社会治理的创新、公共服务的创新，实际上和工业创新的理念是一样的，要让用户参与其中，来共同推动、提升我们的服务。在互联网时代、用户时代，我们必须牢牢坚持“用户至上”的理念。

第二个关键词：引导

今天要研究的是政法新媒体。政法新媒体能派上什么用场？我想首先是引导。引导就是以前的宣传、发布，大家都在做，可能比我们做得还要好。在引导宣传中，政法机关传统的舆论引导主要是什么？依靠主流媒体发声和自己的传统发布。我们的传统发布是什么？比如贴布告、贴通告，这些信息我们以前是不通过媒体来进行发布的。现在的引导，就是我们如何主动进行宣传。我们以前的舆论引导，第一是突出了主流媒体，来帮你发声。现在就是要做到主动引导，要主动发声，把我们想说的话、我们的理念、我们所掌握的法律知识，让老百姓知晓，主动把我们的法律法规宣传出去。

第二是要放下架子。跟老百姓互动，不要官架子很大，要和老百姓进行平等互动，才能听到真心话。所以我们主动互动的关键是要放下架子，平民化，这样才便于沟通。在跟传统媒体的互动中，我们要起到主导作用。光靠我们自己掌握的新媒体，只通过我们的“两微一端”发声、发布，还远远不够。我们现在的主流媒体、传统媒体还是有很大能量的，我们要做的，一个是主动跟他们合作，另一个就是对他们进行引导，让他们为我们服务。

第三个方面就是民间的声音如何引导。民间有城市的工人,有农村的农民,他们的关注点都不一样,对政法机关的关注点也有差异。他们会从他们的角度,以他们的方式对我们进行评判。我们一方面需要和他们沟通,跟他们互动;另一方面就是要开展引导工作——如何对民间的舆论和传播进行引导?这需要我们主动作为。

做好引导工作还要和第一个关键词联系起来:互动以后,产生一种新的理念;在新的理念上,再进行新的引导。这种引导不是单向的引导,而是双向的引导,是一种友好的、共同的互动,只有这样才能达到真正的效果。

第三个关键词:服务

服务,现在大家都讲得比较多,做得比较多,都很注重服务。在新媒体的应用中,服务的案例很多,比如,法律咨询、为老百姓提供办事的平台、帮助销售农产品、帮助困难户等等都属于服务。服务的内容很多,服务的范围很大,但是作为政法机关,我们选择什么样的服务?我们应当首先提供什么样的服务?答案是:最好和我们政法工作相关。因为整个新媒体平台是一个很大的平台,老百姓需要的服务是各式各样的,整个社会对服务的需求是多种多样的;如果社会需要什么服务我们就提供什么服务,也是不太合理的。因为提供这些服务有成本。法院、检察、司法这些政法机关,首先应该提供一些社会无法提供的——个人无法提供、民间无法提供的服务。我们的主要职责是什么?如果我们检察机关一天到晚帮人家卖农产品、发布气象报告等等,虽是好事,但这些事不该我们来做。我们应该发挥我们的长处。

我原来说过"政府官员要增强服务意识,政府机构要剥离服务职能",为什么要剥离服务职能?服务职能和我们的公权力不是在一起的,应该剥离出去,让社会提供,让市场提供。让社会提供的服务更加公平,让市场提供的服务更加高效,更加经济。所以我们政府、政法机关提供的服务,是社会、市场无法提供的服务,是应当由我们主动提供的服务。

我们平时不要去追求轰轰烈烈,而是在市民需要时能立即@到我们,市民的服务需求是动态的。老百姓不能直接找自治区检察院,他们找到身边的检察院、检察工作室就要能解决问题,我们身边的政法部门要让老百姓意识得到。要避免平时轰轰烈烈,在哪里获了奖,在哪里评了先进,粉丝量增加了多少,但是一遇到事情、遇到舆情、遇到老百姓关心的事情,就销声匿迹,找不到了,没声音了,不发声了,这个不好。所以关键是实实在在,而不是去追求一些很空的东西。

第四个关键词:公开

公开就是要把我们的政务公开、审判公开、检务公开,要让这些公开达到边际效益最大化。为什么要说让它的边际效益最大化？因为公开以后就要让用户参与进来，把他们引来围观——这个围观的过程不是简单的政务公开。以前的公开就是老百姓看看而已。好，大家鼓鼓掌；不好，在家骂骂娘。这种的公开是单向的、发布式的。我们现在的新媒体，特别是微博，公开是双向的。所以，公开的效益会很大。

新媒体的政务公开跟原来传统的政务公开是完全不一样的，包括原来网站的政务公开，有几个人会找到你的网站来看你的政务公开？现在我们推送，推送到用户眼前，这个是不一样的。在这个环节当中，老百姓有很强的参与性，可以说三道四，可以评头论足，指手画脚。当然涉及保密的，我们还是要按照纪律加以保密，但是公开要作为新常态。

政法机关公开，我认为这几年做得好的是贵州的监狱系统。前几年贵州省司法厅组织一些人到海宁来，我也给他们讲过。现在他们做得很好，在全国是个典范。监狱系统老百姓都不知道，很神秘的。监狱里面怎么样可以减刑？怎么样可以假释？监狱里的伙食是怎么安排的？老百姓不知道，特别是服刑人员的家属，这方面都不了解。现在通过微博公开以后，增加了透明度，减少了这种神秘色彩。

第五个关键词：网脉

最后我想讲的是网脉。这个词汇是我今天归纳的。人有人脉关系，上网也要讲究网络的网脉关系。我跟辉君也是通过网上成为好朋友的，这种就是网络的脉络关系，即所谓的网上的公共关系。

网上的公共关系，首先要形成一个自己的微博、微信矩阵，自己要有一个团队，不是单兵作战。这个团队形成的矩阵，有官方微博，有个人微博，要相互配合。另外就是小编上线，领导也要上线。如果小编上线领导不上线，领导不接触新媒体，你做得再好，碰到事情的时候一般来说都是没用的。为什么？因为领导不懂，碰到舆情的时候领导往往只有两种决策：一种决策，叫你不要说话，把微博、微信直接停下——因为他不懂，碰到事情他不敢说；另外一种呢，领导指挥你说话，领导不懂，势必瞎指挥。所以我一直主张，领导也要上线。这一点我前几年提出，要当战士不当绅士。当什么战士?《南征北战》这部电影，年纪大的人看过，如果学我们共产党领导下的解放军战士，就是“同志们，跟着我一起冲啊”，如果学国民党的士兵，就是“弟兄们，给我顶住，顶住！谁不顶住，老子毙了谁”！这两句话，你可以转达给你们的领导。

我们要做到“咱网上有人”。刚刚提到，小编上线，领导也要上线，要形成矩阵，我们的各条线、各个机构都要上去，形成自己的矩阵。但是还不够，还要有一个网上的朋友，当地要有一个网上网下见面的网络朋友圈，全国各地要有一个见不了面的朋友圈——要记住：多一个朋友多一条路。

另一个我想说的是，现在网上吵架的比较多。我个人的观点是，我们政法机关的干警需要政法宣传,需要普法宣传,但不是专门的宣传理论的部门,没有必要过多地去讨论非政法业务的问题。避免网上约架,避免树敌过多,更要避免为了个人出名,而让一个单位一个地方为了你的出名而背书。这是什么意思呢?平时我们这个单位没什么事,我们这个城市没什么事,但某一个同志跟别人吵架,跟全国各地的网友吵了以后,在太平无事的时候好像没什么问题,一旦这个单位这个地方有了网上舆情焦点,往往会招来更多的麻烦。可能我是从一个部门负责人的角度,带着一种私利来看待这个现象,但我觉得大家也可以参考这种观点。

颜清华

虚拟空间的广场社交

——网络语言

颜清华　工业和信息化部电子科学技术情报研究所网络舆情研究中心主任。

大家晚上好，今天特别开心能应邀来到新疆检察微课堂，与大家共同分享一些关于政务新媒体的思考和讨论。微课堂这个形式对我个人来说，也是一种非常新的体验。之前，我也与一些在政务新媒体一线战斗的基层编辑交流过政务新媒体运营的想法和心得，但今天这个形式，我还是第一次尝试，如果有不到的地方，还请大家多多指教。群里有许多大神，所以我今天这个课程也算是抛砖引玉，希望通过我们共同的探讨，促进新疆检察系统的政务新媒体办得越来越好。

我不是基层运营人员，但我对政务新媒体观察了很久。从我个人的观感来看，要把政务媒体做好，最重要的是人，是团队；而一个团队在面对新媒体时，首先要从心理上认可，要相信互联网的力量，要拥抱新媒体对于我们生活的改变。我觉得，对于我们认知新媒体而言，一个特别好的载体就是网络语言，所以我今天要和大家分享的便是“虚拟空间的广场社交——网络语言”，希望能够借网络语言，让大家进一步理解新媒体的生态环境模式。

图1

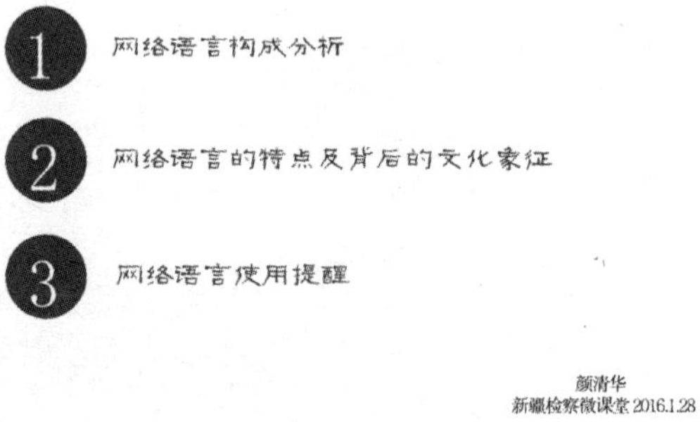

图2

一、网络语言产生的文化背景

在谈整个网络语言之前，我们先来说说，为什么网络语言能够体现我们现在对于网络生活的一种认知？

一百多年前，巴赫金曾提出了一个狂欢理论。他认为人们在日常生活中过着两种生活，一种是常规生活，遵循非常严格的等级秩序，人生活在教条、禁令、崇敬、恐惧之中；而另外一种，在超出常规生活之外还有一种广场式生活。在这种广场式生活中，各种等级制度、上下关系被废止。这种广场式生活一直都存在着：古希腊有酒神节，罗马有农神节，至今西方还保留的愚人节、万圣节等仍可见古代狂欢活动的影子；再比如中国的元宵节，古时要举办很盛大的皇家祭祀活动，后来慢慢变成一种全民娱乐活动，有高跷、旱船、舞龙舞狮、秧歌、烟花等各种表演，这就是广场式狂欢生活的缩影。

现在，这种广场式生活慢慢从现实转向了网络；尤其是在中国，这个特点非常明显。网络作为一个虚拟空间异军突起。在网络上，很多时候我们的身份概念被弱化了，比如你是有钱人、我是穷人这样的符号被隐藏起来，人们用丰富多彩的语言，对各种事实进行调侃式解读，形成了一种盛大的狂欢。

与之相对的是在现实生活里，中国处于一种社会转型期。对平等的渴望，对社会交流、社会流通的渴望困扰着人们，而且种种焦虑情绪都非常集中。所以说，这两种生活与一百多年前巴赫金所提到的常规生活、广场式生活是相对应的。

所以从某种程度上我们可以看到，现在各种网络语言实际上正是一种民间文化对官方文化的逆袭。它象征着一种反叛权威、颠覆经典的心态。在很大程度上，网络语言不仅仅是一种流行语，还包含着对网民的身份认同。很多时候，我们使用网络语言，就意味着我们已经接受了网络生活的规则。

事实上，在中国的网络环境中，很多负面舆论很大程度上来自于网民的不理性，而这种不理性又来自于网民对一些特定群体的刻板印象。网民往往存在一个天然预设：这些群体是站在老百姓对立面的；而我们如果使用网络语言，则能够改变这种刻板印象，让网民重新认识我们，接受我们。所以说，今天我要讲一讲如何使用网络语言。

二、如何使用网络语言

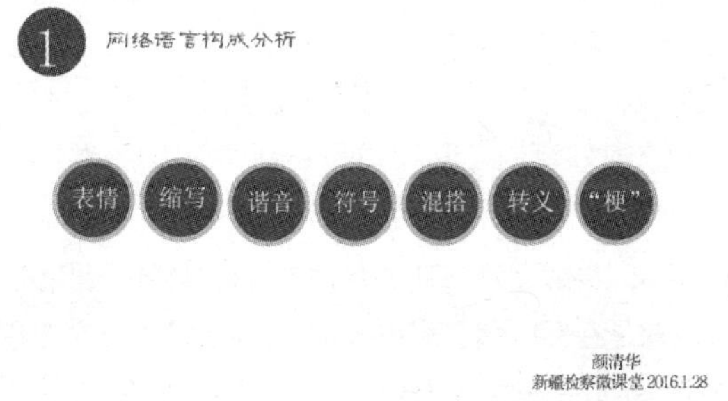

图3

我一直在观察青少年以及主流网络群体对网络语言的使用，然后简单给它归了一个类。目前，我觉得网络语言的构成基本上可以分为七大种类。下面就简单聊聊每一类网络语言都有哪些特点。

图4

第一个要说的就是"表情"。"表情"一直非常火，内地网民与台湾地区网民在 Facebook 上演表情包大战。其实这次表情包大战很大程度上激发了内地网民的自我认同感。我在做这个 PPT 的时候想，哪些表情能够真正代表我们现在的网络语言，也就是整个表情的生态？然后我找了现在这些图。这些图大家都经常看见，包括左上角的那个，微博上最常用的"笑cry"——2016 年当选大家认为最能代表中国人心态的，就是这种哭笑不得的心情。而右边那些包括尔康、姚明、黄子韬等以及金馆长的表情，都是大家常用的，我相信我们群里的人也经常会在微信里发这些表情吧。

图5

第二个是缩写。很多时候我们发现，一些网络新词的出现，源于大家对更加高效、直观的交流的追求。于是，缩写成了最常见的网络词汇的生成方式。像我下面提到的一些词，我猜测大家会经常看见，比如"喜大普奔"，其实它代表的是"喜闻乐见、大快人心、普天同庆、奔走相告"。这四个词，最初是在"新闻联播"里经常出现的词汇，现在连在一起，表示幸灾乐祸的心情吧！"累觉不爱"表示好累感觉不会再爱了，源自豆瓣，网站上最早出现了一个 95 后小孩儿对爱情的感慨，现在一般表示对很多大龄青年的吐槽。

图中出现的一些词汇，如果大家有不明白意思的，在课程结束之后我们互相再聊。我相信很多词汇大家经常在网上看到，可能乍一看会完全不知道在说什么，但很快你就会发现，大家在使用过程中对于这些词能心领神会。

图6

第三谈一谈谐音。图中的这些词汇，大家可能也经常看到，包括第一个“We are 伐木累”，最早出现在《中国好声音》里，张惠妹经常对她的学员说“We are family”；另外一个综艺节目《奔跑吧兄弟》当中，邓超也经常讲这句话，而且经常刻意把“ family”这个词讲成中文的“伐木累”；而“闹太套”，它是最早出自于黄晓明的歌曲，表达了“ not at all”，其实是对黄晓明口音的一种嘲讽。

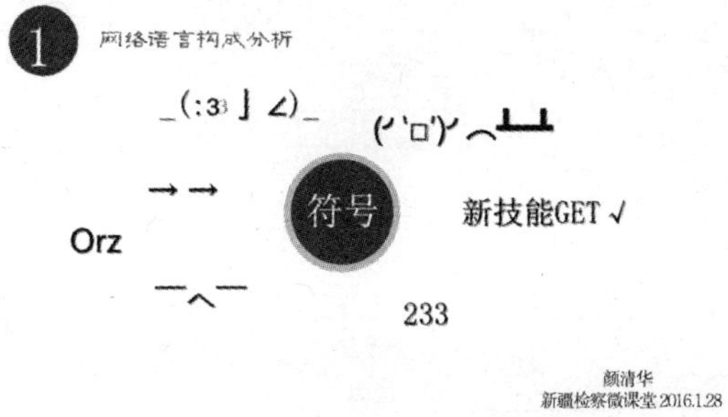

图7

第四说一说符号。在很多时候，符号能够使我们的语气更加生动活泼，一些颜色文字的使用也能够使读者感觉到字里行间的语气表情。在一些特别适合卖萌的场合，或者说我们的言语没有办法特别明确地表述情感的时候，其实可以使用符号增添情感。我记得有一次，我们工信部微博“工信微报”接到了很多用户对于为什么 iPhone6 始终不能入网进入中国的吐槽，然后我们就做了回复。回复以后我们发现，绝大部分转发都来自于某一个账号的转发。我们可以看一下当时的图。

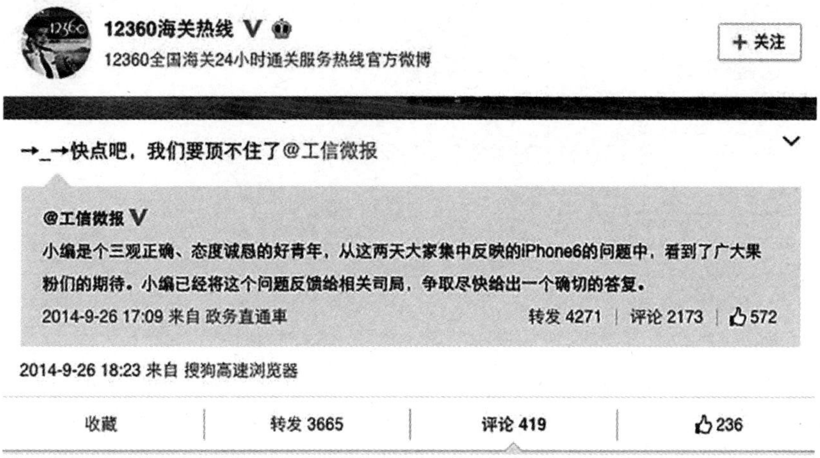

图8

这是当时海关热线转发我们“工信微报”的微博。我们可以看出他“快点吧，我们要顶不住了”的意思。当时因为 iPhone6 始终未能入网,就有黄牛从国外带了很多 iPhone6 回来,被海关查下了。我们可以看到,海关的心情用语言是比较难表达的,但加了一个“斜眼”的表情,这种情绪就跃然纸上了,所以说很多时候,符号在我们表达感情时能起到事半功倍的作用。

图9

下一个就是混搭。混搭其实比较常见,比如说现在在网民里面特别流行的一个词“wuli”,这个词其实是韩语的发音,代表“我们”。很多粉丝在追星的时候,会说“wuli 某某”,这就代表着“这是我们谁谁”,代表着一种比较亲切的称呼。但后来这个词汇在发展过程中暗含了一种嘲讽的意思,包括右边这个“duang”,其实大家也知道最早来自对成龙洗发水广告词的恶搞。

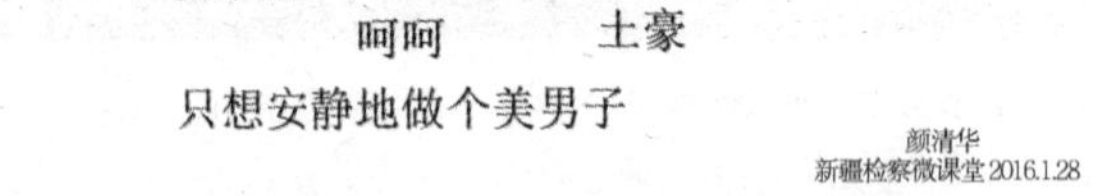

图10

再下一个就是转义。我们会发现很多网络词汇在使用的时候已经与原本的意思千差万别,甚至有时候截然相反。所以,使用网络词汇要慎重,要把握好这其中比较微妙的情绪传达。这里最典型的词汇就是“呵呵”。“呵呵”这个词汇原始的含义代表微笑、开心的笑,现在却表达一种敷衍、嘲讽、无语等负面情感。当时我跟一些长辈聊天,他们会很自然地跟我答“呵呵”,从我们年轻人的角度,就会猜想他们到底想表达的是什么情感,感到比较难琢磨。有一年,“呵呵”这个词曾当选过网聊最伤人的词汇,甚至有人说,“谣言止于智者,聊天止于呵呵”。

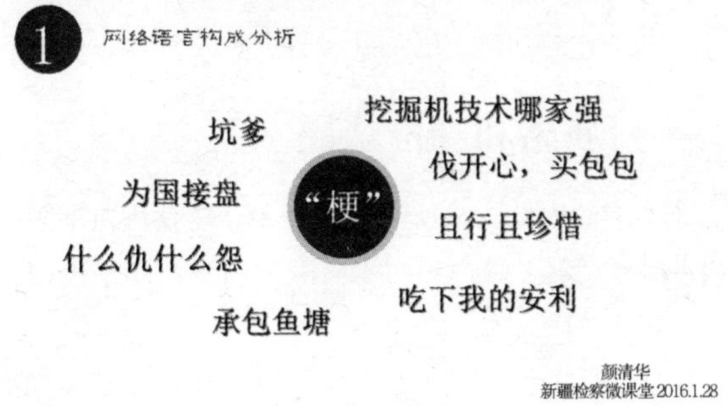

图11

而下一个构成方式就是所谓的“梗”。除了一些新的词汇，很多时候网络语言在文本构成上并不新奇，但是由于它背后蕴含着一些广为人知的特定含义，所以很多网友在使用的时候就默认了这层含义，我们一般把这种构成方式称为“梗”。“梗”这个词，其实最早出现在相声里，就是“包袱”的意思。比如，有一阵儿，网友跟风使用“挖掘机技术哪家强”，这最早是山东蓝翔技校的广告词。很多白领发现高级蓝领收入越来越高，赚得都比他们多时，就带着自嘲的心态，疯狂使用这句话，慢慢地就把这个广告词演化成了流行用语。其他如“且行且珍惜”“吃下我的安利”等，背后无不映射着当下中国特有的一种社会文化。

三、网络语言的特点及其背后的文化象征

聊完这些具体的网言网语，我们可以发现在这些具体的词汇背后隐藏着当下的社会心态。我们可以发现，网民看见一个词，然后疯狂跟踪、使用，它就慢慢流行起来了，否则，为什么这个词汇流行而那个词汇慢慢就没落了？究其原因，就在于其背后存在着一些社会原因。

1.粗鄙化、插科打诨——反智主义和自嘲

很多网络语言有一种粗鄙化、插科打诨的基本态度，其背后是网民群体的反智主义和自嘲的心态。

比如教兽、砖家，这些专门讽刺权威形象的网络语言，背后是普通的群体对于那些处于社会上层的各种精英的怀疑和蔑视，这种负面情感来自于社会普罗大众对一小部分精英意图掌控社会话语权的反抗。

如果要找到这个时代年轻人的共性，“焦虑”一定是个特别重要的关键词。当人们处于比较激烈的竞争环境当中，困在亟须减压的心理状态中，在网络这个相对轻松的平台上，就会从一个更低的起点出发，创造出一种更加舒适的生存环境。

所以在朋友圈中经常有人转发“每逢佳节胖三斤”这种自嘲的话，大家纷纷都说“我的膝盖也中了一箭”。其实这些人并不是表达“我真的胖了”，但这种自嘲能够让人减轻人与人交往

的压力。人们在网络上更需要对生活的共鸣，所以才会出现像“程序猿”“研究僧”“逗逼”“吃货”“女汉子”这些词汇。我想，此类词汇的流行正是基于对这种比较压抑的心理环境的共鸣。

2.圈子化——归属感和身份认同

每一种网络语言都有它的出处，一般是在一个小圈子里使用再慢慢扩大范围，成为整个互联网的流行语。很多时候，我们通过一个人使用什么样的网络用语，就能够判断他来自什么样的圈子。

之前，我整理过关于“笑”这个词汇在网络上的各种表达。比如，“233”最早来源于猫扑表情第233号，是一张捶地大笑的表情，很多猫扑用户习惯用“233”表示大笑，后来这种用法才逐渐流行开来，传至贴吧、微博等处；同样，在日语网站中有“wwwww”（日语笑い/わらい/warai的开头简写），在英语网站中有“lol”（laughing out loud/lots of laughs的缩写）。通过一个笑的表达方式就可以看出一个网友经常混迹于哪一类论坛。

再比如有时候在微博上会出现“红红火火恍恍惚惚何厚铧”，其实一开始我完全不能理解，为什么这个表达是“笑”？后来我才发现，这是iOS更新到7之后的拼音输入法连续输入“h”出现的联想。就像我们刚才说的“红红火火”这个词，如果你是一个安卓手机用户，你就完全不能理解为什么用这个词来表达“笑”。我是苹果用户，用的是苹果的输入法，我一看这个词，就特别能理解，因为我当时打这个字的时候也出现这样的情况；所以对于网友自身来说，很多时候使用网络语言就是为了获得一定的归属感。

用什么样的词汇，就反映了什么样的思维方式。很多词语只有特定圈子里的人才能心领神会，心照不宣。所以说，网络语言实际上是一种变相划分“局内人”跟“局外人”的手段。混QQ、混贴吧、混论坛、混微博、混豆瓣、混知乎，每一个网站都有自己的语言风格，老成员通过这些暗语来昭示自己的身份，新人则通过学习这些网络语言快速融入圈子。

3.调侃权威——“公然违反”的快感

在很多网络语言当中，经常会出现权威的象征。比如早期的“杜甫很忙”“元芳你怎么看”“切糕体”“江南style”“航母style”“打老虎”“你懂的”“查水表”。分析这一系列的网络语言，可以看到当中涉及著名历史人物，涉及民族问题，涉及贫富问题（江南style以自嘲的语气描绘了韩国富人的生活），政治问题，以及高端科技发展等很多方面内容，但这些语言在以往的表达系统中都以非常严肃的姿态出现，在网络语言中却充满了调侃，各种神圣的人啊，事啊，话题啊，都被拉到了一个比较低的位置。无论地位怎样、学识如何、年龄大小、贫富差距多大，每个网民都可以参与其中。各种“style”体的盛行，就是网民通过模仿，通过调侃，参与其中的。

运用这样的网络语言，很多网民会有一种触碰禁忌、用戏谑的态度去摧毁神圣的心理快感。很多时候，这些网络语言只是一种没有压力的从众心态。因为在现实生活中，社会互动规则等级是非常非常森严的，公然违反这些规则会引发一些混乱跟破坏，但使用网络语言，则不会遭受到任何道德指责。

4.追逐潮流——寻回缺失的参与感

关于网络语言，大概一年之前我跟我的一些朋友、同事讨论过，但今天和大家交流的时候发现，网络语言更新换代特别快。几个月之前流行的，现在再拿出来说，大家就觉得你 out 了。用词也可以看到，大多数网络语言的生命力特别短，这些新词汇的出现就像雨后春笋一样，速度非常快，每有一个新的词汇出现，就会有无数的网友去使用，造成新一轮的病毒式传播。网民追逐潮流，很多时候在乎的并不是网络语言所表达的内容，而是表达一种态度——态度比内容更加重要。

再有一个现在非常流行的网络现象，就是弹幕。在我们观看视频的时候，同时可以评论这些视频内容，评论的内容会在视屏的上方飘过，造成一个很多人在同一个场合同时观看、一起聊天交流的错觉——这种当下感是弹幕流行的一个特别重要的原因。

使用网络语言，是一种社交互动的方法。比如说在一段时间内特别流行的“凡客体”“陈欧体”（为自己代言）等等，它除了展现个性，也是为了寻找人们在网络上缺失的这种参与感。

四、网络语言使用提醒

谈完网络语言的这些基本特点，我们应该意识到，作为政府工作人员，使用网络语言的时候应当有一些注意事项。

1.注意场合

刚刚提到，很多网络语言是比较粗糙的，所以我们使用的时候一定要注意场合，一般只能在比较轻松嬉闹的场合下使用，例如发布科普知识、早晚问候以及网友互动的时候；当我们代表一个重要身份发布严肃信息的时候，必须收起这张嬉皮笑脸的面孔，要维护好自身的权威性，这样我们在网上发布的信息才能具有公信力。

2.内容有禁区

我们要注意，网络语言的使用是有禁区的。虽然网络语言普遍都比较接地气，有亲和力，但我们也要注意到，不同的网络语言之间也有阶层之分，使用不同的语言预示着你关注哪个阶层。比如我们现在默认的一点，发火星文就是早期的 QQ 空间那些 90 后、00 后的专属。如果你是一个政府系统的账号，发火星文就非常不合适。同样包括像“有木有”“肿么了”“欧巴”“天了噜”这种词汇，往往也伴随着各种刻板印象的认知，在一个官方账号中就不适合出现这样的词汇。所以我们在使用网络语言之前，第一要了解它，第二在使用的时候需要慎重地考虑。

3.有些规则必须遵守

网民有调侃权威的冲动，有破坏规则的欲望，但一些基本的人类社会交往规则还是必须遵守的，比如对历史的敬畏，对弱势群体的关怀等等。这些规则是整个人类社会交往的通则，它不会因为交往的空间转化到网络中就有所改变。有些人为追求口头上卖俏，而去触碰一些很敏感的民族、政治、历史问题，就特别容易激起网友的反感与抵制。比如说，有一次“@作业本”这个大 V 遭到网友抵制，就是因为他调侃革命烈士邱少云。

4.不能把潮流当追求

在网上可以看到大家都各有各的分工，有专门搞笑的段子手，有嬉笑怒骂的评论家，有以卖萌为生的营销号，任何一个账号都要明确自身的定位——我们的核心功能是什么？是发布信息？是为网友提供服务？是塑造自己的品牌形象？还是只需要追求粉丝量就可以？这些不同定位决定了我们不同的语言风格。因此，在明确自身定位之前，偶尔使用网络语言，能够拉近你跟网友的关系，促进社交，但是网络语言并没有办法促进深入的交流。如果一味地追逐潮流，为了使用而使用，只会给网友留下轻浮、情绪化、不务正业的印象。所以说，形式永远不能超越内容，言之有物才能真正在网络上站稳脚跟。

5.警惕网络语言暴力

最后我想简单提一下“要警惕网络语言暴力”的话题。我们前面提到的网言网语很多时候是在促进我们的交流，有比较重要的正面作用，但这并不能掩盖网络语言天然的缺陷。在整个互联网广场当中，众声喧哗，缺乏一个有约束力的监管措施。因为太多谩骂、诋毁、蔑视、嘲笑的语言，有一些平台慢慢成了网民发泄情绪的垃圾场。有些词汇不仅不雅，甚至很多时候还侵犯了隐私，非常刻薄、恶毒，超出了正常的言论范围，发展成为语言暴力。比如一些人身攻击的话语，包括谣言、网络水军的大范围刷屏等。

面对这些网络语言暴力，切忌以暴制暴。一方面，要保持冷静，以理性的论辩去引导，以亲和的态度去应对；另外一方面，也应当学会运用意见领袖、社会、政府的多重力量加强网民的网络道德意识建设。

仅靠这样讲，是很难让大家真正体会网络语言的。我个人认为，要想了解新媒体，最快的方法是自己去应用新媒体；要学会网络语言，最快的方法是自己去用——而在用之前，一个特别好的途径就是看别人怎么用。所以，我认为最直接的方法，就是多关注网络事件，关注有话题性的信息，经常性地与网民互动，在互动中进步。

今天关于网络语言的分享就是以上这些。我今天讲这个话题并不是想教会大家怎么用网络语言，而是想向大家传达一些基本的观念。新媒体是一个非常有意思的平台，互联网代表着一种非常年轻化的生态环境。希望大家能够通过对网络语言的了解，将它作为一个好的载体，去感受新媒体，认知新媒体，拥抱新媒体。

陈永博

政法工作与新媒体建设漫谈

陈永博 中国公安微博第一人。

各位检察官朋友们，大家晚上好！能有这样一个机缘，跟大家探讨新媒体，我感到非常荣幸。今天我来谈一下对政法新媒体建设的体会。

图1

一、检察系统新媒体建设的印象

我对咱们检察系统新媒体建设是一种很仰望的心情。因为以前我去湖北省检察院培训基地考察学习过，湖北省检察院精心打造的“网站、博客、微博、微信、手机客户端”五位一体的“鄂检网阵”让我深深知道，检察系统是一个藏龙卧虎之地。据资料显示，咱们新疆检察的微博曾经位居全国检察政务新媒体综合实力排行榜第二；乌鲁木齐市天山区人民检察院获2015年度全国检察新媒体建设运营50强；据最高人民检察院的发言人肖伟2015年11月介绍：全国检察机关共开通微博3960多个，微信2040多个，新闻客户端1500多个，很多地方都实现了微博、微信全覆盖，有些地方还实现了“两微一端”的全覆盖。

二、政法部门需要新媒体这些新平台吗？

我们来探讨第二个问题，政法部门需要这些新媒体平台吗？在这里，我们重温一下习近平总书记对我们的谆谆教导吧：

党的新闻舆论工作的职责和使命

高举旗帜、引领导向
围绕中心、服务大局
团结人民、鼓舞士气
成风化人、凝心聚力
澄清谬误、明辨是非
联接中外、沟通世界

图2

有这48字职责使命作为新媒体人的指导思想，我们今年、明年的政法新媒体工作一定会实现跨越式发展。我们的底气会很足，目前所面临的困难也会迎刃而解。

我们政法部门有的同志认为：建设网站就可以了，不想发展新媒体。怎样解决这一认识问题？荀子的《劝学篇》里说过：“登高而招，臂非加长也，而见者远；顺风而呼，声非加疾也，而闻者彰。”这两句话的意义非常深刻。

你的网站做得好、论坛做得好，你无非就是一座小山峰；但是新浪微博、腾讯微博、微信是什么？是珠穆朗玛峰啊！如果在这些平台上大喊一声：“新疆检察官是好样的！”多少人能听见？比咱们在小小山峰上面高呼，力量大多了。

中国互联网信息中心2016年1月22日发布第37次调查报告，截至2015年12月，中国网民规模达6.88亿，互联网普及率为50.3%；手机网民规模6.20亿，占比提升至90.1%。

个人上网设备进一步向手机端集中，以互联网为基础的在线教育、网络医疗、网络约租车已成规模。

报告指出，2015 年新增加的网民群体中，低龄（19 岁以下）、学生群体占比分别为 46.1%、46.4%，这部分人群对互联网的使用目的主要是娱乐、沟通。网民以 10 至 39 岁年龄段为主要群体，比例达到 75.1%。与 2014 年年底相比，10 岁以下低龄群体和 40 岁以上中高龄群体的占比均有所提升。

报告还指出，网民数量的激增和旺盛的市场需求，推动了互联网领域更广泛的应用发展热潮。2015 年，1.1 亿网民通过互联网实现在线教育，1.52 亿网民使用网络医疗，9664 万人使用网络预约出租车，网络预约专车人数已达 2165 万。互联网的普惠、便捷、共享特性，已经渗透到公共服务领域，也为加快提升公共服务水平、有效促进民生改善与社会和谐提供了有力保障。

所以，习近平总书记说："如果我们党过不了互联网和新兴媒体这一关，可能就过不了长期执政这一关。"

三、怎样打造政法部门官方的新媒体平台？

1.进一步加强新闻发言人制度建设

要以主动做好重要政策法规解读，妥善回应公众质疑，及时澄清不实传言，权威发布重大突发事件、案件、事故等政法信息为重点，切实加强政法新闻发言人制度建设，提升新闻发言人的履职能力，完善新闻发言人工作各项流程，建立重要政法信息及热点问题定期有序发布机制，让政法信息发布成为制度性安排。让第一时间发布成为常态，让不发布成为特例。

2.充分发挥政法部门官方网站在信息公开中的平台作用

将政法网站打造成更加及时、准确、公开透明的政府信息发布平台，在网络领域传播主流声音。加强政法信息上网发布工作，对各类政法信息，依照公众关注情况梳理、整合成相关专题，以数字化、图表、音频、视频、动漫等方式予以展现，使政法部门的信息传播更加可视、可读、可感，进一步增强政法部门官方网站的吸引力和亲和力。

3.着力建设基于新媒体的政法信息发布和与公众互动交流新渠道，为网民服务打造新流程

应积极探索利用政务微博、微信、客户端、微视、秒拍、喜马拉雅、知乎、支付宝城市服务、头条新闻、澎湃等新媒体平台，及时发布各类权威政法部门的信息，尤其是公众关切的公共事件、重大案件、事故以及政策法规方面的信息，充分利用新媒体的平等互动功能和肝胆相

照的特性，以及时、便捷的方式，与公众进行亲切的互动交流。开通的政法微博、微信、客户端等平台，要加强对内容的审核登记，制定完善管理办法，规范信息发布程序及公众提问处理答复程序，确保政法微博、微信、客户端等新媒体各平台的安全可靠。

4.健全舆情收集和回应机制

政法部门要建立健全舆情收集、研判和回应机制，密切关注政法类的重要相关舆情，及时敏锐地捕捉外界对政法工作的疑虑、误解，甚至歪曲和谣言，加强分析研判，通过网上发布消息、召开新闻发布会、接受媒体专访等形式及时予以回应，解疑释惑，澄清事实，消除谣言。回应公众要以事实说话，避免居高临下式空洞说教，真正起到正面引导作用，发挥社会正能量。

5.建立专家解读机制

重要政策法规出台后，政法部门要及时组织专家通过多种方式做好科学解读，让公众更好地知晓、理解中国法治建设中的政策和改革举措。可组建政策解读的警官、检察官、法官、律师、法学教授、研究员等法律专家队伍，提高政策解读的针对性、科学性、权威性和有效性，让群众"听得懂""信得过""做得到"。

有了微信、微博，客户端还要吗？微博是足球场、篮球场、广场，是公共场所；微信是小咖啡馆、小饭馆，是私人的私密空间。如果把他们比作一个是陆军一个海军的话，我们的客户端就是一个航空母舰，上面可以承载海陆空各兵种。

四、个人新媒体平台与官方新媒体平台的关系

如果把官方微博、微信等新媒体比作太阳，那我们个人的微博、微信等新媒体就是月亮。如果把官方的新媒体比作月亮，我们的就是星星。相辅相成，一个也不能少。

咱们个人的新媒体在发布官方消息的时候，不要跟官方新媒体平台抢。就像我，遇到案件事故等一些敏感事情，我都在现场，这时候我一定做到：拟好了稿之后要先在官方的微博、微信发，然后再由我个人的新媒体平台转，只不过转的时候加一些个人的观点，而不应该倒过来。你抢公家的新闻，官方转你的消息，就不对了。

我们个人的微博、微信等新媒体平台是一个什么样的定位呢？就像雄花跟雌花授粉的关系。大家知道，花的传宗接代，通过两种方式：一个是刮风，一个是蜜蜂。我们政法个人新媒体平台，更多的时候就像蜜蜂，主要作用就是：打通官民两个舆论场，让正能量的声音，传播到网络的各个角落。让群众的诉求，通过官员的个人平台，及时得到收集，依法进行解决。一时解决不了的，要进行引导。

下面我讲几个故事说明这个问题。

第一个故事:渔夫和他妻子的故事。渔夫打了一辈子鱼,到晚年了,他才跟他老婆说:“我最爱吃鱼头啊！你让我吃了一辈子的鱼腩。这回我退休了,你让我吃吃鱼头吧,我要喝点小酒。”老婆说:“太冤枉了！其实我早在年轻时就爱吃鱼腩,不爱吃头,我把我最爱吃的都给你了。”两口子没有沟通好,所以就错吃了一辈子。有的时候,官方和民间的信息沟通,重要问题就在于不对称。不对称就不理解,不理解群众满意度就不高,你干再多也没有用。

第二个故事:庄子和惠子在濠水桥上游玩。庄子说:“鱼出来舒服地游动,这是鱼儿的快乐啊。”惠子说:“你不是鱼,又怎么知道鱼儿快乐呢?”庄子说:“你不是我,你怎么知道我不知道鱼儿快乐呢?”惠子说:“我不是你,所以我本来就不知道你知道鱼儿快乐;你本来不是鱼,所以你完全不知道鱼儿快乐。”庄子说:“请让我顺着你最初说的那个话来论断,你说‘你怎么知道鱼快乐’,是已经知道我知道鱼快乐才问我。我在濠水桥上就知道鱼快乐了。”

这说明:人内心深处的东西是很难沟通的,有时候你不说出来,信息不对等,沟通起来是很困难的。

第三个故事:一个靓女在家里,从浴室出来从狗旁边走过,把看着她的狗狗当作雄性的人类,心里说:“不就两个肉疙瘩吗？有什么好看的。”可是狗狗呢,却把这个女主人当作狗,心说:“不就是两个肉包子吗,挂那么高干什么?”

这也说明了信息极为不对称,就会产生矛盾,就想不到一块儿去。

我们个人的微信、微博的作用就是要打通官方和民间舆论的通道。新媒体、老媒体要快速融合,要让官方的舆论跟民间的舆论逐步融合到一起,最好是重合在一起。这就是我们个人微博、微信的重要作用。

勤学如春起之苗,不见其增,日有所长;辍学如磨刀之石,不见其损,日有所亏。

以上的两句诗文是陶渊明老师的哈！用它来指导我们个人的和官方的新媒体建设,恰如其分。新媒体开通了以后十多天不吭声,没人打理不行;高兴起来刷屏护法不行;在大小事情上装聋作哑,也不行。我们要天天去耕耘,让它日日增长,每天都有新的话题,当然,要捡正能量的东西说。

在网上有人气,才会引导社会舆论。否则,你在网上一点江湖地位都没有,谁会转发评论你的东西呢?

以上仅是自己的一点感受,如有谬误,敬请大家批评指正。

刘志学

全媒体环境中的政法宣传工作

刘志学 国家卫生计生委《中国医药导报》杂志副总编

我今天主要还是想从一个新闻编辑、记者的角度和大家交流，所以更多的内容可能会偏重于传统媒体视角。对于做新媒体的朋友来讲，今天晚上交流的内容可能会有偏差，对您来讲可能未必实用，所以如果有不当之处，还请多多包涵。

话题一：全媒体时代的传播生态

我先从我们生活的“全媒体时代”这个话题聊起。

我们常说的全媒体一般是指采用文字、声音、影像、动画、网页等多种表现手段，也就是用多媒体的传播手段来传播信息，然后通过现在已经实施的三网融合，最终达到让受众用电视、电脑、手机等各种终端，完成信息的融合接受，也就是我们常说的“三屏合一”。

目前对于新兴媒体的界定，在传播学界众说纷纭，没有定论。但关于新媒体的传播特色，我个人认为美国连线杂志有一位编辑说得比较准确。他说得很简单，就是“所有人对所有人的传播”。而我则归结了新媒体的“六种特性”：互动性、多元性、全球性、自主性、碎片性、即时性。

全媒体时代的信息传播特点体现在：动静结合、深浅互补、全时在线，即时传输、实时终端、交互联动。

那么，我们身边都有哪些“自媒体”呢？刚才说了，我们每个人在任何时间、任何地点以任何方式去访问网络，提供并且分享每个人的真实想法，发布身边发生的新闻，然后实现即时传播，这就是自媒体。从20世纪90年代，互联网进入中国后出现的BBS、论坛、网络社区、QQ、个人网页、博客、播客、微博、推特、微信、飞信、易信、手机短信、手机彩信，等等，所有能够让每一个人在任何时间、任何地点以任何方式去访问网络的工具，应该来讲都属于自媒体。

在自媒体的生态中，我们每个人都是信息源，每个人都是传播链的一环。任何渠道都是“之一”，不是“唯一”。

在当前，我们常说的“两微一端”，已经发展成为信息即时传播的主渠道，成为最主要的自媒体，成为网络传播最活跃的主体和新兴舆论场。所以，在日常生活中，你无意中发的一条短信、一条微博、一个群留言、一条微信推送，只要你发布的内容包含了基本事实或者是自己真实的观点，就构成了实质性的信息传播源。你的这个发布点，就融进了自媒体的传播链条中。这类信息来自四面八方，来自各个阶层，无时无刻不在包围着我们。

在自媒体飞速发展的今天，我们以前传统的，所谓的“主流媒体”的声音逐渐变弱。我们明显地可以感觉到，在过去，尤其是在“两报一刊”时代，媒体报道的都是官方认为重要的事情，现在的媒体，是要让自己认为重要的事情重要起来，然后大力广播，想尽办法去传播。

以前传统媒体构成的“我给你说什么、你接受什么”的传播格局，早已被打破。我们不再被一个“统一的声音”告知对或错，每一个人都在从独立获得的资讯中，对事物做出判断。

自媒体蓬勃发展的一个显著特征是手机上网，近几年呈现了井喷式增长态势。我这里有一个自媒体的数据，是我刚刚看到的中国互联网信息中心发布的报告：截至2015年12月，我国网民规模达6.88亿；互联网普及率为50.3%；手机网民规模达6.20亿。网民中使用手机上网人群的占比提升至90.1%。这些数据说明，手机作为第一上网终端的地位已经牢不可破。

那么，在目前的传统媒体和新媒体构成的传播生态和传播环境中，什么才是信息传播的“兴奋点”呢？也就是说，哪些人对哪些信息感兴趣呢？

我个人认为，有七个方面：

一是坏消息就是好新闻。

二是有争议的就是热点新闻；争议越大，热度越高。

三是名人奇事就是浏览量。

四是丑闻、绯闻、奇闻，就是点击量。

五是转型中的新闻元素。西方的学者认为，我们已经到了惊叫新闻、眼球新闻的时代；

也就是说，什么新闻能够让大家一声惊叫，这就是好新闻；什么新闻能够吸引人的眼球，也是好新闻。

六是新闻形态在日益娱乐化。我总结为，现在最能够引起大家关注的是“拳头+枕头+噱头”的新闻。“拳头”就是我们平时所说的硬新闻，政法新闻就属于拳头新闻；“枕头”新闻指的是一些绯闻之类的；“噱头”新闻则指的是一些奇人奇事，能够让大家感到惊奇的新闻。这三类新闻，实际上在新闻娱乐化的环境下，已经成为一种新的精神鸦片。

第七个特征体现在各种搜索引擎具备的“瞬间聚焦”功能，它使我们对新闻的取舍带来了很大的方便。当你发现一个能够引起你感兴趣的新闻时，可以迅速利用搜索引擎来深度查阅其他的边缘性信息。

话题二：政法新闻的特殊属性

政法新闻，就是与政法系统相关的新闻。

由于政法机关有较大的社会关联性，因此备受媒体和社会公众关注。政法机构对媒体而言，是“新闻富矿”；政法新闻对公众而言，是“兴奋 G 点”。凡是比较重大的政法新闻，一般都能够立即引发公众的情绪化表达，然后介入新闻的评论，发表自己的意见。在这种情况下，由于全媒体具备强大的即时互动性，再加上公众对法律的理解不同、站位不同，就导致政法新闻很容易产生争议性。

在传统文化中，我们对天理、国法、人情的理解有不同的认知。也就是说，一条政法信息合法未必合人情；完全按照法条执行的案子，在某些人看来，未必合乎天理；所以这种认知上的差别，就会使公众对政法新闻产生多层次的解读。因此，政法新闻表现在媒体生态环境中，就是“一有风吹，遍地草动”，迅速形成“民意流”。

“民意流”这个词是 20 世纪 90 年代出现的词汇。后来，随着微博和微信的兴起，由于一些意见领袖、网络水军、网络推手的推波助澜，往往又由真实的“民意流”转化为“伪民意流”。无论是真实的“民意流”还是网络推手形成的“伪民意流”，都很容易形成舆情事件。如果上网比较早的，可能还记得孙志刚事件。孙志刚事件就第一次彰显了网络“民意流”，也就是网络舆论的威力。它最终的结果导致了国家收容遣送制度的废止。

需要强调的是，“民意流”是网络公众的真实意愿的表达。一旦遇到这种情况，就必须重视。“伪民意流”，则是少数人助推而成，看起来很凶，实际上会很快消弭，关键问题在于我们怎么去区分“民意流”和“伪民意流”。

在当前的网络上，各种各样的社会热点话题往往与政法系统有很强的关联性。中国互联网舆情报告发布的一条信息是，2015 年的热点事件分为四大类：社会矛盾、公共管理、公共安全、吏治反腐。这是舆情压力的重要来源。这四大类热点事件，也基本上和政法系统有直接或者间接的关联性。

我们经常上网还会发现，近几年有一个常见的网络现象，就是不断爆出“某某门”事件。

实际上，这些“某某门”，就是一种网络的高聚集热点。所以在这里，我有必要解释一下什么是“门事件”。

把一个网络事件、网络热点，称为“某某门”，起源于 1972 年 6 月份发生的美国总统尼克松窃听竞选对手的“水门事件”。这个事件发生之后，最终的结局导致了尼克松总统辞职；他也是美国历史上第一位辞职的总统。事件发生后，美国新闻界把这次窃听事件称为“水门事件”——因为此事发生在美国的水门大厦，所以“水门事件”就成了“门事件”的鼻祖。

从“水门事件”引申开来，就在西方的新闻生态中衍生了各种“门事件”，比如克林顿的“拉链门”等。在西方，此类“门事件”一般都和政治绯闻、男女关系有关。

在我们国家，是以 2008 年发生的陈冠希和女艺人的“艳照门”事件的爆发为标志，从此之后，“门事件”就呈井喷状态了，几乎形成了“门泛滥”，各种各样的“门事件”都出来了。随着“门事件”的泛滥，网民的关注度也在逐渐下降；然而一旦形成“门事件”的网络焦点后，它的传播速度是非常快的，一夜之间，就能让一个默默无闻的人成为“网红”。有人统计，近年形成舆论热点的“门事件”近 300 例。涉腐、涉法、涉及维稳的：广西烟草局局长的“日记门”，涉及河北保定市某公安分局副局长的“李刚门”，陕西省安监局局长的“微笑门”和“名表门”，南京江宁区房产管理局局长的“香烟门”，涉及中石化广东分公司的“天价酒门”等，社会影响较为恶劣。各种这样的“门事件”，不管最后的“新闻落点”是什么，结果是什么，大多具备三大特征：一是舆情爆发的“意外性”——突然就爆发了，出乎意料，有时甚至让人感觉匪夷所思；二是一旦爆发后，信息传播到网络上，就会形成“病毒式传播”形态，最后导致第三个特征——“不可控性”。

需要注意的是，这些事件有些是网络推手在制造热点，更多的是事件自然发酵，形成热点。

政法系统的人，往往搞不清楚，无论在过去还是在如今的新媒体时代，涉法话题为什么会很容易成为热点呢？我们分析一下，这大概有三方面的原因：

一是我国进入法治社会的时间较短，公民法治意识淡漠，知法、懂法、守法观念亟待加强，普法工作有待加强。

二是在我们过去的宣传、教育中，对历代农民起义、农民起义领袖，以及工人运动、学生运动的肯定，过于强调“造反文化”“反官府意识”，我们从小被教育的是要与统治阶级对抗。这种意识潜移默化到今天，就成了官民对立的一大因素。这个问题现在很多人都意识不到。比如说，以《水浒传》为代表的文学作品，包括我们现在经常看到的电视剧里的一些受年轻人推崇的侠客、英雄，大部分都是在和官府的对抗中完成了英雄人物的塑造。在这种历史观主导下的最终的教育结果，是形成今天官民对立的一个重要因素，也就很容易让涉法话题成为社会热点。

三是改革开放后，我国的经济得到了快速发展，但是我们忽略了道德领域的建设，整个社会诚信体系渐渐恶化，导致了民众对政府、对政法系统的不信任。你说得对也好，错也好，首先我就是逆反心理，不相信你。上述因素反映到政法领域，就导致民众先入为主地采取不信任态度——我不信任你，我就情绪化地表达意见。在这种情况下，政法新闻一旦发布，就很容易在网络互动过程中形成干群对立、阶层对立的局势。

在这种大的社会背景下，我们进入全媒体时代后，就带来了诸多困惑。因为在全媒体时代，再也达不到“两报一刊”直至80年代以前媒体宣传的效果了。

在当今，你发表了一篇正面新闻，有可能无论怎样使劲吆喝，扯破嗓子都无人理会，但是一旦发生了负面新闻，马上就捂不住，封不住，很快就扩散开了。这就导致我们政法系统、政府机关所做的形象宣传收效甚微，但舆论危机无处不在。

在当今，我们作为政法机关的宣传报道员、工作人员，我们也拥有各自的自媒体，也是信息发布者，就要主动去做“王婆”。老百姓所说的“只埋头拉车，不张口吆喝”是不可取的。所以说，在现代信息传播的大环境下，政法工作者一定要有“王婆”理念，但前提是，你的“瓜”得足够好。

话题三：如何发现有价值的政法新闻

作为一名政法系统的新媒体工作者，我们首先需要了解的是宣传和新闻的区别。

在平时的工作中，无论政法系统还是其他机构的朋友，都明白宣传的重要性。我们常说“新闻宣传”，这个词组就说明我们发布新闻的目的也是宣传，但宣传不等于传播，不等于新闻，更不等于舆论管控。在过去的传统媒体时代，宣传主要注重的是“形式、反复、观点、时机、操纵、倾斜”这几个关键词。而新闻报道则注重的是“信息、新异、事实、时效、沟通、平衡”等关键词。新闻和宣传的关系体现在：宣传是目的，新闻是手段。

当今是个“新闻为王”的时代。在媒体产生之后，无论传播介质如何变化，媒体都是新闻信息最重要的传播渠道。

在这个“新闻为王”的社会里，事实上你看到的世界不是真实的世界，是媒体为我们虚拟的另一个世界。举个很简单的例子，我现在正在和大家交流。我在和大家交流的时候，你进了群，了解到的是我讲的内容、我的声音，但是我讲述内容的时候是什么表情，一边和大家交流的时候一边在做什么、在想什么，你无法知道。所以如果作为一个新闻事件报道出来的话，这就会产生新闻与事实的差异性，因为你看到的是不完整的新闻，是有差异的新闻，是片面性的新闻。

在现代传播环境中，我们作为一名政法系统的宣传工作者，还要具备“公海”意识，要有主动占领“公海”的自觉意识。我们知道，现代科技的发展实际上给新闻插上了传播的翅膀。我们每天所接触到的社会信息的传播，90%来自媒体，只有10%来自于口口相传。但所有传播形式所构成的舆论空间，就形成了一个媒体“公海”。因此我们要调动一切有利元素，去占领信息“公海”。因为你不去主动占领，就会被别人占领。

所以，这就要求政法系统的宣传员在做新闻的时候，要具备受众意识，要站在受众立场上，去发出自己的声音。因为现在的新闻传播已经从卖方市场到买方市场，现在社会公众关心的新闻的特点是，一条消息报道出去，如果难以引发受众的兴趣，那么该报道的社会效应就等于零，属于无效传播。

微博、微信等自媒体带来的传播生态的变化，更需要我们站在受众的立场上开展宣传工作。

此外，我觉得我们还有必要了解一下“话语权”与“霸语权”的区别。简言之，话语权就是说话权，即每个人介入舆论的权利；但是我们搞宣传的最佳效果，是形成对我有利的霸语权。霸语权是远远高于话语权的。媒体舆论一旦形成了霸语权，就会造成压倒性影响，甚至影响政治话语权。

在解放战争中，毛泽东主席在连续指挥重大战役的情况下，每隔一天写一篇新闻、时评，在当时就形成了强大的新闻霸语权。因为这样，新华社把毛泽东同志誉为“新华社首席记者”。他是我们今天搞舆论宣传的最好楷模。

理解了这些，我们要想选择有价值的政法新闻信息对外发布，首先应该秉持的理念就是：立足政法口，面向全社会。

因为，一是政法机关具有很强的社会关联性，二是传播环境的全息性——就是无时无刻不在传播。

其次，我们需要做的就是对新闻价值的判断能力。一个新闻事件值不值得传播，主要看这个事实的新闻价值有多大。某一事实，受众关注的面越宽，关注的程度越深，其新闻价值就越大。所谓记者对新闻的“敏感度”，正是这种识别和捕捉具有新闻价值的事实的能力。

由于现在的新闻传播市场已经进入了买方市场，因此受众对你发布信息的关注度，有很大的不确定性，所以要选择最能够引起受众关注的角度，去传播我们希望传播的新闻；而传播效果的成败，则取决于你能否把高冷的政法信息，用人性最柔软的情感元素包装起来，形成自己的新闻作品，这就是选择和操作的技术性问题了。

那么，哪些新闻信息会成为有价值的政法新闻呢？我大致梳理了一下：

第一是发掘新法颁布、法条修订、司法解释、政府规章等各层次的“首例新闻”。根据这些相关内容所形成的第一例案件就容易形成首例新闻。在记者行当里有这么一种说法，就是“发现和报道首例新闻是记者的最高境界”。

第二是关注本单位“与众不同”的差异化元素。差异化元素就是大家做的都是大致相同的工作，我们哪些方面做得比别人好，或是比别人的有创意，这也能形成新闻。

第三是关注本单位与顶层政策、高层指示“契合”甚至“超前”的元素。

第四是你身边发生的所有你认为很新奇、很新鲜的事。这构成了新闻的最基本形态。

此外，发现有价值的新闻线索后，我们在操作的过程中，还要发掘新闻的第二落点，简单而言，就是“冷热大小”；也就是说，从大的新闻背景下去找小的“缺口”，从小的新闻事件去发掘大的新闻价值；从热门新闻中去挖冷点，立足冷门去找热点。

话题四：新闻标题的制作

当编辑的都知道，把标题做好，文章就成功了一半。

自媒体发展起来以后，尤其是在微信公众号上，那些小编们大多属于标题党。我个人认为，从传播效果和传播学角度来讲，标题党并非一无是处，有很多值得我们学习的地方。

另外我们大家都知道“知音体”，网上也有很多嘲讽“知音体”的帖子。我认为，单纯从做标题来讲，“知音体”也是我们的榜样。因为《知音》杂志的每一篇标题都是殚精竭虑去做的，所以《知音》杂志最高期发行600多万册，结果也说明，从做标题来讲，这也是非常成功的因素之一。

说到标题制作，我在和同行交流时，经常举的一个例子是民国老报人陈楚。民国时期的武汉《益世报》曾发过一则消息，标题是“蒋介石去扫他妈的墓”。据说这篇报道发布出来后，蒋介石先生气得不得了，但是又有什么办法呢？因为尽管这个标题带有侮辱性，把国骂都写到标题里了，但报道的确实是新闻事实，所以蒋介石先生也就哭笑不得。这个标题既包含了新闻时事，又表达了记者的情绪。

所以在做新闻标题的时候，要向微信、微博的标题党学习，要向“知音体”学习，尽可能地把标题做得鲜活、生动、有趣，符合传播生态，尽力避免“党报标题”，强化“代入感”。

为了更好说明如何做好标题。再举两个例子。国家刚实行国庆节、五一节小长假的时候，我当时在河南郑州工作。郑州各个媒体都把这个新闻放在了头版，但是《河南商报》的“国家让咱多歇两天”的标题，给我留下了非常深刻的印象。这个标题就算是放在现在公众号里也是一个吸引眼球的标题，它比那些“我国实行小长假制度”之类的一本正经的标题好得多。

做标题的最高境界是让受众一看就无法摆脱，让标题对受众具有“不可摆脱”的吸引力。

新疆检察2015年10月发过一篇报道，是以图片报道为主的，正义网也转发了。新疆检察首发时，标题是“高墙内的公平正义”，副标题是“探访驻监检察官的工作”——这就是比较正的标题。这样的标题发布在《人民日报》《检察日报》或者检察院官网都是好标题，但是正义网在转载时，却把标题改成了“检察官为啥要到监狱去上班？看完这些图你就明白了”，这就是典型的新媒体标题，更能引起受众的好奇心。

就这篇文章的两个标题来讲，不能说太正的标题不好。说正义网的标题做得好，只是想说明同一篇文章在不同的传播环境中发布时，小编要有意识地去制作不同的标题。

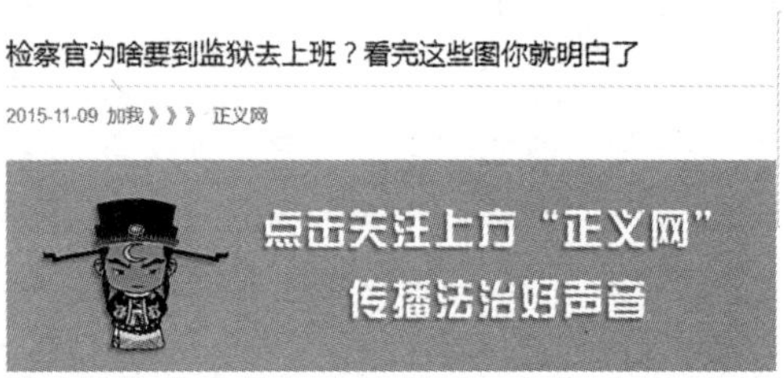

图1

就网媒而言，网媒标题做得好不好取决于：标题对受众的吸引程度；受众对于标题所提供信息的需要程度。如果你所做的标题不具备这两点，那么你就是失败的。

网络受众在接受新闻信息时，更自主，更迅速。通常只关心发生了什么新闻，而忽略事实的细节。随着生活节奏的加快，信息的与日俱增，在海量的新闻传播环境中，以浏览新闻标题为主的受众越来越多，所以在制作新媒体标题时，往往以单一标题为主，就是用最简练的文字，将新闻事实中最具新闻价值的元素概括出来，受众不需要点击新闻正文，就能对最重要的新闻事件有所了解。

如：“央视员工泳池救狗被电身亡事件家属获赔195万元”，这个标题基本就是一句话新闻，具备了事件的地点人物，一句话标题概括了事件发生、发展、结果、过程，但是我认为这还不算是好标题。好的新闻标题，要达到让网民瞄一眼就伸手指头的效果；好的新闻标题，要让网民在信息海洋中以最快的速度找到自己关心的信息，然后伸指点击。

我还认为，比较好的新闻标题要尽可能地具备六个最：最重要的内容、最新鲜的事实、最具有冲突性的内容、最显著的内容、最反常的内容、最有趣的内容。这六大元素只要具备其一就可能成为一个好标题。因为时间关系我就不多介绍了。我们继续进入下一个话题关于新闻的适度策划。

话题五：正面报道的适度策划

新闻策划是我们经常讲的一句话。正面报道的适度新闻策划，是为了达到宣传目的，去有意识地采取推动措施，来产生新闻，这种意识就是策划意识。

新闻策划对媒体来讲不是什么新鲜事。一本杂志或者一张报纸的定位，就是宏观策划，中观到每一版的策划，微观到每一条新闻的策划。对于我们每个办报纸、办杂志的人来讲，策划几乎就是每天要干的事。

以前我在《华西都市报》举办的座谈交流活动中，曾经和朋友们探讨过新闻策划的“一度水”理论。我们把它定义为：新闻素材只有99度，加一把火增加1度，让“水”沸腾，这就是我所说的“一度水”理论。那么，我们加的那“一把火”所增加的1度，实际上就是新闻的适度策划行为。

但是，我们在进行新闻策划的操作时，一定要恪守新闻策划的三原则：

一是真实性原则。尊重客观事实，坚持新闻的真实性。这是新闻策划的首要原则。前些年在北京发生的“纸馅包子”新闻事件，就是典型的背弃新闻真实原则的败笔，导致的结果也很严重，就是记者被单位开除了。

二是公众利益原则。策划新闻必须无损于公众的利益，在有利于自我宣传的同时，也有利于社会的发展。否则，就会误入歧途。所以在面对“99度水”——就是你面对真实的新闻事件时，它其实包含两层含义：一是策划必须以客观存在的新闻事物为基础，决不能以假象或者被扭曲、肢解了的事物为策划依据；二是策划人采取的相关行动必须真实，甚至成为新闻事件的有机组成部分，而不是演戏，更不能假借策划之名而制造虚假新闻。

第三就是创新原则。我们经常说“第一是第一，第二就啥也不是”。创新是策划的灵魂。别人搞了一次策划，你也照转，那别人可能传播得非常快，你就没人关注。为什么呢？就是因为你在模仿，没有新意，所以就难以成功。

无论政法工作的宣传，还是其他领域的宣传，正面新闻报道无论如何策划，我们的终极内涵其实就是三句话：教育公众、引导舆论、推动工作。

话题六：如何应对舆论危机

无论何时，我们都必须时刻牢记：新闻是把“双刃剑”。有时候，一条我们认为没有任何问题的正面新闻，一旦放到网络上，反而会引来很多非议，甚至形成舆情事件，这是因为什么呢？

因为新闻也好，媒体也好，它其实就是一把“双刃剑”，可能会带来一些副作用，成也萧何，败也萧何。因为新闻永远是滞后的，永远都是先有事实，而后才有报道；所以我们只能为了宣传去写新闻，而不能为了炒作去捏造新闻。不要为了新闻而新闻，不能夸大事实去写新闻，这样出来的新闻很有可能引起副作用。

那么，在信息传播过程中，舆情事件和舆论危机是如何形成的呢？一般情况下，各类媒体发挥舆论监督职能——这是媒体非常强悍的职能之一——报道了某个人某件事的批评信息后，经过广泛的传播，形成对事件当事人的负面社会评价，甚至产生影响社会稳定的群体性事件，对事件当事人往往造成诸多实际损害。一旦发生这种情况，无论是你发布的新闻也好，或者是被动曝光也好，只要形成了以上影响，就等于形成了新闻舆论危机。

我们还必须认识到，在新的传播环境中，舆论危机的爆发有着鲜明的“五大特性”：突发性、偶然性、快捷性、是非模糊性、不可控性。

现在我们处于社会转型期，各种社会问题、社会矛盾交织，许多问题都是新问题，都是从来没有遇到的问题；尤其是改革开放后，包括下岗也好，失地农民也好，贫富差距也好，好多人心里不平衡，怨天尤人，需要寻找“情绪发泄口”。在这种情况下，一旦你推送了一条信息，或者是别人披露了一条负面信息，马上就会引发社会公众的情绪化表达。这种情绪化表达，一旦聚集到一定的规模，就会形成舆论危机。

全媒体时代舆论危机的形成，我认为也同样具有突发性、偶然性、快捷性、是非模糊性、不可控性。尤其具有非模糊性，这点是我们非常头疼的，就是有些人上来就骂，甚至新闻看都没看，他就表达自己的观点。他们在网络上起哄也好，发泄也好，就是因为这样的人太多了，所以爆发舆论危机的可能性就大大增加了。

在这样的舆论环境中，我们政法机构往往首当其冲，甚至一些新闻个案，我们政法机构只是在履行正常的职能，也会成为“替罪羊”，网民骂到最后，吵到最后，就把是非问题摆在一边，都冲着政法机构和政府机关来了。

而且我们如果认真看看，就会发现，各种风行网络的流行词语，往往就是典型的“民意流”的体现。所以舆论危机的形成，有时候往往具备刚才所说的偶然性，就是一个很不起眼的事物，我们觉得没有什么意思、不被关注的一个很小的事件，就能够尺水兴波，寸山起雾，成为多米诺骨牌的第一张骨牌。一旦发生多米诺骨牌效应，我们难以预见的是从第一块骨牌倒下，到最后一块骨牌的传递——也就是舆论危机的形成过程会有多久，这往往会对我们管控舆论危机造成非常大的困难。

我们在分析网络流行语、流行词时会发现，负面的往往占大多数，比如范跑跑、躲猫猫、楼歪歪、墙脆脆、正龙拍虎、开胸验肺等，而正面的则占少数，如托举哥、暴走妈妈等。此外还有一些中性的，比如预言帝、表情妹、犀利哥、肌肉男等。

负面的网络流行语往往会因为一个负面事件，形成一场非常大的、最终导致严重后果的新闻事件，这是我们时刻应该警惕的。因为由这些网络流行语所代表的这些网络舆论危机，往往会波及政法机构，而且政法机构也是舆论危机爆发的高发区。

那么，一旦突发舆情事件时，我们应该怎么办呢？

我是从 1999 年开始上网的，后来也曾经参加过一些舆情事件的处理。那时我们处理舆情事件的宗旨归纳起来就三个字“扬、堵、疏”，就是对于一场舆情事件，首先分析哪些人发表的舆情言论应该支持，哪些人的言论应进行拦堵；不管怎样，最重要的就是最后一个字——“疏”，就是想尽办法，以符合网络传播生态的方式，进行技术性的疏导。

对于政法系统而言，一旦陷入舆论危机中，我们究竟应该如何发声？我谈一些不成熟的建议。

一旦舆情事件发生后，第一要动用传统媒体、网络媒体、各种各样的媒体全方位、多角度地介入，然后进行疏导。“扬、堵、疏”这三个字如果在执行过程中能够配合并运用得比较好的话，基本上能够达到事半功倍的效果。

第二要尽可能快地提供信息，防止夜长梦多，日久生变。因为网络舆情的变化是非常快的，时时刻刻都在变化。你可能晚一步，舆情事件就变得不可控了。

最后一点就是，在处理舆情事件中，很多朋友忙活了半天，往往最后把事情越搞越糟，这其实是你没有掌握好相关技巧和流程，或者是你发布的信息不对，就导致了好心办坏事，最后在领导面前出力不讨好的后果。

比如说，某些舆情事件发生了，你一发声就先下个结论，这就等于先把路堵上了，你在后续想发布些新的信息就会很被动。另外姿态和态度比技巧更重要，还有立场，就是刚才说过的"受众立场"，这是非常重要的。

总而言之，我们面对舆论危机，一定要真诚坦率，早讲事实，重讲态度，慎讲结论。

有一句俗话说得好，"再好的刀疮药不如不长疤"。也就是说处理舆情事件，最好的办法是不让其发生。那么，怎样才能防患于未然呢，我认为——

一是切实培训单位各部门人员，增强宣传意识和危机沟通意识。

二是广泛建立与相关领域特别是社会知名专家学者的沟通联系，经常性地交换信息，沟通情况。

三是与媒体的记者、编辑交朋友，避免需要时"举目无亲"。

四是培植、建立行业外的"意见领袖"，充分发挥"意见领袖"的作用，在传播效果上往往起到事半功倍的作用。

名师大咖谈“新疆检察微课堂”

最高人民检察院新闻办公室网络宣传监管处处长宋安明：

新疆检察顺应时代潮流，大胆探索与尝试新媒体运行管理人才培养和技能养成新路径，利用微信群组形式建微型课堂，邀请全国新媒体名师大咖们给全疆检察机关新媒体人员分享经验，传授知识，改变了以往“台上讲、台下记、知识多、消化慢”的老套路，变为“微量式”的渗透、“渐进式”的吸收方式，此种人才培养和技能养成模式值得推广。期待新疆检察在“互联网+检察”方面继续创新形式，推进检察新媒体发展“繁花似锦”。

工信部情报所网络舆情研究中心副主任王新涛：

“新疆检察微课堂”，顺应新媒体学习的新时代，以社群O2O模式探索“互联网+微课”新模式，实现了足不出户就可以与名师大咖们面对面交流，零距离对话，快速便捷获取前沿新知识的目标。

国家卫生计生委《中国医药导报》杂志副总编刘志学：

在现代科技飞速发展的大背景下，“新疆检察微课堂”适应“圈群化”的新媒体传播生态，利用各种优势，整合多方资源，践行“互联网+检察”理念，取得了相关知识的“指尖上的传播”成就，这是一种卓有成效的知识传播方式的新探索。祝“新疆检察微课堂”越办越好！

海宁司法局局长金中一：

新疆检察微课堂，是互联网时代做好政法干警思想政治工作的好平台，是政法队伍建设的有效抓手。值得各地借鉴学习！也希望越办越好！

中国公安微博第一人陈永博：

“新疆检察微课堂”是网上群众路线的重要实践活动。它传播了新疆检察官的现代新媒体意识，体现了浓郁的互联网思维，普及了法律知识，弘扬了社会主义法治理念。希望芝麻开花节节高！

重庆大学新闻学院研究员、博士生导师，中国网络传播学会秘书长曾润喜：

微课堂有大智慧，它以一部手机的形式汇聚海内外专家学者，传递法治和正义的力量。

北京清博大数据舆情事业部总编孙婧：

“新疆检察微课堂”，巧妙结合了微授课和微讨论的方式，成就了“新疆检察指尖上的云课堂”，有效提高了全疆检察系统干部职工新媒体运用能力和水平，对推进新疆检务公开、紧紧依靠网络媒体凝聚检察工作正能量起到很好的推动作用。

新浪政务新媒体学院讲师、首席运营官马凌霄：

新疆检察立足新疆检察宣传工作，放眼全国，创新检务培训模式，通过“微课堂”把全疆检察新媒体团结起来，建立起与各新媒体平台交流互通的渠道。“微课堂”打破地域限制、时间限制，实现了新疆检察新媒体与全国先进政务新媒体的无缝对接，是新疆检察积极实践“互联网+”的成功尝试，为打造新疆政务新媒体矩阵打下了坚实基础，体现了省级检察宣传部门的责任与担当。

《检察日报》新媒体工作室副主任张伯晋：

“新疆检察微课堂”自创办以来，依托移动互联网打造了互联互通的检察新媒体教育云课堂，让名师大咖与普通学员之间零距离沟通，教学相长，共同切磋，取得了非常好的实践效果。有幸列席观察微课堂，聆听过几次专家授课，倍感惊喜振奋。这种在线教学与讨论模式值得在全国推广。期待新疆检察微课堂利用新媒体技术，不断创新微课堂授课形式，给广大干警带去更多方便快捷的知识福利。

伊犁州人民检察院政治部副主任刘彬：

伊犁州人民检察院通过微课堂，把我们和来自全国各地的网络专家和大咖们聚集到了一起，每周都可以近距离沟通探讨，答疑解惑，学习经验，着实让人惊呼不已。“这是如何做到哒！”曾经业界重量级偶像和知名人物，都一个一个出现在讲堂上，仿佛近在咫尺，让我既欣喜激动又倍感光荣，十余次的课程学习都受益匪浅，还荣幸地担任了两场的主持人。课程拓展了自己对互联网发展的视野，加深了对新媒体加检务的认知程度。我相信，在新疆检察机关“微课堂常态化，讲课精准化，老师专业化”的保障下，我们检察宣传战线的队伍一定能快速成长，使检察声音唱得更响亮。

察布查尔县人民检察院吴珊珊：

在听了微课堂的集中讲课后，让我对“两微一端”新媒体政务这个工作有了一定的了解。这种用微信组织在线课堂的方式，既新颖又便捷，打破了学习的时间和空间的限制。邀请的授课老师也都是顶尖人物，讲课的内容更是实际又实用，课后大家在一起的畅谈更是对课堂内容最好的反馈。我喜欢这种学习方式，轻松高效。

特克斯县人民检察院新媒体小编团队：

“新疆检察微课堂”让我们与名师大咖们零距离接触和学习交流不再是一种奢望。这种形式的学习，激发了我们的学习兴趣。我们可以灵活安排时间，我们经常一起吃完午饭后坐在一起补听前一天的微课内容，讨论彼此所收获的心得。这样的形式好时尚、潮流。我们为“新疆检察微课堂”点赞！！

尼勒克县人民检察院邓涛：

利用下班闲暇之机，听一会儿微课堂，只为多学习点新媒体知识。虽然多年来一直从事宣传工作，但越来越觉得在宣传形式和创意方面跟不上趟。通过微课堂大V们的授课，确实长进不少，加油！

“聚焦基层看检察”宣传接力活动

在首席数据官沙龙群里，除了经常跟工信部网络舆情研究中心副主任王新涛先生交流新媒体建设外，我交流最多的是中国传媒大学的侯锷博士。

侯锷博士是一位专门研究政务媒体矩阵的学者。是他，手牵手地把我们新疆检察系统的新媒体带入矩阵建设模式；也是他，让我们对新媒体矩阵建设有了全新的认识——围绕“政务新媒体矩阵的发展”，我们常常一聊就是几个小时。正是在与侯锷博士的交流、了解他的政务新媒体理念，以及分享“银川模式”的过程中，才有了新疆检察矩阵网络问检的简单尝试。

新疆检察新媒体矩阵在这样的背景下逐步形成后，为了让矩阵实现上下联通并检验矩阵各节点的联通能力，2017年年初，我们精心策划了覆盖面积约166万平方千米的“聚焦基层看检察”宣传接力活动。活动从3月1日开始，预计历时6个多月完成。目前已经完成了四分之三的接力，其中微博话题总阅读量已经超过了4.1亿。

关于这次“聚焦基层看检察”宣传接力活动的意义、过程以及影响，自治区人民检察院政治部宣传处准备了一份资料，曾在2017年全国检察机关相关研讨会上，与兄弟单位相互交流、共同分享。

——覃辉君

探索检察新媒体矩阵社会化宣传模式

自治区人民检察院政治部宣传处

用百姓通俗易懂的新闻故事，以最快捷的方式传播正能量，新疆检察机关利用新媒体搭建立体化、多层次的接力宣传平台，让检察故事走进千家万户，探索了检察新媒体矩阵社会化宣传新模式。今年年初，我们组织策划了历时6个多月，覆盖中国版图面积约六分之一的“聚焦基层看检察”检察新媒体矩阵宣传接力活动。本次活动是全疆120个检察院接力通过检察新媒体平台，对党的十八大以来全疆检察机关服务总目标的一次展示；是对忠诚履行检察职能、维护公平正义的一次彰显；是对人大代表、政协委员建议加大宣传力度，让群众了解检察工作的一次回应；是让检察新媒体与地方网络宣传机构整合联动的一次尝试；是对全疆各级检察院党组重视检察宣传工作程度的一次检验；是对全疆检察新媒体工作人员的一次练兵。截至目前，活动完成了12个地州84个检察院的接力，仅新浪微博阅读量就突破了4.1亿。我们的具体做法如下：

一、创新思维，开启全疆检察机关矩阵宣传大格局

新疆是打击“三股势力”的主战场，全疆检察干警处在反恐第一线，面对各种压力，每天都会发生许多感人的检察故事。如何把边疆检察故事传递出来？在新媒体环境下，传统的方式已经满足不了需求，我们必须发挥检察新媒体的主阵地作用，唱出检察好声音，展示检察好形象，传播检察正能量。

我们经过反复研究，决定在全疆开展检察新媒体矩阵“聚焦基层看检察”宣传接力活动，让检察院每天在接力中宣传自己的工作亮点、特色做法和典型人物。多角度、全方位反映边疆检察人坚守基层、甘于奉献、服务百姓、主动作为，以担当诠释忠诚，用行动践行使命的高尚品格和奉献精神。

3月1日，我们在乌鲁木齐市天山区人民检察院进行了全疆检察新媒体矩阵“聚焦基层看检察”宣传接力活动的启动仪式，邀请新疆主流媒体领导和有关宣传负责人等嘉宾按下启动按钮，发布了接力宣传活动的第一条微博，正式拉开了全疆检察新媒体矩阵宣传的序幕。

二、精心策划，注重突出宣传基层检察工作闪光点

这次宣传接力活动，主要通过不同角度、不同侧面的检察故事，不同地域的检察风貌和精彩纷呈的足迹印象记忆，全面展示新疆检察人的工作和生活状态，让社会了解新疆检察，让新疆检察走向社会。

1.地域文化与检察文化融合，唱响独具地域特色的检察故事

地域文化容易在普通网民心中产生共鸣，让原本被动接受的单调枯燥的检察故事变成主动接受的丰富而有内涵的检察故事。伊犁州特克斯县，整个县城根据《周易》八卦“后天图”方位设计建成，是世界仅有的“八卦城”，易经文化的衍生地，城中心向外辐射出八条大街。宣传接力以“八卦城中话检察”为主线，将“八卦”易经文化与检察工作理念相结合，向外界展示特克斯县人民检察院的检察文化底蕴和深刻内涵。新颖的创作内容，瞬间抓住了阅读关注热度，仅10小时，其话题阅读量就突破100万。这也掀起了接力活动中的第一次阅读量过百万的爆棚。阿勒泰富蕴县以“物华天宝，资源富集”而闻名世界，这里有质地优良的各种宝石，有为中国 “两弹一星”立下了汗马功劳的“三号矿坑”。神秘而传奇的富蕴县，只有26名融汇了汉、蒙古、维吾尔、哈萨克四个民族的检察干警默默坚守在这里，以主动作为维护社会和谐稳定，用责任担当守护着公正与正义。接力中，将富蕴检察人赋予了宝石一样的传奇与神秘，阅读量在短短的几个小时也突破了82万。

2.视频微直播，让新媒体接力宣传更具现场感

视频微直播拉近了宣传对象与受众对象的距离，增加了检察工作与百姓的亲近感。在石河子市检察院接力时，邀请全国模范检察官、中国十大法治人物、中国正义人物、中国十大责任公民、退休检察官张飚走进石河子站直播室，同网民一起分享当年推动浙江张氏叔侄强奸杀人案平反昭雪的艰辛历程。最终实现625.2万的阅读量。在玛纳斯县检察院接力时，素称“铁嘴”“快手”的李新花副检察长走进直播间，与网民一起聊日常生活中的法律误区和法律盲点，最终收获900多万的阅读量。

3.探索“按需供+计划供”模式，由单纯“送菜式”逐步向送、点结合的宣传转变

我们宣传什么，网民就看什么，这样的宣传模式，长时间会让网民感到烦腻。在这次接力中，我们开始尝试“网民想看什么，我们就宣传什么”的“按需供”的宣传模式。事先征求网民意见，看他们对什么样的检察故事感兴趣。接力时我们择优通过视频微直播问答网民。

三、立体推进，形成检察与社会整体联动传递检察正能量

讲好检察故事，让检察正能量主动占领舆论场，就必须积极适应新媒体时代信息传播格局和社会舆论生态，准确把握新闻传播规律和检察工作特点，创新宣传手段方式，大力推动全媒体布局，形成整体联动、立体化、多层次、全媒化检察新闻宣传格局，巩固壮大检察机关主流思想舆论阵地,以最大的渗透性提升传播力、导控力和影响力。

为了确保接力宣传效果，各地检察机关主动与当地党委宣传部门、网信办沟通，与辖区媒体平台对接，积极争取全程参与指导，提供协助推广支撑。克拉玛依市乌尔禾区人民检察院接力宣传期间，区委书记动员全区党员干部群众，利用朋友圈、微博参与转发、评论。当天，“聚焦基层看检察”成为乌尔禾区干部群众之间、QQ群、微信群的热门话题，24小时话题阅读量高达2500多万。塔城沙湾县检察院为了突出宣传效果，除了从当地宣传部、网信办取得支持外，还邀请当地的著名民族作家参与策划宣传。克拉玛依市克拉玛依区检察院通过市委宣传部、网信部门协调，发动全市1000多名网络文明监督员和当地网络大V积极参与两级检察院的接力，信息的活跃度高，有的单条微博24小时最高转发量3459条，掀起了持续的热点高潮，24小时话题阅读量超过了1500多万。阿勒泰富蕴县检察院邀请全国民族团结模范，昌吉州吉木萨尔县检察院邀请当地形象大使歌手，分别向社会发出聚焦检察、传递检察故事的邀约。

这次全疆检察新媒体矩阵接力宣传活动在社会上产生了良好影响，边疆检察人坚守基层、甘于奉献、服务百姓、主动作为的形象深入人心。“聚焦基层看检察”活动通过微博打造了一个便民利民、传递检务信息、检察与社会良性互动的平台。据新浪微博数据显示，中国7838个微博账号成为话题传播主力。网友评论说，新疆拥有一支忠于职守、牢记使命、敢于担当的检察队伍，以高昂的斗志、进取的精神，谱写着新时期激扬奋进的检察事业发展史。

新疆检察新媒体矩阵接力走进木垒

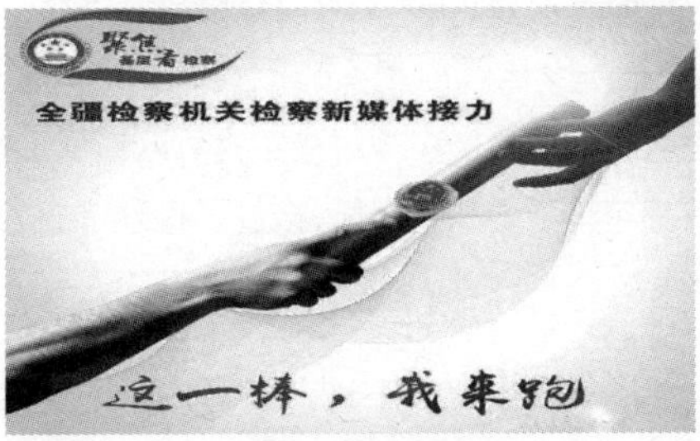

图1

图2

图3

图4

9:00

【#聚焦基层看检察#·昌吉州站第七棒·#昌吉市检察接力#·接力预告】

木垒哈萨克自治县人民检察院已接过全疆检察新媒体矩阵接力棒。今天的舞台属于我们。欢迎关注、围观“生态宜居塞外江南”的木垒县，走进木垒哈萨克自治县人民检察院，10:30 我们不见不散！

10:30

【#聚焦基层看检察#·昌吉州站第七棒·#木垒县检察接力#·天山脚下·养心的家】

昌吉州版图的最东边，镶嵌着一颗中国西部的“东方明珠”，它就是著名的丝绸之路养心的家——木垒。木垒年均气温 5.6℃，全年优良天气达到 359 天，被誉为“天山脚下的天然氧吧”。(配有视频)

10:50

【#聚焦基层看检察#·昌吉州站第七棒·#木垒县检察接力#·生态宜居·塞外江南介绍】

木垒县用传统的放养方式，造就了闻名遐迩的木垒羊肉；有中国最大的鹰嘴豆生产基地；是有“沙漠白金”之称的长眉驼生产基地；是有“哈萨克刺绣之都”美誉的民族刺绣加工基地；有得天独厚的风光资源。木垒县是一个物净天养、物美天造的地方。

11:10

【#聚焦基层看检察#·昌吉州站第七棒·#木垒县检察接力#·峥嵘岁月抒写检察情怀】

今昔对比，感慨万千。无限美好的回忆，留下的是一段难忘的检察情怀。三十年弹指一挥间，检察人旧貌换新颜。一栋老建筑，一张老照片，一枚红检徽……这些实物可以作证，这三十年对于木垒的检察事业来说，是多么的不平凡！年轻干警扬帆起航，接过了检察事业的接力棒。让我们向历史致敬，共创木垒检察美好未来！

11:30

【#聚焦基层看检察#·昌吉州站第七棒·#木垒县检察接力#·不懈努力，铸就辉煌】

木垒县人民检察院先后获得了"全国人民满意的检察院"，区级"文明单位"、"标杆"检察院，州级"党建工作示范点""综合治理先进单位"，县"综合目标管理先进单位"等多项荣誉称号。

11:50

【#聚焦基层看检察#·昌吉州站第七棒·#木垒县检察接力#·信守承诺·牢记使命】

伴随着庄严的国歌，木垒县人民检察院首批检察官入额宣誓仪式正式开始。首批入额检察官面向国旗宣誓。马哈依检察长勉励入额检察官及全体检察干警，要以此为新的起点，从严要求，敢于担当，忠实地履行好法律监督职责，忠诚检察事业；要牢记党和人民的重托，做公平正义的守护者；要信守承诺，牢记使命，用实际行动践行誓言，做检察职业道德的恪守者。

12:10

【#聚焦基层看检察#·昌吉州站第七棒·#木垒县检察接力#·重拳出击·全力治腐】

木垒县人民检察院坚持以零容忍的态度查办社会反映强烈、关系民生民利的贪腐案件。2012 年以来，共立案查处贪污贿赂案件 41 件 51 人，渎职侵权案件 8 件 8 人，为国家和集体挽回经济损失 500 余万元。通过办案，有力震慑了犯罪行为，净化了社会风气。

12:50

【#聚焦基层看检察#·昌吉州站第七棒·#木垒县检察接力#·坚持"严打"不动摇】

自 2012 年以来，木垒县人民检察院共批准和决定逮捕各类犯罪嫌疑人 61 件 89 人，提起公诉 194 件 261 人。对涉暴涉恐、涉宗教极端犯罪案件坚持适时提前介入，引导侦查机关依法及时固定证据，快捕快诉，批准逮捕涉暴涉恐犯罪案件 3 件 5 人，提起公诉 4 件 6 人。

13:10

【#聚焦基层看检察#·昌吉州站第七棒·#木垒县检察接力#·用生命谱写无悔人生】

2006 年被诊断为肝硬化中晚期，医生说也许还有一年的生命；无法割舍检察事业的他，想着让最后的生命融化在检察事业上，于是拼命地工作；没曾想到，早被宣布死期的生命却继续到了今天——他就是木垒县人民检察院民行科检察官郭生文。他憨厚地对别人说：“我当初就是想着多多办案，没想到却让我活到现在，我还要继续活下去。”就在这生命延续期间，他连续多年被评为全州检察机关办案能手，荣记个人二等功一次，先后被自治区检察院评为“双模”先进个人，被自治区政法委评为“十大法治人物”；2011 年 6 月，被中央政法委授予全国政法系统“优秀党员干警”荣誉称号。

13:30

【#聚焦基层看检察#·昌吉州站第七棒·#木垒县检察接力#·聚合力、破难题、提战力】

木垒县人民检察院敢于正视基层民事行政检察工作薄弱现状和自身“短板”，不断尝试破解之道，2014 年以来，联合县公安局、法制办对全县各行政执法单位行政执法情况进行了检查，查看具体案件材料 100 多件，向 7 个行政执法单位发出检察建议书 15 份，提请抗诉 1 件；向法院发检察建议 22 件，建议再审 1 件，均被采纳。

13:35

【#聚焦基层看检察#·昌吉州站第七棒·#木垒检察接力#·下午继续相约】

所有牵挂惦念我们的好朋友，无论我们见或不见，我们都在这里，让我们住进你的心里！16:00，我们继续相约，不见不散哦！

16:00

【#聚焦基层看检察#·昌吉州站第七棒·#木垒县检察接力#·反恐维稳 敢于发声亮剑】

公诉科科长沙里马：作为一名检察干警，一名受党培养教育多年的哈萨克族党员干部，我深知没有共产党就没有新中国，没有共产党就没有哈萨克族人民的幸福安康，更没有我个人的成长进步。在工作生活中，我从来没有忘记党的恩泽，没有忘记党的恩情。作为一名党员干部，我们就应该坚定坚决地向一切分裂思想和言论宣战，坚定坚决地与“两面人”做斗争，彻底肃清“三股势力”编造的歪理邪说，用实际行动教育和引导广大维吾尔族群众积极投身到反恐维稳的主战场。感恩党、听党话、跟党走，在反恐维稳斗争中，立场坚定、旗帜鲜明地同“三股势力”做坚决斗争，自觉做维护新疆社会稳定的捍卫者，民族团结的守护者。

16:20

【#聚焦基层看检察#·昌吉州站第七棒·#木垒县检察接力#·抓预防 促反腐 保发展】

惩防并举，注重预防。木垒县人民检察院坚持点线面结合，在全县 10 个乡镇设立了预防职务犯罪检察联系室及数据库，尝试拓展到社区、重点部门，形成全社会、全领域、全系统、全覆盖的“四位一体”大预防工作格局。通过举办警示教育讲座，筑牢基层干部的廉洁从政防线。2012 年以来，与县纪委共同组织全县干部 430 人次到下巴湖监狱接受警示教育，深入机关、企业、社区、乡村、学校进行预防宣传和警示教育 54 场次。通过宣讲和敦促，19 人主动到检察院投案自首。加强诚信体系建设，为绿河公司等企业提供行贿犯罪档案查询123次，答复率100%，有力促进了社会诚信建设。

16:40

【#聚焦基层看检察#·昌吉州站第七棒·#木垒县检察接力#·四项举措推进“法治进校园”】

新学期伊始，木垒县人民检察院经过精心准备，由检察长马哈依带队，在中小学全面开展“法治进校园”活动，以《未成年人保护法》、校园欺凌等为主题，配上生动的漫画图片，使学生更容易理解并接受法律知识，达到“送法学法”的目的。活动共计发放宣传单2500余份，收到了良好的社会效果。

17:00

【#聚焦基层看检察#·昌吉州站第七棒·#木垒县检察接力#·浓浓亲情绽放团结之花】

“巴郎子几岁了？”“身体都好的呢吧？”“今年羊娃子下了几个……”简单淳朴的嘘寒问暖、感人肺腑的谈心场景、暖心和谐的团结故事，构成了木垒县人民检察院“民族团结一家亲”主旋律。结对认亲的亲戚们心心相印，幸福的微笑、浓浓的亲情，共同绽放成最美的民族团结之花。大家在一起拉家常、话情谊、叙亲情，共同祝愿全县各民族团结友爱，幸福安康，祝福木垒的明天越来越美好。

17:20

【#聚焦基层看检察#·昌吉州站第七棒·#木垒县检察接力#·草原上舞动的精灵——马背普法宣传队】

木垒县人民检察院针对山区农牧民居住分散的实际情况，因地制宜，组织“马背普法宣传队”深入牧区开展法律法规宣传。通过宣传典型案例，发放宣传材料，现场答疑解惑等形式，宣传教育牧民自觉守法，主动维护好牧区的社会稳定。2012年以来，共计走访牧民300余人次，发放宣传材料320余份，征集到意见建议5条。

17:40

【#聚焦基层看检察#·昌吉州站第七棒·#木垒县检察接力#·情系贫困大学生】

2016年以来，木垒县人民检察院通过“经费里挤一点、检察干警捐一点”的方式，资助维吾尔族特困学生阿力亚近4万元。目前，阿力亚已经考上新疆财经大学。好消息传来，木垒县人民检察院党组再次研究决定，将每学期给阿力亚资助3000元的学费，直到阿力亚大学毕业。

18:00

【#聚焦基层看检察#·昌吉州站第七棒·#木垒县检察接力#·传播公益　倡导文明】

木垒县人民检察院结合县情民情，扎实开展一系列社会公益活动。通过开展公益活动，进一步提高了检察干警的政治素养和宗旨观念，检民感情更加深厚，检察工作的公信力和社会满意度不断提升。

18:20

【#聚焦基层看检察#·昌吉州站第七棒·#木垒县检察接力#·强基层 助脱贫 暖人心】

木垒县人民检察院先后派出3批18名干警驻河坝沿村、王家庄子村、老城社区，协助村（社区），"两委"班子落实六项重点任务，共争取项目5个，落实资金264万元；慰问三老人员、困难户共59人次。认真做好精准扶贫工作，捐助4万元扶贫帮困，帮助1名维吾尔族缀学学生重返校园，资助其学费生活费4.7万元。连续两年，"访、惠、聚"工作分别获自治区、昌吉州"访、惠、聚"先进单位。

18:40

【#聚焦基层看检察#·昌吉州站第七棒·#木垒县检察接力#·"两房"建设开启检察新征程】

2017年4月27日上午12时，木垒县人民检察院"两房"及附属设施建设项目正式开工，开工仪式简朴，氛围浓厚，意义重大，这不仅是木垒检察事业发展历程中的一件大事，也是木垒县人民检察院全体检察干警的殷切期望，更是木垒县检察发展史上的一个新的里程碑。"两房"及附属设施建设为该院实现办公自动化、办案现代化、信息网络化和管理智能化创造了条件，奠定了基石。

18:50

【#聚焦基层看检察#·昌吉州站第七棒·#木垒检察接力#·结束篇】

忠实履行检察职能，切实肩负起社会稳定责任，充分发挥木垒检察人精神，撸起袖子加油干！离开风景如画的木垒，下一站，接力棒将进入"丝绸之路经济带上的璀璨明珠"昌吉州，由昌吉州人民检察院继续接力。请@昌吉检察接棒！加油！

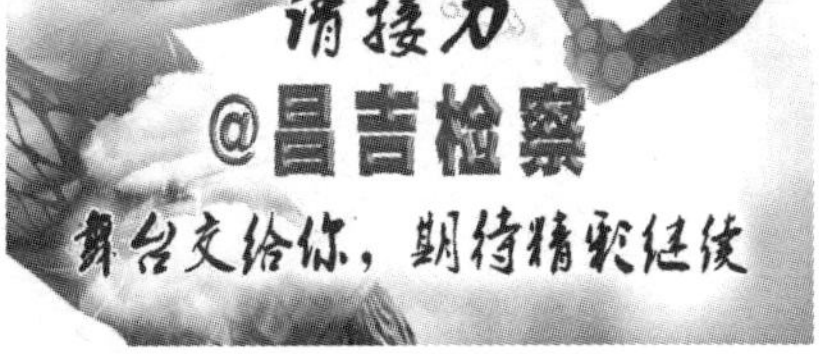

图5

图6

首席数据官沙龙群与中国信息化专家学者“围观基层”系列活动

中国信息化专家学者“围观基层”系列活动是由国内一批活跃在信息化研究领域的青年学者于 2014 年发起的，以众包众筹的方式组织筹备，目前已成为国内享有盛名的自发学术众包众筹组织。

参加围观的专家学者拥有不同的学科背景，还有来自政府、企业与社会各界的人士，每次围绕一个信息化热点议题、基层政府的实践案例和具体问题进行深度观摩研讨，目的是推动跨界交流，推进基层政府创新，解决实际问题。

每次活动由一个政府部门和一所高校共同组织，至今已成功举办九次。

郑磊

中国信息化专家学者“围观基层”系列活动的缘起与简介

郑磊 复旦大学国际关系与公共事务学院副教授、院长助理，数字与移动治理实验室主任。获纽约州立大学公共管理与政策博士学位。研究方向：政府信息战略与管理、政府社会化媒体、移动公共服务、开放政府数据、跨部门信息共享等。担任国际数字政府学会常务理事、中国信息协会电子政务专家咨询委员会委员、上海市政务数据资源开放共享推进专家组成员。曾主持和参与过多项国家和省部级科研基金项目和政府咨询课题。

“围观基层”活动的缘起

中国信息化专家学者“围观基层”系列活动起源于2014年5月在微信群自发形成的一次“快闪”行动。

一个周末的中午，在“电子政务专家学者”微信群里，全国第一家公安微博“平安肇庆”的博主陈永博老师热情邀请群里的专家学者们前去调研。我之前对“平安肇庆”已做过一些研究，表示很感兴趣。这时群里另一位老师插话说，与其大家一个个去调研，不如组织一次集体调研，这一建议立即得到了群友们的响应。接下来，就在一天之内，在群内通过共同讨论确定了主题、时间、组织方式和报名。过去我们组织往往是由主办方确定主题和时间，然后发会议通知，报名，如有特殊情况再由主办方重新调整，再重新通知……耗时耗力，而这种借助互联网工具实现的扁平化、协作式的会议组织方式效率高，效果好，参与度高，最重要的是，这很有趣！

之后，肇庆市公安局和复旦大学数字与治理实验室承担了围观活动的具体组织工作。2014 年 6 月底，“围观肇庆”活动如期举行，中国电子政务领域各高校的学者们几乎都参与了这次围观，调研和研讨活动也取得了很好的效果。在这次研讨活动结束后，参会学者专家们对“围观基层”系列活动的组织模式和后续活动进行了热烈讨论，决定按照这种方式将围观活动继续办下去，并成为活动的共同发起方。

中国信息化专家学者“围观基层”系列活动发起人

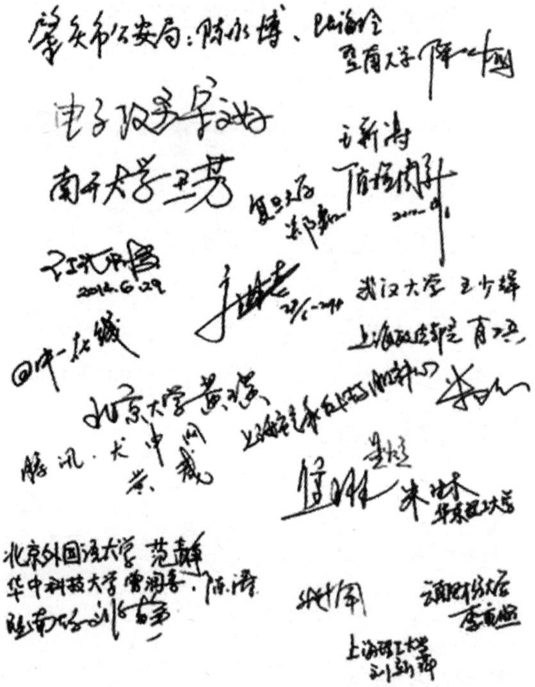

图1

“围观基层”活动的组织方式

“围观基层”系列活动每次围绕一个信息化热点议题和基层政府的实践案例展开观摩和研讨，并由一个政府部门和一所高校共同承办，旨在促进实践界与学术界的跨界交流，推动基层政府信息化创新。群内的每个人都可以通过微信群聊发起活动，只要主题和地点能引起大家的兴趣，就说走就走，立即形成一次活动，复旦大学数字与治理实验室进行每次活动的协调。

为了不给主办方增加负担，不因经费和审批流程问题而耽误第一时间“围观”重要热点案例，实现“快闪”，围观活动采用众包众筹的方式组织，群友们自愿参与，自付费用。每次线下的“围观”活动结束后，线上讨论将在微信群内持续进行，并自发形成下一次线下活动，实现线上线下O2O循环，成为“永不落幕的研讨会”。

“围观基层”活动坚持专业中立、非营利的原则，并保持开放性，每次活动都公开报名，欢迎感兴趣的新成员加入，调研讨论成果在群友间共享。因此，围观活动不是一个封闭的科层组织，而是一个开放的网络式平台。

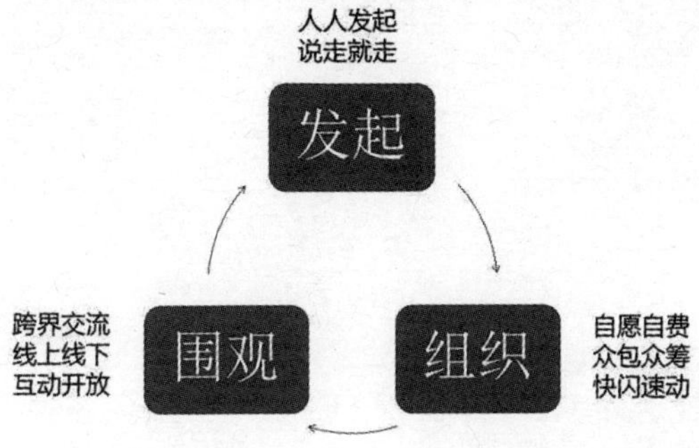

图2

“围观基层”活动历次活动主题和主办方

围观肇庆

时间：2014.6

主题：移动治理微服务

主办：肇庆市公安局和复旦大学数字与移动治理实验室

围观南海

时间：2014.11

主题：数据统筹与开放

主办：南海区数据统筹局和暨南大学公共管理学院与应急管理学院

围观上海气象

时间：2014.12

主题：智慧气象助推智慧城市发展

主办：上海市气象科技服务中心和上海交通大学网络信息中心

围观天津滨海

时间：2015.3

主题：网络社会治理与服务

主办：天津市滨海新区行政审批局和南开大学商学院网络社会治理研究中心

围观贵州大数据

时间:2015.7

主题:大数据发展与政府治理

主办:贵州省经济与信息化委员会和清华大学公共管理学院

围观上海交通

时间:2015.11

主题:互联网+交通

主办:上海市交通委和华东理工大学

围观玉溪

时间:2016.7

主题:互联网+医疗

主办:玉溪市工信委和云南财经大学

围观重庆

时间:2016.10

主题:健康医疗大数据实践与应用

主办:重庆市卫生计生委和重庆大学新闻学院

围观纽约

时间:2017.6

主题:国际数字治理发展动向

主办:联合国经济和社会事务部办公室和复旦大学数字与移动治理实验室

图3

案例展示:围观重庆

会议简介

2016年6月,国务院办公厅颁布《国务院办公厅关于促进和规范健康医疗大数据应用发展的指导意见》。意见指出,健康医疗大数据是国家重要的基础性战略资源,要顺应新兴信息技术发展趋势,规范和推动健康医疗大数据融合共享、开放应用。为积极响应国家重大战略,中国信息化专家学者“围观基层”系列活动第八站(重庆)将邀请相关领域专家学者共话健康医疗大数据。

会议主题

健康医疗大数据实践与应用

包括但不限于下列子议题:人口健康信息平台建构、健康医疗大数据的采集与资源共享开放、居民健康状况等重要数据精准统计和预测评价、公共卫生大数据应用、健康医疗海量数据存储清洗和分析挖掘、健康医疗大数据的安全隐私保护、数字化健康医疗智能设备、远程医疗应用体系、智慧医疗惠民等。

参会对象

对会议主题感兴趣的政府和企事业专家、科研院校学者等

会议时间

2016年10月14~16日(14日报到,16日中午闭会)

会议地点

重庆市沙坪坝区大学城南路55号

重庆大学虎溪校区新闻学院三楼会议室

会议组织

主办:重庆大学新闻学院　重庆市卫生和计划生育委员会

　　中国新闻史学会网络传播史研究委员会　中国电子商务协会智慧城市委员会

协办:工信海威·中迪健康医疗数据研究中心

日程

10月15日上午	
9:00~9:15	开幕式 主持 曾润喜 研究员，重庆大学青少年新媒体研究中心主任，中国新闻史学会网络传播史研究委员会秘书长 致辞 张瑾 教授，重庆大学新闻学院副院长 致辞 穆卫农 处长，重庆市卫生和计划生育委员会信息化建设与统计管理处 致辞 王新涛 副主任，国家工业和信息化部情报所网络舆情研究中心
9:15~9:30	合影
9:30~10:15	主题报告 重庆市卫生信息化历程及体会 穆卫农 处长，重庆市卫生和计划生育委员会信息化建设与统计管理处
10:15~10:45	主题报告 健康诊断数据一体化应用与可视化服务 陈平 副主任，工信海威·中迪健康医疗数据研究中心
10:45~11:30	提问与讨论

10月15日下午	
13:30~13:40	郑磊“围观基层”活动介绍
13:40~15:30 研讨单元一　方法论 主持　赵文龙	王芳 信息源选择 李成波 健康大数据研究的方法论思考 周威 关于数据库等计算机科学与现代生物技术诊断的结合 刘承宜 电子健康档案健康信息提取的自相似方法 马新强 健康医疗大数据存储清洗和分析挖掘 苏倩 医疗大数据时代之 DRGs
15:10~15:30	提问与讨论
15:30~15:40	茶歇
15:40~17:00 研讨单元二　实践论 主持　陈少华	赵文龙 关于卫生大数据发展战略的思考 张会平 中国实现医疗信息系统互操作的路径：以四川省为例 李重照 云南玉溪“互联网+医疗”的实践与理论思考 胡新丽 新疆移动互联网+医疗发展

续表

16:40~17:00	提问与讨论
17:00~18:20 研讨单元三　新媒体 主持　胡新丽	陈少华 基于社交网络文本的公众健康评测探析 张韦 社交媒体大数据在自杀防治的可能应用 张志荣 新媒体时代构建健康传播立体平台 郭英凯 医疗大数据中的信息安全问题
18:00~18:20	提问与讨论

10 月 16 日上午	
9:00	班车在特丽斯酒店门口出发
9:00~11:30	参观重庆市卫生信息中心

参会嘉宾名单

（按姓氏音序排列）

姓　名	职称及单位
陈红伟	重庆磐超互联科技有限公司执行董事
陈　平	工信海威·中迪健康医疗数据研究中心副主任
陈少华	华中科技大学教授
陈　涛	华中科技大学教授
陈则谦	河北大学副教授
董　煜	上海市静安区就业促进中心副主任
杜志银	重庆医科大学副教授
郭英凯	上海北信源信息技术有限公司副总经理
侯筱蓉	重庆医科大学副教授
胡新丽	中南民族大学副教授、行政管理系主任
黄　成	重庆医科大学副教授
黄　建	重庆医科大学硕士研究生
黄　羿	重庆文理学院副教授
蒋丹璐	重庆科技学院教师
李成波	重庆大学教师
李重照	云南财经大学教师
李云新	中南财经政法大学副教授
刘承宜	华南师范大学体育学学术委员会主任
刘艳军	重庆文理学院教师
吕亚兰	重庆医科大学教师
穆卫农	重庆市卫生和计划生育委员会信息化建设与统计管理处处长
马新强	浙江大学副教授
任雅丽	复旦大学教师

续表

姓　名	职称及单位
宋文好	《电子政务》编辑部主任
苏　倩	天津艾登科技有限公司医学编辑
田耘博	重庆市血液中心副主任技师、行政部副主任
田国栋	上海市静安区医疗保险事务中心主任
王新涛	国家工业和信息化部情报所网络舆情研究中心副主任
王　芳	南开大学教授
王　健	成都市第二人民医院主任医师
王　莉	电子科技大学副教授
王　群	大连理工大学教师
肖卫兵	上海政法学院副教授
谢　赟	中南民族大学硕士研究生
熊开容	广东工业大学教师
游　静	重庆科技学院教授
于　跃	重庆医科大学教师
叶自然	重庆市卫生和计划生育委员会信息化建设与统计管理处干部
杨　姗	重庆市卫生和计划生育委员会信息化建设与统计管理处干部
曾润喜	重庆大学研究员
张　瑾	重庆大学新闻学院副院长
张　斌	武汉大学教师
张会平	电子科技大学副教授
张　韦	华中科技大学教师
张志荣	南昌理工学院网络与新媒体系主任
赵文龙	重庆医科大学医学信息学院院长
郑　磊	复旦大学副教授
周　威	重庆大学硕士研究生
朱利平	重庆大学博士研究生

刘思宇　陈创

重庆大学新闻学院主办“围观重庆·健康医疗大数据实践与应用”研讨会

刘思宇　陈创　重庆大学新闻学院硕士研究生。

2016年10月15至16日，中国信息化专家学者“围观基层”系列活动第八站——“围观重庆·健康医疗大数据实践与应用”研讨会在重庆大学新闻学院三楼会议室召开。本次研讨会由重庆大学新闻学院、重庆市卫生和计划生育委员会、中国新闻史学会网络传播史研究委员会和中国电子商务协会智慧城市委员会共同主办，工信海威·中迪健康医疗数据研究中心协办。来自国家工信部、重庆市卫计委、复旦大学、浙江大学、华中科技大学、武汉大学、南开大学、重庆大学、重庆医科大学、《电子政务》编辑部、成都市第二人民医院、中迪医疗等30余家单位的近50名专家学者参与本次研讨会。

15日上午9时，研讨会举行开幕式。重庆大学新闻学院副院长张瑾教授代表学院致辞，对各位嘉宾的到来表示热烈欢迎和衷心感谢。张院长介绍了重庆大学新闻学院的历史发展和近年来取得的一系列可喜的教学科研成果，同时也祝愿中国信息化专家学者“围观基层”系列活动越办越好。

国家工业和信息化部情报所网络舆情研究中心副主任王新涛在致辞中指出，国家为支持大数据的发展实施了很多创新举措，包括支持大数据技术和产业创新发展、促进大数据与其他产业的融合、推动大数据标准体系建设、强化大数据基础建设并加强国际合作等。

开幕式由重庆大学青少年新媒体研究中心主任、中国新闻史学会网络传播史研究委员会秘书长曾润喜研究员主持。按照“围观基层”活动的传统，曾润喜研究员代表主办方向每位参会嘉宾赠送了一份“神秘礼品”——渝产特色尖辣椒，用尖辣椒的红红火火代表重庆这座城市的特征，也寓意着健康医疗大数据的发展将会红红火火。

开幕式后，重庆市卫生和计划生育委员会信息化建设与统计管理处处长穆卫农做了题为“在摸索中艰难前行，在磨砺中迎接挑战——重庆市人口健康信息化发展历程及体会”的主题报告。报告从“从无到有的干事创业勇气”“互联互通的信息惠民之路”“充满挑战的人口健康信息化”三方面介绍了重庆卫生信息化的发展历程。报告指出，目前重庆卫生信息化工作在国家战略规划指引下，已摸索出了一条适合重庆社会经济发展实际的前行道路，即以区域信息平台为建设核心，以信息互联互通支撑新医改为目标的卫生信息化建设路径。

在谈到此次“围观重庆”研讨会的意义时，穆处长表示，重庆的信息化建设确实需要围观。他说，从“古罗马角斗场”围观呐喊到“奥林匹克运动会”的围观参与，“围观”一词的意思就是很多人觉得一件事情有价值，值得欣赏，于是一群人开始围观。“围观”看的是热闹的、有价值的事物，观众通过欣赏、呐喊，有利于制定行业标准，给出评判，加强引导。

工信海威·中迪健康医疗数据研究中心副主任陈平做了题为“健康诊断数据一体化应用与可视化服务”的主题报告。陈平强调，“大数据的意义不在于掌握海量数据，而是对有价值的数据进行挖掘分析，从而实现数据的增值；因此，数据收集问题是自己遇到的最大难题。”谈及对策，陈平指出，在数据采集方面，要确保准确性、规范化、区域化；在数据传输方面，要注重安全性、可靠性、追溯性；在数据存储方面，因其海量性、安全性、追溯性等特点，应注意初期分流的重要性；而在数据归档方面，他指出要集中化、结构化和分类抽取。

15日下午，复旦大学国际关系与公共事务学院副教授郑磊介绍了“围观基层”活动的起源和历届活动情况。据介绍，“围观基层”活动起源于2014年微信群里的一次邀约，先前已在肇庆、贵阳、天津、上海、玉溪、佛山等地举办了七次，每次活动围绕一个信息化热点议题和基层政府的实践案例以及具体问题进行深度观摩研讨，活动旨在促进实践与学术的交流融合，促进基层政府创新。郑老师指出，围观活动不是封闭的正式组织，而是开放的网络平台，欢迎对活动有兴趣的各界人士参与；只要围观活动微信群里有好的想法，好的议题，有人愿意主办，有人乐意参加，就可以举办一次围观活动。

随后，研讨会分为“方法论”“实践论”“新媒体”三个研讨单元依次进行研讨。

研讨单元一“方法论”，由重庆医科大学医学信息学院院长赵文龙主持，南开大学商学院教授王芳、重庆大学新闻学院讲师李成波、华南师范体育学学术委员会主任刘承宜、浙江大学智能系统与控制研究所副教授马新强、天津艾登科技有限公司医学编辑苏倩、重庆大学生物工程学院研究生周威等做主题演讲。

研讨单元二“实践论”，由华中科技大学新闻与信息传播学院教授陈少华主持，重庆医科大学医学信息学院院长赵文龙、电子科技大学政治与公共管理学院副教授张会平、云南财经大学公共管理学院讲师李重照、中南民族大学公共管理学院副教授胡新丽等做主题演讲。

研讨单元三“新媒体”，由中南民族大学公共管理学院副教授胡新丽主持，华中科技大学新闻与信息传播学院教授陈少华、华中科技大学医药卫生管理学院讲师张韦、南昌理工学院网络与新媒体系主任张志荣等做主题演讲。

16日上午，参会人员来到重庆市卫生信息中心实地参观重庆健康医疗大数据的建设情况。重庆市卫生和计划生育委员会中心机房运维负责人杨志峰向各位专家学者介绍了机房的基础环境以及目前网络硬件、服务器存储等设备存在的问题。重庆市卫生信息中心信息技术部副部长肖兵向大家介绍了卫生信息平台的建设情况。

此次活动是中国信息化专家学者“围观基层”系列活动的第八站，是为响应《国务院办公厅关于促进和规范健康医疗大数据应用发展的指导意见》而召开的。中国信息化专家学者“围观基层”系列活动是由国内一批活跃在政府信息化研究领域的青年学者于2014年发起的，以众包众筹的方式组织筹备，目前已成为国内享有盛名的自发学术众包众筹组织。每次活动由一个政府部门和高校共同组织，目前已成功举办七次。

“围观重庆·健康医疗大数据实践与应用研讨会”系列访谈(部分)

话　　题:健康医疗大数据的产权、采集与处理
采访对象:郑磊(以下简称郑),复旦大学国际关系与公共事务学院副教授
采访记者:陈创(以下简称陈),重庆大学新闻学院硕士研究生

陈:目前,健康医疗大数据采集主要有两个来源,一个是公共医院系统,另一个是人力社会资源局系统。这两大系统数据标准不同,会造成大数据难以整合的问题,如何解决这一问题?

郑:有办法的。首先,在管理或者政策层面上,政府必须要求两个部门整合,玉溪市是由副市长专门协调的。因为,两个部门平级,你协调不了我,我也协调不了你,只能通过上级政府去协调。其次,从技术层面上看,两套系统确实存在不同的数据标准。现在有两种解决办法。第一种是由一个部门去修改标准,但这又涉及你改还是我改的问题,难以协调。所以,一般会采取第二种办法,找到一个两者都可接受的妥协方案。这样,既没有让一方工作量太大,另一方也能够共享到。事实上,两个部门可以做一种技术上的交换,通过中间的转换器,双方都无须修改数据标准,转换器就可以整合双方数据。

陈:现有数据收集很多都是纸质档案,李重照老师称之为“死档案”。如果这部分数据是“死档案”,不能录入到计算机系统,那我们仅从现存的数据开始分析,基础数据的厚度和数量会不会不足?这么有限的数据能不能称为大数据?

郑:先不必考虑数据的大小问题,小数据也有价值。我们先不要刻意关注数据数量的大小,大小的概念是由产业界去界定的。事实上,目前很多数据都还是传统的小数据;但是,几十年前我们就在讨论这些数据的共享和利用。所以说不用管大小,只要它有用。

陈:实际上,我们是更关注它的应用问题。

郑:是的。你刚刚还提到,目前很多数据还处于纸质阶段,这就涉及数据电子化的问题。比如,十多年前的材料是手工填写在纸质表格上,调取数据就很困难。如果把数据全都输入计算机实现电子化,输入一次可能很辛苦,但是以后调用非常容易,还可以重复使用。再比如,你到图书馆查找纸质文献,从中总结观点,别人再做这件事就是重复劳动。所以,应该有一个人出来说,我先不考虑写不写论文的事情,我觉得这些东西都应该电子化。这样,每个人都可以使用电子化的文献数据,再也不用查找纸质文献。所以说,电子化是一个前提准备,是一个基础性工作。

陈:下面我们谈谈健康医疗大数据的产权或者所有权的问题。数据归公民个人所有,它不属于哪一个组织的,既不属于政府,也不属于医院。但是,目前的数据收集和整理工作又是由政府和医院在做,那么大数据的产权到底归谁呢?

郑:这是一个非常重要的权属问题。大数据的权利是谁的,它属于谁。大数据归根结底还是属于个人,因为这是关于我生病、体检的信息。政府不应该是所有者,它实际是保管者,因为政府代表着公共利益。

陈:您认为政府只是在帮助公民个人管理医疗健康大数据,但是并没有所有权?

郑:政府只能管理和使用,而且管理和使用的目的也是为了公共利益,为了提高社会的健康医疗水平,为了向公众提供公共服务。但是,政府不应该拿个人的数据去换取利益,如果这样,政府就变成了企业。即使是商业企业保管的公共数据都属于公民个人,也就是说,个人在微信或者微博上发布的内容是代表自己的,个人随时有理由撤回,而且一旦撤回,营运商也不能再发布。商业机构尚且能够做到,公共机构更应如此。

陈:您前面也提到,政府已经掌握了个人的隐私数据,这又会涉及数据开放和隐私保护的博弈。

郑:这个非常重要。一方面,如果完全保护,数据的价值就无法发挥。因为社会利用健康医疗大数据可以创造公共价值。比如科学医疗研究、提供个性化商业服务、提供更好的医疗救治,这些都对社会有益。但是,这又会影响到个人,比如张韦老师提到,在社交媒体上找到的数据,发现某个人有自杀倾向,如果出现误判,就会干扰个人的正常生活。这就需要找到数据开放和隐私保护的平衡点。怎样做到既能最大程度上保护公众利益,又尽可能地对数据进行发掘利用呢?其实有多种解决方法,其中之一就是去隐私化。这就是说,个人就医记录是真实的,但你不能公开患者姓名,其实这样也足够支撑研究了。

陈:这实际是在强调,开放数据时,不是所有的数据属性都可以开放,要隐去个人信息。

郑:这样就能找到一个平衡点。数据开放既不涉及个人隐私,同时又能支持科学研究。

陈:也就是说,政府向社会组织提供与健康医疗相关的数据属性,涉及姓名、职业、收入等个人隐私都要进行保护处理。

郑:在这种情况下,既保护了隐私,又不影响你的应用。

陈:实际上,这还会涉及数据在使用和转让过程中的精细化管理问题。政府的数据管理不能大而化之,不能随意提供完整的数据集、数据包。

郑:这涉及数据的清洗。

陈:您曾经提到,开放就是不设限,谁都能获取。但如您前面所说,又会产生一个控制的问题,这会不会自相冲突?

郑:开放就是对所有人开放。任何人都可以得到,但并不是任何人都可以得到所有。

陈:也就是说开放是指对所有人的权限开放,但并不是所有人都可以获得所有的数据。

郑:我只开放具有社会价值的数据,不开放涉及国家安全和个人隐私数据。

陈:总之,开放不是无限制的开放,还是会在数据端有控制。

郑:控制不是为了部门利益,而是为了社会和公共利益。如果影响到第三方,影响到个人或者企业,这个数据就不能开放。保护数据也是为了保护社会的利益,而不是为了损害社会的利益,还是为了提升公共价值。因此,这种保护不仅不应该反对,而且应该强烈支持。数据开放和隐私保护是不冲突的,保护也是为了社会好,开放也是为了社会好,需要找到两者的平衡点。

陈:总结起来,就是开放也需要隐私保护,开放也是有限制的开放,不是无限制的开放。

通过精细化的数据管理，既能保护个人隐私，又能最大程度发挥数据的应用价值。

郑：是的，平衡点很重要。

陈：从目前情况来，在数据技术方面，主要还是数据收集和处理的问题，数据收集过程中的数据预处理实际上很粗浅，没有精细化。那么，政府和医院掌握了健康医疗大数据，它们去精细化管理的动力在哪里？因为，在收集、整理、储存、处理数据的过程中，政府在平台、人员、设备等各方面的投入巨大，数据的处理结果还要免费向公众开放。政府会想：我投入这么大的成本，我的回报在哪里呢？产出在哪里呢？这个问题您认为应该如何解决？

郑：首先要界定开放政府数据是政府的义务。因为，数据的采集、整理、储存、处理都是使用纳税人的钱，而且采集的是社会的数据，现在社会需要数据，开放就是政府的义务。同时，我们承认这确实会增加政府的工作量。那么，从体制机制保障上，政府要增加开放政府数据方面的预算，不能只下要求而不给支持。另外，还要形成动力机制，仅仅只是自上而下的要求效果肯定不是很好。

陈：也就是说要找到政府数据开放的内生动力。

郑：是这样的。在政策和机制保障之后，接下来就要让政府愿意做，需要找到你所说的内生动力。其实，数据开放利用可以分担政府的工作量和责任。政府本身没有足够的时间和精力挖掘数据的价值，而且其他社会组织和个人对数据开发的需求和创意不同，所以政府开放数据之后，社会组织和个人能帮助政府解决很多问题。比如，上海市开放交通数据后，企业利用数据做创新，帮助公众更好地导航，改善了城市的管理水平。单靠政府是做不到的，这也倒推出公共管理学中“合作治理”的概念，就是说政府和社会需要合作完成社会治理，不能把所有的责任都放在政府身上，政府忙不过来，也做不好。但是，如果政府数据不开放，其他社会组织也无法参与社会治理。如果政府把数据开放出去，其他社会组织也可以一起来协助解决很多问题。这样的话，政府开放数据就有动力。当然，前提是体制机制保障要到位，预算经费也是一种动力。

陈：也就是说要从各方面综合着手。

郑：从各方面综合考虑，实际包括三个层面，上面要有推力，下面要有拉力，中间还要有内生动力。三个力量聚合在一起，我觉得就能解决这个问题。

陈：其实，您刚刚也提到了政策架构的问题，目前国内唯一与政府数据开放相关的法律就是《政府信息公开条例》，还没有其他的针对性的具体政策。

郑：或者说没有具体的工作指南。

陈：那您觉得下一步政府会不会考虑专门出台具体的法律法规。

郑：会的。其实现在各级政府都在考虑，地方在考虑，中央也在考虑，地方准备出台一些政府开放数据管理办法，中央也要出台一些有关政府开放数据的文件，我们也在参与起草这些文件。

陈：我登录过上海市政府数据服务网，先暂且不论与美国联邦政府数据平台的差距，个人感觉，该平台还是停留在政府信息公开的层面，是信息的公开，不是数据的公开。

郑:其实上海市已经算很不错了,至少提供数据表单的形式,很多地方数据平台都是发布文件,上海市至少还能保证都是数据图表。

陈:表格具有可机读性,可以通过计算机器处理。

郑:是的。上海市政府数据服务网的问题在于数据的颗粒度不够细腻,比较粗线条。美国联邦政府数据平台能够提供大表格,一目了然,非常详细。

陈:也就是说,政府不光要开放数据,还要保证数据的准确性和完整性,政府不能把社会认为很重要、政府却认为不重要或者很敏感的信息隐去。

郑:这需要真正提高数据质量,而且要有用,要易用。

陈:对比上海市和美国政府数据开放平台之后,我也发现,除了在数据的细化程度上存在差异,在量上的差异也很大。双方都会涉及健康医疗方面的数据,但都没有细化到个人的健康医疗数据。

郑:个人的健康医疗数据确实需要保护,这又涉及个人隐私的问题。所以,实时数据一般不会放在政府数据开放网站上,更多的是协议式开放。政府跟某些公司、科研机构签署协议,然后转让给这些组织进行分析研究。但是,个人数据并没有必要开放,第一是量太大,第二这些数据很专业,第三是开放这么大的数据会有安全隐患。所以,政府在线下与科研机构签约,形成一种有限制的合作方式。

陈:政府没有时间和精力去管理大数据,需要和外界合作,需要引进大数据管理技术。您认为,到底是管理机制还是管理技术阻碍这种合作?

郑:都有。中国更多的是管理体制上的问题,管理技术上现在没有太大的问题,即使有问题,也可以用技术手段去攻克。只要拥有足够的技术人员,即使政府攻克不了,也可以让企业来攻克。现在更难处理的是管理体制上的问题,既没有动力,也没有要求,或者有要求也没有讲明白。

陈:实际上,陈平主任的报告也提到,目前的大数据处理技术还很初级。

郑:大数据处理技术确实存在问题,但是我们跟美国的技术差距并不大。只要掌握了大数据,中国对大数据的处理加工能力并不比世界先进水平差太多。我们现在更大的差距可能在政策和管理上。比如,个人隐私保护在我国到现在都没有立法,但国外隐私保护法已经出台几十年了。从纯粹的处理技术层面上讲,我们并没有和美国拉开很大的差距,跟他们的国际交流也很多。

陈:这个技术可能存在于两个方面,一个是大数据处理的技术,另一个是大数据管理的技术。在大数据处理技术层面上存在一定的差距,差距并不大,但是在大数据管理层面上如何呢?

郑:大数据管理技术也一样,差距也不大。这两个技术一直是和国际水平比较同步的,大数据是一个新问题,在时间差上我们与国外没差几年。

陈:还有一个大数据的应用问题。张韦老师提到,运用社交媒体大数据预防自杀可能会有误判。因为,机器处理比较机械,只能分析出相关性,没有直接的因果性。在微博等社交媒体上发布负面的字眼、词语、句子，的确表达出一种负面的情绪，但是这并不能证明用户的确存在自杀倾向。您认为现在我们通过大数据处理得出的结论的可靠性能有多高?

郑:大数据处理结果只是一个参考，还需要其他的途径来综合判断。一方面，大数据的分析能力和技术需要不断提升；另一方面，还要收集更多的大数据。如果能得到更多的数据来比对，也许分析结论就会更可靠。目前，由于我们刚刚起步，所以大数据分析结果不能说百分百就是对的。

陈:不一定十分可靠，但是可以综合其他方面做一个参考。

郑:是的。一方面，综合其他方面就需要采集更多来源的数据，使大数据分析模型更加具有预测能力。另一方面，还要实现大数据的互联互通，实现数据之间的协作。如果你需要的大数据在别人那边，别人也不给你，所以你只能基于你所得到的这些数据来做分析。这样，大数据分析能力再强也没有用，所以大数据的源头非常重要。首先要有数据，没有数据就又回到最初的大数据采集问题。如果拥有多源头的大数据，即使 A 不能分析，也有 B 能分析，然后 C 又在 B 的基础上深入分析。所以，尽量不要比拼谁占有数据，而是要比拼谁能分析得更好。如此一来，大数据的整体利用能力就会上升。

陈:这又回到最初的大数据采集问题。如果是政府内部不同部门的大数据，我们还可以通过行政的命令和上级的指令来协调采集。但是，现在阿里巴巴这样的大企业也掌握了海量的大数据，有些大数据政府可能都没有掌握。那么，我们该如何整合这两大块数据呢?

郑:企业数据不能强行索取。政府要采取一种合作的形式，当然合作的前提是要保护个人隐私。如果政府确实需要整合企业的大数据，应该以一种交换或者合作的形式对大数据进行加工。而且，企业也需要政府的数据，商业数据是不够全面的；而政府的数据虽然量少，但都是基础性的数据，而且很全面。

陈:企业的大数据可能只是一个专业或者具体领域内的数据。

郑:所以，两方面都彼此需要对方的数据，企业的数据需要政府的基础性数据，政府也需要企业的细化数据。

陈:也就是说，政府不能通过行政力量强行索取企业数据。

郑:因为政府也要保障商业利益。商业机构的数据也是花费企业成本采集的，而且提供给政府之后，万一保护不好，泄露给竞争对手，就会影响企业的商业利益。

陈:总之，由于政府和企业的数据具有很大的互补性和差异性，要通过数据共享，以平等合作的模式共享数据，更大地发挥数据的价值，实现双赢共赢的局面。

郑:是这样的。

陈:我们和美国的政府数据开放有差距，那这个差距具体体现在哪些方面?

郑:主要在政策机制和管理体制方面。一方面，我国的相关法律还不够齐全，需要政策先行，然后才考虑技术问题，首先在政策上要解决需不需要做的问题。这样政府才能明确开放政府数据的目的，然后才考虑如何从技术上实施。另一方面，管理体制架构还没有明确谁来负责管理政府数据开放，这是我们当前最大的薄弱点。当然，还有一个薄弱点在社会领域，就是社会的信息化发展水平是否到位。近年来，不论个人、公众的手机普及率，还是计算机的装备水平，都已经相当高。可能十年前信息化发展水平是个问题，现在已经不是大问题了，那么，更多的问题还是在政府身上，还是政策机制跟管理体制的问题。

话　　题：健康医疗大数据与卫生信息化

采访对象：黄成（以下简称黄），重庆医科大学医学信息学院副教授

采访记者：周晓文（以下简称周），重庆大学新闻学院硕士研究生

周：此次会议主题是健康医疗大数据实践与应用，请问您关注健康医疗大数据的契机是什么？

黄：本人所在院系即医学信息学院，承担的教学、科研与卫生信息化息息相关，因此一直关注和跟踪卫生信息化相关动态，包括卫生信息化相关政策及具体的应用实践。健康医疗大数据是卫生信息化的重要环节，也是卫生信息化未来的发展趋势，会继续关注。

周：请问您参加此次“围观重庆·健康医疗大数据实践与应用”研讨会，最大的收获和感想是什么？

黄：受益匪浅。以“互联网思维，举办互联网会议”，直击信息化在“基层”的实践。本次“健康医疗大数据实践与应用”研讨会，让我了解了基层（如重庆）、企业及相关研究人员在卫生信息化特别是医疗健康大数据实践方面做出的努力及成绩，会议果然是“小而美”，非常喜欢这种形式及氛围。

周：黄老师所在的学院会及时跟踪国家卫生信息化的相关政策，那么对于前面6月份国务院办公厅颁布的《国务院办公厅关于促进和规范健康医疗大数据应用发展的指导意见》，请问您有怎样的想法？另外，为推动我国卫生信息化的发展，您有什么想法或建议？

黄：首先，健康医疗大数据是国家重要的基础性战略资源。其次，健康医疗大数据的应用发展将会带来健康医疗模式的深刻变革，它有利于激发深化医药卫生体制改革的动力和活力，提升健康医疗服务效率和质量，也有利于满足人民群众多层次、多样化的健康需求，培育新的业态和经济增长点。这一指导意见的公布，不仅有利于改进健康医疗服务模式，而且对经济社会发展有着重要的促进作用；最重要的是，人民群众将从中得到更多的实惠。

未来健康医疗大数据的发展，首先要牢固树立创新、协调、绿色、开放、共享的发展理念，发挥市场在资源配置中的决定性作用，更好地发挥政府作用，以保障全体人民的健康为出发点，强化顶层设计，夯实基层基础，完善政策制度，创新工作机制，大力推动政府健康医疗信息系统和公众健康医疗数据互联融合、开放共享。积极营造促进健康医疗大数据安全规范、创新应用的发展环境。

周：黄老师有做过自媒体健康信息扩散模式的研究，请问您的出发点是什么？

黄：随着移动互联网的普及及社会化网络应用的兴起，自媒体已经成为公众获取健康信息的主要渠道。人们通过自媒体主动或被动获取的健康信息会潜移默化地影响公众的健康认知,进而影响公众的医疗决策。但是,自媒体健康信息里面充斥着大量虚假、错误的“伪健康”信息,这类信息会给公众的生命财产安全带来严重威胁,值得学界和业界关注。

周:正如前面黄老师提到的,自媒体健康信息传播仍然存在着诸多隐患和风险。那么请问黄老师,对于规避和降低自媒体健康信息传播的风险您有什么想法?

黄:加强网络舆论传播的控制力度,从法律法规上找到危机信息传播的合理界限。要提高官方主流媒体的传播力和影响力,在科学健康信息的传播中积极做好推手的作用,并且建立危机公关处理机制,把握发言的主动权,及时制止各种猜忌或怀疑。强化网络实名认证与监督管理力度,政府或专业部门要积极参与到公众议题的讨论当中。

周:会议中有不少学者都谈到了对医疗大数据中个人隐私问题的担忧,那么您如何看待数据中的个人隐私?如何保护个人隐私和维护数据安全?

黄:患者对其医疗数据具有绝对的权利,任何采集、传递、使用这些数据的行为都应该得到患者的同意或授权。

大数据及社会网络环境下,个人健康医疗信息隐私问题更加突出。首先,必须加快个人健康医疗信息隐私保护相关法律的立法。其次,明确医疗机构对个人健康医疗信息使用的边界。最后,加强患者的隐私保护意识教育。

周:在 2014 年的时候,国家卫生计生委颁发了《人口健康信息管理办法(试行)》。办法明确指出,就个人健康信息来说,个人具有信息所有权,医院具有管理权,各级政府具有指导权。请问对于这一办法的提出和施行,您有什么想法?

黄:首先,各级医疗卫生服务机构是人口健康信息管理中的责任单位,应当切实按照法律法规的规定,遵循医学伦理原则,保证信息安全,保护患者的个人隐私。

办法的施行将有利于规范各级医疗卫生服务机构对人口健康信息的采集、管理、利用、安全和隐私保护工作,有利于明确各部门的安全职责,有利于保证人口健康信息安全和个人隐私的保护,促进人口健康信息互联互通和共享利用,推动人口健康信息化和卫生计生事业科学发展。

周:可以说,前面我们讨论的话题都是关于卫生信息化或是健康医疗大数据等与会议主题紧密相关的方面。我看到黄老师曾经参与过“医学博士研究生科研执行力”相关方面的研究,那么,请问您对于目前硕士研究生的科研执行力有什么想法?另外,您在培养学生方面有什么心得可以分享?

黄:目前,我国无论是硕士研究生,还是博士研究生,其培养质量都是有待提高的。学生的科研执行力不足,主要是由来自学习或生活方面的诸多压力或挑战造成的。对于科研执行力的提高,首先,需要学生有强大的心理素质做后盾;其次,政府可以有更多的政策性关照;对于导师来说,应该注重与学生进行学术上的沟通交流,给学生提供一个宽松的科研空间。

培养学生方面,我认为首先要突破传统的以教师为中心的讲授型教学模式,注重学生的自主学习能力培养。在具体的教学中，要培养学生的问题意识，引导学生思考问题、提出问题、研究问题和解决问题。注重对学生兴趣的培养和挖掘，充分提高学生学习的内动力和效率。还要注重培养学生的跨学科思维，使知识与实际联系得更紧密。

周：参与此次健康医疗大数据实践与应用研讨会，有学者提到了不同学科间的互联互通以及跨学科研究问题。请问黄老师，面对跨学科研究，您有什么想法或感悟？

黄：现代科学的发展趋势是高度分化基础上的综合，当代科学技术的发展也越来越呈现出多种学科相互交叉、相互渗透、高度综合以及系统化、整体化的发展趋势。跨学科提供了一种产生新知识的对话和联系方式，它有助于激发科研人员产生研究灵感，以及更深刻地理解我们的生活和社会，从而推动创新型人才培养。跨学科研究使得科学知识成为一个完整的有机体，既有助于推动各个传统学科的发展，也有助于创新学科的培养。

话　　题：医疗大数据的实践方向
采访对象：陈则谦（以下简称陈），河北大学图书馆学系副教授
采访记者：顿雨婷（以下简称顿），重庆大学新闻学院硕士研究生

顿：您是第几次参加“围观”？您是怎么对医疗大数据产生兴趣的？

陈：第一次，其实我的研究方向有两个，一是公共信息管理，二是电子政务。公共信息管理我比较关注信息用户和信息服务，健康医疗大数据与之非常相关，跟我的研究方向也算重叠，这是我来这里的主要目的。大数据是学界热点，大家都在研究，我现在的课题里恰好有一个与之相关的子课题，这次会议让我系统地了解了健康医疗大数据的基本状况，收获很大，否则我还得花时间去看大量文献。

顿：传统大数据是基于所谓的全样本，即所有人；但医疗大数据则针对个人，这样才有临床价值。那么针对个人的数据为何还用“大数据”来界定它呢？您是如何看待健康医疗大数据的？

陈：我觉得大数据的意思不是单纯的“大”，它是每个人的数据汇集到一起的结果。从整体上看大数据，当把大数据用来分析个人的行为，我觉得大材小用，所有的大数据分析都是趋势性的东西，都针对总体，不可能是精准地预测到个体的行为。像《大数据时代》和与之配套的《删除》就系统讲解了大数据。前者讲前台工作，后者讲幕后工作。书里对大数据的分析非常完整，认为所谓的大数据实际上是一种预测，一种总体上区域性事件的分析，它不可能精准到我们每个个体在特定时间点上的行为变化。在这点上，大数据是做不到的。

顿：当前健康医疗大数据是国家重要的基础性战略资源，且近年来很多国家都在积极推进医疗信息化发展。那么您认为健康医疗大数据在我国的发展情况如何？

陈：这跟我研究的电子政务稍微挂钩，包括网上预约挂号、医学档案处理、数字化和信息化等，再包括医院之间的诊疗数据的互联互通和共享，虽然我们以前没有关注健康医疗大数据，但是这些主题我们还是有关注到的。不过，这些领域的具体发展进程和方向我就了解得不多了。

顿：健康医疗大数据称得上学界热点，您会用以指导学生的研究方向吗？

陈：首先，这只是研究方向的一个参考因素。其次，我带研究生时间不长，才一年。我的基本理念就是，不管时下的热点问题是什么，一定要结合学生自己的兴趣和意愿，因为他们都有自己的独立想法，再结合我的研究方向给予他们一定的引导。第三，就是看看原来研究的问题现在是不是有一些增长点，如果原来的议题遇上天花板了，那我们就会跟上。

顿：对于医疗大数据的挖掘来说，您认为它究竟是一项技术还是一项管理？

陈：我从我的学科背景出发，我关注数据挖掘主要还是从一个管理的视角。虽然数据挖掘依赖技术，但实际上可能中国现存的很多问题真的都不是技术问题，而是管理和体制的问题。

顿：您是从管理学的角度来看待大数据，那么我想说就实践上来讲，一方面技术要跟上，一方面管理的体制和理念也要更新，那您觉得该如何有效对其进行管理？

陈：在大数据管理体制上，我国的研究相当不成熟。因为中国有个通病，就是一直嚷嚷，一直吵，但是真正要落地的时候，会发现跟我们的想象差异巨大。就拿我自身的就医体验来说，我发现政策所倡导的或研究论文里呈现的信息跟实际情况相去甚远，根本就是两回事。现在大家去医院，仍然习惯在医院里排长龙，仍瞄准当地的三甲医院就诊。此外，一旦在一家医院检查和就诊后，获得的相应数据和资料，在另一家医院却得不到医生的认可。这严重浪费了患者的时间、金钱以及医院的医疗资源。我在很早之前就在关注网上预约挂号，保定也曾声称要和支付宝等合作搞试点，但依旧是雷声大雨点小，至今仍未实施，原因还是出在管理上。每个医院都有自己的利益和自己特有的体制，这些壁垒一时难以打破。

顿：您有没有思考过该如何克服现有医疗体制或管理上的一些弊端，以期健康医疗大数据落到实处呢？现阶段能不能实现？

陈：因为现在各种机构都以利益为基本导向，大家都关注自己能不能从中获利，我觉得这是破冰点的关键所在。首先需要让他们看到医疗数据共享带来的实惠和价值，这才能激发其体制创新的动力和活力。如果只是从政策的层面或是从管理体制的层面去改变，我觉得效果不大，所以我觉得必须让医疗机构尝到大数据挖掘的果实。

顿：如何解决很多医疗机构不愿尝试的难题呢？除了从医疗机构着手，让其获利是解决现有弊端的突破点外，政府还能在宏观调控和整体规划上做些什么呢？

陈：我觉得是需要政府支持和引导，率先以少部分医疗机构作为试点，像中迪就是一个很好的实践范例。它有四家是为政府服务的，有六家是自己的 APP 项目，我觉得非常好。通过试点的方式，就像重庆现在这样，先做一个东西出来，然后让其他机构看到后续带来的实实在在的利益，真的是可以解决大问题，不仅可以获得政府的支持，还可以获得良好的信誉。

顿：技术需要很高昂的成本，但求医问药又属于人民群众的刚性需求，所以健康医疗大数据整体的社会效益和经济效益要如何平衡呢？或者说两者能不能实现平衡？

陈：作为社会中的一个社会组织，医院不是公益组织，它得追求经济效益，它得先生存，而社会效益会成为医院的一种社会责任。这些社会“准公益机构”或事业单位，它们的社会责任是很大的，但是我觉得当社会效益和经济效益发生冲突时，一些机构还是会优先选择后者。医院严格意义上来说已成为一种法人单位了，如何保证合理的经济效益，如何与其他医院竞争都是需要优先考虑的问题。所以说，大数据对医疗机构影响最大的部分不在于能够给你带来多大利益，而是在于你能给用户提供多少硬件上的支持。不过，单拿基础设施来说，患者一般情况下不是以硬件设施作为选择的第一要素，而大多结合医院的口碑和疗效。我们除了需要硬件，更需要客观数据来对诊断做更加理性的决策。有了大数据之后，会给医生提供更多的客观数据以便他们做判断，这是未来医院确立其核心竞争力的根本。我觉得这是实实在在的东西，可是目前还没有证据可以证明它，所以很多医院以一种不合作的姿态来应对。

顿：您觉得基于健康医疗大数据的诊断技术普及有难度吗？

陈：你要跟老百姓说大数据的话，他们压根儿不懂。他们要的不是专业的技术讲解，他们要的就是现实的、眼前的回报。严格意义来说，大多数人都是“目光短浅”“利益至上”的功利主义者，这是大家的本能。所以我觉得面向单一患者，向其普及科学知识，至少在当下是行不通的，现在要普及的就是针对医院和医护人员这一群体。

顿：您是如何看待健康医疗大数据涉及的伦理问题的？

陈：我在开会期间也跟其他参会人员交流过，就是说，我们现在讨论数据伦理、个人隐私等都是在一个没有立法的社会背景下谈论的。即便有机构侵犯了患者或普通大众的隐私，那如何维权还是个大问题，维权渠道尚不通畅。另外一个问题，可以从哪些途径知晓自己的隐私权被侵犯呢？一般患者在医院就诊结束后，他往往不会关注后续的一些数据，除非一些细节或隐秘信息真得被某个媒体就某个事件报道出来之后，我们才知道这是与我们切身利益相关的。所以说，我们从何处获取信息这是一个很难的问题。总的来说，现在在中国的社会语境下谈论大数据伦理，还缺乏制度的土壤。

话　　题：数据开放·信息公开

采访对象：肖卫兵（以下简称肖），上海政法学院副教授

采访记者：刘思宇（以下简称刘），重庆大学新闻学院研究生

刘：肖教授您好，欢迎您来到重庆参加此次会议。本次会议主要是针对将大数据应用于医疗产业，里面涉及很多信息公开问题。当下政府信息公开尤为重要，但同时存在很多违法违规的隐私泄露问题。您认为应建立哪些保护机制？

肖：这是一个很好的问题。我们应该从信息安全角度谈信息公开例外保护机制。首先，

信息公开例外保护机制应较多考虑采用积极型，兼顾消极型损害。同时基于应受保护利益的轻重缓急，提出适用不同程度的损害可能性和损害程度标准；其次，采用积极型公共利益衡量并适用于大多数信息公开例外，可以不适用于国家安全例外或其他法律规定的例外；适当限制第三方协商机制的启动，当行政机关本身就可判断第三方信息不应公开时，没有必要启动该机制；最后，对于国家安全和执法调查例外，可以启用信息存在与否不披露机制予以保护。

刘：您能否介绍一下我国政府信息公开和数据开放的发展历程？

肖：2008年《政府信息公开条例》正式颁布后，我国逐步形成以国务院办公厅为全国主管部门，县级以上地方人民政府办公厅（室）为主管单位的政府信息公开行政管理体系，政府网站成为信息公开的“第一平台”。近年来，我国部分地方政府在借鉴英美国家经验的基础上，初步建设了数据开放平台。地方数据开放平台的牵头或负责部门主要是政府办公厅或信息主管部门。前者沿袭政府网站、信息公开等行政职责，后者则将其定位为政务信息化的一部分。大部分数据开放网站独立于政府信息公开栏目，少数将数据开放置于信息公开栏目下；两个栏目之间往往存在交集。比如上海市“数据服务网”提供了诸如权力清单、事业单位招录信息等通常被纳入信息公开的内容；武汉市信息公开和数据开放网站上都有公共财政预算表和数据；浙江省政府公报也同时在两个栏目出现。“信息”和“数据”在平台上经常混用。虽然各地实践仍在摸索之中，但上述现象至少说明，实务部门对“数据开放”和“信息公开”的定义和关系尚未形成明确、统一的认识。

刘：您认为政府信息公开与数据开放的关系是什么？或者说，两者是怎样相互影响的呢？

肖：我国政府在政策中较少对概念进行严格定义。《政府信息公开条例》虽然界定了政府信息即“行政机关在履行职责过程中制作或者获取的，以一定形式记录、保存的信息”，但是没有定义信息是什么。

刘：作为我们刚入门的研究生学子，在阅读相关文献时，还是会困惑，有时会混淆概念。

肖：文献中的研究对象往往是有选择性的：一些拥有大量“原生”数据尤其是数值数据的政府部门往往是研究典范，如气象、交通等部门；其他数据集则可能因为较易造成混淆而鲜有讨论，比如政府预算究竟属于信息还是数据？

近年来，理论界对数据开放的研究主要是针对国内外观点和政策实践的总结，并试图构建与其他相关政策相区别的理论范式和政策理念，却有意或无意地造成在数据开放和信息公开关系上的模糊不清：试图在技术可行性、数据结构等方面对数据与信息做出区分，但不得不应对由“非结构化”数据带来的困扰。

数据和信息都是政府管理中的“非物质资源”，虽然在日常工作中常常混用，但是一旦涉及制度化就必须明确它们的内涵及关系。如果说，政府信息公开平台发布的就是信息，数据开放平台发布的就是数据，显然颠倒了逻辑关系。如果说，信息公开侧重于政治权力，数据开放倾向于经济效益，这似乎只是学术或政策营销上有意放大的差别，因为在管理上其实很难区分政治价值和经济价值的明确界限。如果说数据和信息的本体差别才能诠释两者关系,那么就必须搞清楚究竟哪些属于政府数据,哪些属于政府信息。由此引申的是数据传播和信息传播,数据平台和信息平台在概念和技术架构上的区别是什么?深究概念的目的不是为了做无谓争辩,而是在讨论政策对象时至少能够对“讨论的究竟是什么”达成共识。

刘:从政府政策角度,我们应该如何看待信息公开和数据开放呢?

肖:第一,在技术层面划分数据和信息的边界。政策上应将数据开放和信息公开进行融合,提供统一的数据资源服务。当然这个思路必然对现有政策实践形成巨大挑战。其次,在保证政策逻辑基本自洽的前提下,可以适当放松本文的界定。如果同意数据既包括结构化,也包括非结构化,图片、音频、视频等非结构化资源也经由特定设备直接采集,可纳入数据范畴;文本资源中,无论短文本(诸如姓名等)或长文本(比如政策条文、新闻等),基于特定“元数据”标准后也可以实现结构化;按照英、美两国政策,法规、政策、决定、命令等虽然或多或少地依赖于某种分析过程,但是本身不是分析而是具有原创性的决定、规则或分析结果,也应划入数据范畴。

第二,在政策层面构建统一的政府数据资源管理体系。政府信息公开和数据开放都是政府数据资源管理政策的组成部分。任何政策的形成都有其特定技术基础、社会需求、政治发展等条件,因此形成各自不同的政策体系、行政机制、利益相关者等,或称之为政策子系统。按照政策科学理论,政策子系统中拥有相同的政策信念,并通过共同行动促进实现某种共享的价值目标;信念和价值目标决定了子系统的差别。

刘:信息公开和数据开放是在不同政策子系统的推动下发展的?

肖:可以这么说。两者联系密切,但是按照不同路径倡导各自的政策创新。由于我国在政府信息资源管理方面缺少系统规划,政策子系统的活动加固了管理体系的分散状态。这种分散管理模式能够满足过去的治理需求,随着信息技术的快速发展,政府如何因时而动,利用自身庞大的信息资源提供更有效的治理和服务,就成为公共管理中的重要课题。无论是数据开放,信息公开,还是电子政务,智慧城市等,信息资源管理必然涉及所有行政部门,因此需要能够综合协调所有行政部门的部门来统管。应当注意到,与发改、财务、人力等综合部门职能侧重于资源分配所不同,信息或数据综合管理部门需要实现资源集中和再分配,因此信息或数据资源的统筹管理需要更加强有力的行政秩序。由此,本文内容不仅是概念上的辨析,也为信息或数据资源在政府行政管理上的统筹提供理论基础。

刘:政府信息公开申请权滥用现象是各国信息公开法实施后都普遍面临的一个问题。申请权滥用行为导致了行政资源和司法资源被严重浪费。同时因申请权滥用行为也导致其他有正当信息需求的申请人无法得到适当的关注而造成了人为的不公平对待。地方行政机关现在是否已经面临这样的问题?

肖:确实存在这样的问题。个别申请人甚至成为职业申请人,甚至出现了申请代理中介,向各级行政机关提出了大量的“纠缠申请”。申请权滥用话题不仅是我国独有,国外也同样存在。我国申请权滥用话题最近因江苏南通系列政府信息公开诉讼案件被驳回而引起热议。

刘:大数据时代既要有效地促进信息流动,又要避免申请权滥用,针对这方面,我国目前有哪些举措呢,或者说是具体的法律法规?

肖:综合各国关于申请权滥用行为规制的法律规定及实践,我们认为有基于申请、申请人、所申请信息三种规制申请权滥用行为的立法模式。这为我国未来规制申请权滥用行为提供了有益参考。

基于申请角度进行立法:这种立法模式较为普遍。它围绕申请人递交的申请本身对申请权滥用行为予以规制。典型例子如英国。

基于所申请的信息角度立法:不同于第一种立法模式,这种立法模式在考虑规制申请权滥用行为时,增加了申请人所申请的信息这一因素。典型例子是新西兰。

基于申请人角度进行立法,不同于前两种立法模式,这种立法模式仅从申请人角度考虑对申请权滥用行为进行规制。不过,该种立法模式并不普遍,可以找到的具体例子是澳大利亚。

我国未来通过修改《政府信息公开条例》方式明确对申请权滥用行为进行规制是必要的。这有助于更好地通过降低申请权滥用行为,将《政府信息公开条例》的实施引到更多以信息为最终需求的正常轨道上来;但是在规制申请权滥用行为时,要充分考虑到我国的特殊性和实际情况。

总的来说,我国应树立通过规制权利滥用反哺权利保障之意识,即通过规制申请权滥用行为保障申请权的合理行使。

图1

后记 Postscript

编纂这样一本具有网络社群史志性质书籍的动议，早在一年多前首席数据官沙龙群的一次线下活动中，就由本群群主王新涛先生提出来了。大家聊起首席数据官沙龙群的感受时，心有灵犀一般，猛然意识到：这段指尖上划过的时间如此有意义，绝不能让其成为流沙！而要想留下这段岁月的痕迹，就必须立即行动起来——要做的事儿很多，抓紧时间整理资料是第一要务！随后，在群友们的热心支持和鼓励下，编委会很快就组建起来，并进入了具体的工作环节。

事实上，在最初产生“把群里的好东西收集成一部书”的想法时，究竟“收集”成一部什么样的“书”，编委会各位成员基本处于“心里没谱、手上没招”的状态。首席数据官沙龙群藏龙卧虎、高士云集，群友的智慧、才学和个人风采，每天都在以群留言、群发布、群课、群外援等各种形式体现着，可以说是五光十色，异彩纷呈。究竟应该从何处着手，才能最大化地体现本群的集体智慧和集体风貌呢？通过多次在群里征求群友意见，本书的编撰思路几经调整，“分章节纳入不同的内容，多角度、多形式、立体化呈现群友各种成就，记录本群历史”的框架性思路终于被确定下来了。然后，大家依照此思路，开始广泛收集资料。

巧妇难为无米之炊。再好的编撰方案，没有内容也是枉然。因此，“收集资料”这个说起来简单，做起来十分繁重、繁杂的工作，却在群友们的鼎力支持下，进展得很顺利。群友们得知要编撰“史上第一部网络社群史志”，群贤毕至，群情鼎沸，群策群力，群起而“助”之，对编委诸多有理、“无理”的要求，悉数满足，全力配合，充分体现了首席数据官沙龙群的“群胆群威”。大家纷纷以“超群拔类”的姿态，“迥然不群”的个性，奉献了各自需要支援的活动实录、记录以及文章、图片等资料，不仅使本书的组稿工作得以顺利进行，也日日激励着编委会成员的工作热情。

既然将本书定位为“史志”类文献，就要求书的内容能够尽可能地从各个角度展现首席数据官沙龙群的历史风貌，可这个微信群已经成立三年了，而编这样一部具有史志性质的书籍，却是一年前才产生的想法。所以，尽管编委会花费了很多时间，下了很大功夫，做了很多工作，仍有很多与本群相关的资料因日久而遗失，尤其是建群早期的很多具有宝贵价值的内容，这成了本书编撰过程中最为令人扼腕的憾事。

过程无须多言，总之，经过编委会同人近一年的努力，这本书终于要付梓了。需要特别说明的是，由于编者知识所限，而首席数据官沙龙群的群友来自各行各业，都是各领域的翘楚，且本书收纳的内容以“大数据”为主轴，所涉及的知识点遍及各行各业。因此，本书谬误在所难免，恳请慧者指正。

最后，编委会全体人员诚挚感谢西南师范大学出版社编辑老师的辛勤努力，使本书得以面世；感谢首席数据官沙龙群全体群友的倾力支持，使本书得以成章；感谢赖茂生教授、宋建武教授欣然为本书作序，更使本书锦上添花；感谢所有为本书的面世付出辛劳的朋友们，没有你们，就没有这部“我国出版史上第一部网络社群史志”！

期待在以后的日子里，我们还能继续携手推出“数据改变中国”系列的更多作品。

本书编委会

2017 年 8 月 16 日